# 영유아 음악교육의 이론과 실제

이만수 · 장정애 · 정세호 지음

도서출판 파란마음

**이 만 수**

중앙대학교 대학원 유아교육학과 (유아교육전공) 석사
중앙대학교 대학원 유아교육학과 (유아교육전공) 박사
현) 한국영상대학교 유아교육과 교수

**장 정 애**

한국교원대학교 대학원 유아교육학과 (유아교육전공) 석사
중앙대학교 대학원 유아교육학과 (유아교육전공) 박사
현) 한국영상대학교 영유아보육과 교수

**정 세 호**

한국교원대학교 대학원 유아교육학과 (유아교육전공) 석사
한국교원대학교 대학원 유아교육학과 (유아교육전공) 박사
현) 한국영상대학교 유아교육과 교수

영유아 음악교육의 이론과 실제

**초판 1쇄 인쇄** 2014년 2월 19일
**초판 1쇄 발행** 2014년 2월 26일

지은이_ 이만수 · 장정애 · 정세호
펴낸이_ 황호철
펴낸곳_ 파란마음
주소_ 140-845 서울시 용산구 백범로90라길 47 | 전화_ (02) 3275-2110~1 | 팩스_ (02) 3275-2199
홈페이지_ http://paranmaum.co.kr/
등 록_ 2006년 4월 24일 · 제302-2006-00024호



ISBN 978-89-97982-23-3 93370
값 19,000원

# 머리말

인간은 태어나기 전 엄마 뱃속에서부터 다양한 음악적 요소들과 함께 살아간다. 즉 엄마의 정서 상태와 감정, 세상에서의 각종 소리, 때로는 자연의 소리 등에서 음악적 소양을 터득하게 된다. 그런데 많은 사람들은 성장하면서 음악적 활동을 잘 하고 싶은데도 어릴적 교육환경으로 인해 두렵고 나와는 거리가 먼 생활인 것처럼 여기며 살아가고 있다. 영유아 시기에 좀 더 체계적인 음악교육이 이루어진다면 음악은 생활의 일부이며 동시에 삶 자체를 행복하게 누리게 될 것이다.

본 서는 영유아를 위한 음악교육에 관한 정확한 지식과 실제 현장에서 이루어져야 하는 활동을 중심으로 전개하고자 한다. 구체적으로 살펴보면 제1장과 제2장은 영유아 음악교육의 전반적인 이해와 영유아의 음악적 발달 및 능력에 관해 언급하였으며, 제3장, 제4장은 영유아를 위한 음악교육의 기본적인 이론을 전개하였다. 제5장부터 제6장은 영유아를 위한 음악교육의 교육과정, 교육 내용, 교수방법을 제시하였으며, 제7장은 영유아를 위한 음악교육의 실제편을 제시하여 현장에서 직접 활용할 수 있도록 구성하였다.

본 서는 단순히 교육적 이론을 전하기보다는 영유아에게 음악적 삶을 어떻게 전달하고 어떻게 즐기며, 어떻게 깨우침을 받을 것인가에 대한 구체적인 교수 방법론인 방향을 제시하고자 하였으며, 그 토대 위에 현장교육이 실질적이고 바로 활용 가능한 교재가 되기를 간절히 바란다. 오랜 기간 동안 자료수집과 협의를 하며 때로는 현장의 목소리를 들으며 한 줄 한 줄 완성하였는데, 지나고 나니 아직도 곳곳에 부족한 부분이 엿보여 앞으로 보완 · 수정하여야 할 것이라 생각된다.

이 책이 유아교육에 처음 입문하는 예비교사들이나 현장의 교사들에게 조금이나마 도움이 되기를 간절히 바란다. 끝으로 이 책이 나오기까지 도움을 주신 도서출판 파란마음 황호철 사장님과 한국영상대학교 부설유치원 교사들과 아이들에게 고마운 마음을 전하고 싶다.

저자 일동

# 차 례

## chapter 04 영유아 음악교육 프로그램_47

## chapter 05 영유아 음악교육과 교육과정_97



## chapter 06 영유아 음악교육의 내용 및 교수방법_107

## chapter 07 영유아 음악교육의 실제_167

# Chapter 1

# 영유아 음악교육의 이해

# 1 자연과 음악

서양 음악을 뜻하는 '뮤직(music)'의 어원은 '뮤즈(muse)'라는 단어와 관련되어 있다. 그리스-로마 신화에 나오는 '뮤즈'라는 단어는 그리스 신화에 나오는 제우스의 딸로서 신들의 잔치에 나와 시와 무용, 음악을 관장하던 9여신을 가리킨다(이윤기, 2000). 그들은 헬리콘 산과 파르낫소 산의 숲에서 목소리를 가다듬으며 살았다고 믿어졌다. 동양의 음악이라는 단어는 '악(樂)'자에서 살펴볼 수 있는데 한자 '樂'은 나무 위에 악기(장구 따위)를 올려 놓고 연주하는 모습을 보이고 있다(김기원, 2004). 동서양 음악의 어원에서부터 음악은 자연과 대단히 밀접한 관계에 놓여 있음을 알 수 있다.

자연은 악기의 재료로서, 작품 구성의 소재로서, 악상 구상의 장소로서, 숲 속의 여러 가지 소리로서 음악과 인연을 맺고 있다. 음악사적으로 살펴보면 바로크 시대의 비발디의 '사계', 바흐의 '사냥 칸타타', 헨델의 '오라토리오', 낭만주의 시대의 베토벤의 '숲', '전원교향곡', 슈베르트의 '겨울나그네', 시벨리우스의 '타피올라', 현대의 쇼스타코비치의 '숲의 노래'에 이르기까지 자연은 악곡 형성 소재로서 큰 역할을 하고 있다.

박목월 시인도 '속삭이는 노래가 즐거우며 마치 냇물이 흐르는 소리와도 같고 노래를 부르면 해와 달 모든 자연이 내 친구 같다'고 언급했듯이 자연과 음악은 끊을 수 없는 관계이다. '테이크 미 홈, 컨트리 로즈(Take Me Home, Country Roads)'로 유명한 가수 존 덴버(John Denver)도 1995년 '야생자연 콘서트(Wild Life Concert)'에서부터 출발하여 대자연의 모습을 그의 노래에 나타내며 자연을 보호하자는 환경운동가로 활동하였다.

물론 자연은 악곡의 소재로서만 그 역할을 다하고 있는 것은 아니다. 자연은 명창에게 목소리를 가다듬을 수 있는 독공의 장소로서 제공되기도 한다. 이렇듯 자연은 악곡의 장소, 소재 등 다양한 것을 제공하는 사람에게 가장 친근하게 느껴지는 곳이다.

이러한 자연은 영유아 음악교육 분야에서도 오래 전부터 많은 영유아 교육학자들이 영유아 음악교육을 위한 좋은 교육 매체로 자연이 활용되어야 한다고 하였다. 노래는 쉬운 것에서 어려운 것으로, 일반적인 것에서 특수한 것으로, 가까운 것에서 먼 것으로 가르쳐야 한다며 가장 쉽게 가르칠 수 있는 도구가 자연이라고 강조하며 단계적 접근법을 교수 모델로 제시한 코메니우스(Monroe, 1900), 가장 자연스러운 상태에서 음악교육이 이루어져야 한다는 자연주의 교육관을 강조한 루소(Rousseau, 1928), 음악적 감각은 자연에서 직접 경험해야 한다는 감각적 경험(sensory experiencess)을 강조한 페스탈로치(Walch, 1952), 자연에서 배우고 행해지는 음악놀이는 유치원에서 기초적이며 가장 중요한 부분이라고 강조한 프뢰벨(Wiebé, 1923) 등의 교육이념과 원리를 통해 영유아 음악교육에서 자연이 갖는 가치와 중요성을 강조하였다.

그렇다면 왜 많은 영유아 교육학자들이 예전부터 바람직한 영유아 음악교육을 위해 교수매체로 자연을 활용해야 한다고 강조하였는가? 그 이유는 자연과 음악이 갖는 공통적인 특성 때문이다. 자연과 음악의 공통적인 특성은 다음과 같다(장정애, 2011).

첫째, 관계성(relational)이다. 우주, 동물과 식물 등과 같은 자연은 변화, 공존, 공생, 순환 등의 유기적 관계를 맺으며 유지된다. 이러한 관계는 자연이 갖는 생태학적 개념에서 삶의 중요한 가치를 엿보게 한다. 음악도 마찬가지로 리듬, 가락, 음색, 화음, 구조, 형식 등과 같은 다양한 음악적 요소들이 유기적인 관계를 이루며 음악이 된다. 연주하고 노래 부르며 음악적 관계를 얼마나 이해하느냐에 따라 음악의 깊이를 느낄 수 있다.

둘째, 사회성(social)이다. 자연은 자연세계를 유지하기 위하여 각자 맡은 역할을 충실히 실행한다. 동물 무리의 우두머리는 자신의 종족을 위해 위계질서를 유지하며 돌본다. 수많은 꽃들은 꽃씨를 퍼트리기 위하여 바람, 벌, 나비를 기다리며 맛있는 꿀을 만들어 낸다. 이와 같이 자연의 구성 요소들은 각자의 맡은 역할을 충실히 실행하며 유기적인 사회적 관계를 맺는다. 음악도 사회적 관계를 유지하며 존재한다. 음악은 혼자 존재하면 고독하다. I도 화음이 나오면 IV도 화음이 기다리고 다시  I도 화음이 따라오면 때로는 V도 화음이 온다. 바이올린이 나오면 첼로가 받쳐주기도 하고 때로는 피아노가 채워주기도 한다. 감상을 하다보면 노래가 따라오고 노래가 나오면 악기가 따라오기도 한다. 이와 같은 음악의 사회적인 성향은 팝, 재즈, 클래식, 뮤지컬, 오페라, 팝

페라와 같은 다양한 장르의 종합예술을 만들어 냈다.

셋째, 감성(emotional)이다. 자연은 고요, 정적, 혼란, 무서움 등 다양한 감정들을 내포하고 있어 인간이 원하건 원하지 않건 인간의 정서에 영향을 미친다. 인간은 자연의 이러한 특성으로 인하여 위로받기도 하고 위협을 받기도 한다. 음악도 즐거움, 편안함, 기쁨의 장조와 슬픔, 외로움의 단조의 화음과 같은 감성적 · 정서적 특성을 내포하고 있어 인간으로 하여금 다양한 감정들을 노래나 연주로 표현하도록 한다.

넷째, 규칙성(orderly)이다. 자연은 정해진 규칙에 의해 움직인다. 곤충과 동물들은 일정한 시간이 지나야 알에서 깨어나며 정해진 시간이 되어야 태어난다. 봄이 지나가야 여름이 오고 밤이 지나야 낮이 온다. 자연의 규칙이 정해진 대로 유지되지 않으면 큰 혼란이 야기되기도 하는데, 지구온난화가 바로 이런 예이다. 음악은 박자감, 리듬감, 하모니 등과 같은 능력을 요구하는데 이러한 능력은 일정한 규칙에 의해 발휘된다. 만약 규칙에 어긋난다면 음악은 소음으로 전락하기도 한다. 그러므로 정해진 규칙에 충실해야만 아름다운 음악이 된다.

다섯째, 흥미성(interesting)이다. 자연은 알려지지 않은 비밀들로 가득한 재미있는 곳이며 영유아가 가장 좋아하는 영역이기도 하다. 해저에는 어떤 물고기가 사는지, 왜 가을이 되면 나뭇잎이 낙엽이 되는지, 고래는 어떻게 의사소통하는지, 자연을 탐험하고 정복하려 해도 끝없는 호기심이 생긴다. 음악도 호기심이 가득하고 흥미로운 영역이다. 소리는 어떻게 만들어지는지, 어떻게 하면 재미있는 소리를 만들 수 있는지, 어떤 악기로 함께 연주해야 비슷한 소리를 만들 수 있는지, 끊임없는 호기심과 재미를 느끼게 한다.

마지막으로 자연스러움(natural)이다. 자연은 인위적으로 만들어 낼 수 없다. 구름이 모여 비가 되고, 20여일이 지나야 알에서 병아리가 나오듯이 자연스럽게 흘러간다. 음악도 기분이 좋을 때는 콧노래를 흥얼거리고 신이 날 때는 음악을 들으며 춤을 추기도 한다.

이와 같은 자연과 음악의 공통적인 특성은 자연이 갖고 있는 자유로움, 비구조화, 다양함을 바탕으로 영유아가 자신의 느낌과 생각을 다양한 음악 형태로 표현해보는 '자연을 매체로 한 음악교육' 으로 접근할 수 있는 근거를 제시한다.

음악에 있어서 자연의 유용성은 문학이나 미술과 다르지 않다. 문학 작품의 경우에 자연은 작품의 배경으로서, 소재로서, 주제로서 직접적으로 등장하기도 하며, 때로는 풀, 꽃, 나무 등 식물이나 숲이 상징적인 의미로서 간접적으로 표현되기도 한다. 미술 작품의 경우에는 동양화와 서양화, 추상화와 구상화, 산수화와 문인화, 회화, 조각, 판화 등 거의 모든 작품 속에는 꽃, 나무, 풀 등의 자연이 소재나 배경으로 흔하게 등장하고 있다.

음악 예술에 있어서도 자연의 쓰임새는 문학이나 미술과 크게 다르지 않다. 다만 다른 점은 표현 수단과 방법이 다를 뿐이다. 문학은 문자로서 자연의 모습을 묘사함으로써 불가시적인 형상으로 된 자연의 모습을 표현한다. 미술은 점 · 선 · 면 · 색으로 자연의 모양새를 그려낸다.

자연에 음악이 있기 때문에 음악은 존재할 수 있으며, 음악에 자연이 있기에 음악 예술이 가능한 것이다. 음악학자 추커칸들(Zuckerkandl, 1967)은 '자연은 음악을 통해서 표현되고 있으며, 음악을 통해서만이 자연을 감상하는 것을 배울 수 있다' 라고 자연과 음악과의 밀접한 관계를 표현한다. 추커칸들이 말하는 것과 같이 음악적 영감을 얻을 수 있게 해 준 것은 아름다운 자연이다. 결국 자연과 음악은 떨어질 수 없는 관계인 것이다.

어린이의 음악인 동요도 오래 전부터 자연과 밀접한 관계를 맺고 있다.

영유아의 음악을 대표하는 동요는 어린이가 즐겨 부를 수 있도록 쉽고 아름다우며 서정적이다. 산새 소리를 '호롱호롱' 이라 한다든지, '쪼로롱, 짹짹굴, 호롱비배종' 등과 같이 자연이 묘사된 동요는 100여곡에 이른다(이천용, 1997).

윤극영이 1924년에 작곡한 '반달' 은 자연을 표현한 최초의 창작동요이다. 윤극영은 '반달' 을 작곡한 후에 '귀뚜라미', '따오기', '고드름' 과 같이 자연의 모습을 동요에 담아 1926년 최초의 동요집을 발간하였으며, 윤극영의 영향을 받아 발간된 『윤석중 동요집』(1932)에는 반복과 대조의 기법을 통하여 자연을 표현한 '산바람 강바람' 이 수록되어 있다.

동요 발달에 공헌한 작곡가 홍난파는 『조선 동요 100곡집』에 '낮에 나온 반달', '퐁당퐁당', '할미꽃', '고향의 봄', '은행나무 아래서', '나뭇잎', '빨강 가랑잎', '기러기', '봄이 오면', '제비꽃', '갈잎배', '밤한톨이 떽떼굴', '까치야' 등과 같이 자연을 담은 동요를 수록하여 출판하였다. 이는 자연세계가 음악 표현의 매체로써 풍요로운 대상임을 제시해주며, 영유아들의 감각에 친근하게 다가갈 수 있는 매체임을 보여주는 것이다.

## 2 자연의 소리와 음악

음악은 자연의 소리 즉 새소리, 동물의 울음 소리, 파도 소리 등을 모방하는데 그 기원을 두고 있으며, 시대와 문화에 따라 다양한 양식과 악풍으로 발전되어 왔다(NGC, 2010).

소리는 평범한 자연현상이다. 그러나 음악은 소리를 예술과 과학으로 발전시킨 인간의 의식적 창작의 결과이며 음악의 많은 장르가 자연의 소리를 본뜨고 있다. 특히 자연을 소재로 한 음악 장르는 1995년 일본 가나가와 현 가마쿠라(鎌倉)에 있는 자연음악 연구소가 개발한 음악으로 '가제오 메그르' 라는 15세 소녀가 나무나 꽃, 풀 같은 식물과 바람, 물, 대지, 빛, 별 등의 자연에서 들려오는 소리를 악보로 만들어 부르기 시작하면서 생긴 음악으로 이것을 자연 음악이라 한다(이기애, 1999).

이와 같이 음악의 소재가 되는 자연은 3가지 예술적 요소를 가지고 있다(조규혁, 2004). 첫째, 청각적 요소인 소리이다. 자연은 각종 소리의 보고이다. 바람 소리, 새소리, 벌레 소리, 동물의 소리를 들을 수 있다. 뿐만 아니라 바람 소리도 솔 숲을 지나는 바람 소리, 대나무 숲을 지나는 바람 소리가 모두 다르다. 새소리, 벌레 소리도 그러하다. 그런 서로 다른 소리의 높이와 색깔과 리듬을 구별하고 그것을 음악 활동으로 표현할 수 있다. 둘째, 시각적 요소인 형태와 움직임이다. 자연에는 물, 나무, 토양, 벌레, 새, 동물들의 다양한 움직임, 구체적인 부분으로 꽃이나 잎의 색, 모양 등의 형태 등을 볼 수 있다. 이러한 것들이 말로 표현되며, 말은 곧 리듬이며, 리듬에 고저를 붙이면 음악이 될 수 있다. 마지막으로 촉각과 후각의 요소이다. 자연에서 풀과 나무, 흙, 동물 등을 만져보거나 뜯어보고 냄새를 맡아 보면서 말로 표현하고 리듬이나 가락으로 표현할 수 있다.

이와 같이 자연의 3가지 예술적 구성 요소는 |그림 1-1|과 같고, 이 중에서 청각적 요소인 소리에 대해 구체적으로 살펴보면 다음과 같다.

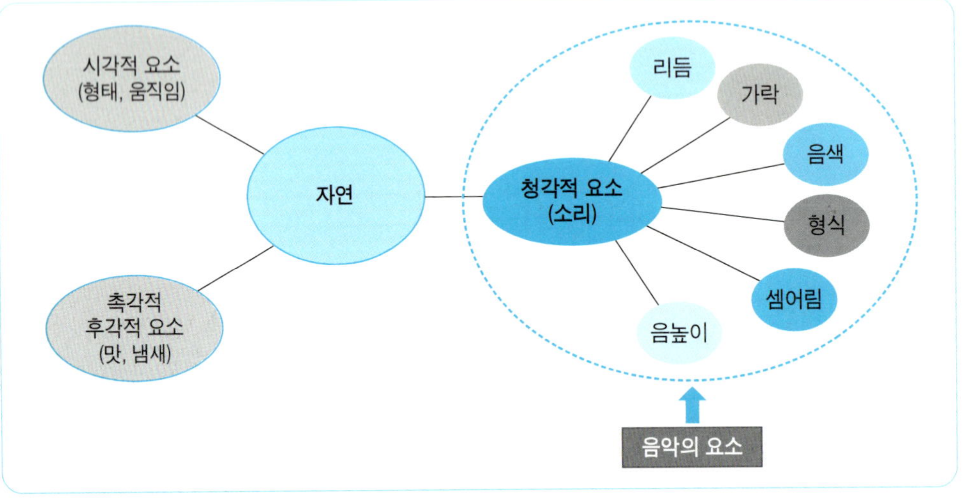


**그림 1-1** 소리와 음악의 공통적 요소

|출처| 장정애(2011). 자연의 소리를 활용한 통합적 유아음악교육 프로그램 구성 및 효과. p. 18.

소리는 리듬, 가락, 음색, 형식(반복, 대조), 표현적 질(속도, 크기) 등이 포함되어 있다(교육부, 1998). 이러한 요소들이 음악의 요소이기도 하다. 음악의 요소는 파장이 지니는 성격에 따라 세고 여림의 셈여림(loudness), 높고 낮음의 음높이(pitch), 길고 짧음의 장단(duration), 소리의 특성인 음색(timbre) 등 다양한 소리 형태를 취하게 되며 이러한 다양한 소리의 성질들이 모여 이루어진 것이 음악이 된다(이홍수, 1990a; Radocy & Boyle, 1997).

셈여림이란 존재하는 모든 소리의 특성 중의 하나로 소리의 크고 작음의 근본적인 차이를 의미한다(Zimmerman & Sechrest, 1968). 리듬은 소리의 시간적인 흐름과 움직임을 뜻하며, 박(pulse)과 강세(accent), 박자(meter), 길이 등의 구성 요소들을 포함하는데 리듬의 요소 중에 박은 심장의 고동과 맥박 등 사람의 몸 속 현상에서부터 풀벌레 소리와 기차 바퀴 소리 등 자연과 인간 삶 속의 갖가지 소리와 움직임을 나타낸다(Duke, 1994). 가락은 리듬을 바탕으로 조직된 서로 다른 음높이의 흐름을 뜻하며, 영유아가 곡을 알아낼 수 있게 도와주는 음악의 멜로디나 곡조이다(이기숙 · 김영주, 1992).

음색이란 그 소리의 독특한 질에 의한 소리의 차이점을 의미하는 것으로 각기 다른 주변 환경의 소리, 자연의 소리, 동물의 소리, 사람의 목소리, 여러 가지 악기 소리에 대하여 지각할 수 있는 능력이다(이은화 · 김영희, 1997).

형식은 셈여림, 가락, 리듬, 빠르기, 음높이의 요소들이 음악적으로 배열되고 조직되었을 때에 형성된다(이기숙 외, 1992).

음높이는 음의 높고 낮음을 의미하며 음높이에 관련된 요소는 음정, 음계, 선율, 음의 조합 등이 있다(이강숙, 1993).

자연의 소리는 우리가 자연스럽게 들을 수 있는 소리로 영유아의 정서적 반응을 불러일으키며 아름다운 자연의 소리는 심미적 즐거움을 주기 때문에 음악적으로도 매우 중요하다(Bayless & Ramsey, 1978).

자연이 만들어내는 소리는 제 각각이다. 계절에 따라 다르고, 숲이 자리 잡고 있는 위치에 따라서 다르고, 자라는 나무의 종류에 따라서도 다르다. 순하고 부드럽게 부는 솔솔바람이나 가늘고 약하게 부는 실바람은 봄 숲에서 만날 수 있는 소리의 원천이다. 전영우(1999)가 제시한 계절별로 다르게 들리는 자연의 소리를 요약하면 다음과 같다.

봄의 여린 소리를 듣기란 쉽지 않다. 대신에 짝짓기를 준비하는 '쿠-쿠루-쿠쿠' 또는 '데데 뽀-뽀 데데-뽀뽀' 하는 멧비둘기 소리나 '쯔쯔삐이 쯔쯔삐이' 하는 쇠박새의 울음소리가 오히려 봄의 소리를 대신한다. 그러기에 꽃잎을 떨어뜨리는 봄 숲의 명지바람(보드랍고 화창한 바람)은 햇병아리의 노란 털처럼 보드랍고 따뜻하며 편안하기까지 하다. 장대비 쏟아지는 소리가 대표적인 여름의 소리이다. 여름 소리는 빗줄기가 자연의 온갖 넓은 잎나무 위로 후드득후드득 떨어지면서 만드는 화음이 여름의 편안함을 제공한다. '졸졸', '골골', '쿨쿨' 거리는 소리가 끊임없어도 싫증을 느끼게 하지 않는다. 가을 소리는 단풍의 현란함 덕분에 쉽게 귓가에까지 내려앉지 않을지도 모른다. 풀벌레의 합창은 자연을 찾는 사람만이 누릴 수 있는 또 다른 즐거움이다. 겨울 소리는 흔들리는 꽃잎이 만들어내는 봄 숲의 소리나 습한 비바람이 만들어내는 여름 소리나

현란한 단풍잎에 묻혀버리는 가을 소리와는 본질적으로 다르다. 봄, 여름, 가을이 만들어 내는 화사하며 안락하고 현란한 화음은 비록 없을지라도 겨울 소리는 다양한 표정을 연출하게 한다. 찬바람이 건조한 대기가 만들어내는 겨울 소리는 스산함도 있지만 비장함도 느껴진다. 겨울의 소리는 강건함과 냉정함이 서려 있다.

자연의 소리는 계절의 변화에 따라 달라지며 다양함을 보여준다. 솔바람, 시냇물 흐르는 소리, 새소리처럼 자연의 소리를 접하면 뇌에서 $\alpha$(alpha)파가 나와서 잡념을 없애고 정신을 하나로 통일시키며, 무상무념의 경지를 갖게 해준다(전영우, 1999). 자연을 찾으면 정신이 맑아지고 쉽게 명상에 빠져들 수 있다. 하지만 자연의 소리에 관심을 갖는 것은 이런 공리적인 이유 때문만은 아니다. 자연의 소리를 간직하고 있는 곳은 레코드 가게도 아니고, 광화문 네거리도 아니고, 음향시설이 좋은 공연장이나 극장이 아니라 바로 우리 주변의 자연이다. 오직 자연만이 우리 소리의 원래 모습을 그대로 담고 있다.

자연의 소리 중에서 가장 듣기 좋은 소리를 꼽으라면 단연 새소리를 들 수 있다(이장직, 1997). 이는 문화권의 경계를 넘어서 나타나는 인간의 공통적인 심리이다. 그래서 프랑스 작곡가 클레망 잔느캥(Clement Janequin)에서부터 올리비에 메시앙(Olivier Messiaen)에 이르는 작곡가들이 새노래를 모방한 음악을 작곡해 온 것이다.

김혜숙(1997)은 새소리에게서 영감을 얻은 많은 예술가들의 새소리에 관한 작품을 다음과 같이 소개하였다. 지빠귀과의 나이팅게일은 '새의 베토벤' 이라 불릴 정도로 새 중에서도 아름다운 노래를 부르는 것으로 널리 알려져 있다. 심지어 9세기 전반부터 서구인들은 새소리를 모방하여 만든 악기를 고안해 내기도 했다. 철학가 레오는 비잔틴 황제 테오빌 이코노마크를 위해 인공의 나무와 새를 그려 넣은 자동악기 2대를 만들었다. 프랑스에서 집에서 기르는 새들에게 노래를 가르쳐 주기 위해 '피온느(pionne)' 라는 악기가 사용되었다. 새는 다른 새소리를 모방하는 특성이 있다. 파리의 시계 제조공인 로베르 보뱅은 마리 앙투아네트를 위해 작은 금속 파이프로 노래하는 카나리아 악기를 만들었다. 새소리를 모방한 악기로 지금까지 사용되고 있는 버드 휘슬(bird-whistle)' 이다.

미국 작곡가인 월링포드 리거(Wallingford Riegger)는 새의 울음 소리를 모으는 취미를 가졌다. 프랑스 작곡가인 올리비에 메시앙은 어렸을 때부터 새의 울음 소리를 매우 좋아했고, 틈만 나면 야외로 나가서 그 소리를 악보로 채보하는 습관이 있었다. 새의 울음 소리를 소재로 사용한 작품은 '새들의 심연', '이국 정취의 새들', '조류 박물지', '검은 티티새', '새들의 아침인사' 등이 있다. 그는 새를 '지구상에 존재하는 최고의 음악가' 라고 말했다.

음악 듣기

그러나 자연이 만드는 다양한 소리들이 우리 주변에는 늘 존재하고 있지만 아쉽게도 자연의 소리를 경험하기는 쉽지 않다(윤영일, 1997). 그 이유는 우리 주변을 뒤덮고 있는 온갖 인공적인 것들과 쉽게 단절할 수 없기 때문이며, 우리 스스로 자연 속으로 뛰어들 용기가 부족하기 때문이다. 그러므로 영유아에게 교육적 접근으로 자연의 소리를 직접 경험할 수 있는 기회를 제공할 필요가 있다.

영유아는 자연으로 나가서 자연의 소리를 듣고 탐색해보고 직접 경험하면서 몸을 움직이고, 노래를 부르고, 연주하고, 창의적으로 표현하는 음악 활동을 통해 음악의 개념과 원리를 발견하고, 사고하고, 조작할 수 있으며, 자연과 상호교감을 통해 자연의 존재 가치에 대한 인식이 증진되며 자연에 대한 존중감과 인간과 자연과의 상호 공존의 당위성도 인정하게 된다.

## 3 영유아 음악교육의 중요성

영유아기는 음악교육의 측면에서 대단히 중요한 시기이다. 영유아에게 음악은 언어처럼 자기 자신의 생각과 느낌, 감정과 정서를 표현하는 하나의 도구적 역할을 한다. 즉, 음악을 듣고 영유아로 하여금 '즉흥적 반응' 을 일으키게 하는 다양한 음악 활동들은 영유아의 생각과 느낌을 반영하고 표현할 수 있는 하나의 매개체가 된다. 영유아는 일상생활 속에서 다양한 음악적 활동을 경험하게 되며, 놀이 속에서 음악적 활동은 영유아의 창의적인 사고를 촉진하고 상상력을 발달시켜 준다. 또한 영유아는 음악을 통하여 자신의 감정과 생각을 표현함으로써 정서적으로 안정을 얻고 풍부한 심미적 감각을 소유하게 되고 더 나아가 그들의 생활을 보다 풍요롭게 하게 된다.

영유아 음악교육은 음악을 통해서 영유아를 교육함으로써 정서가 풍부하고 인간다운 전인(全人, the whole child)으로 성장하게 하는 역할을 한다. 음악과 영유아교육과의 관계를 종합하여 영유아 음악교육의 개념을 정리해 보면, 영유아 음악교육이란 '음악을 위한 교육', '음악을 통한 교육'으로서 영유아의 음악 경험에 대한 정서적 가치와 인지적 중요성에 반응하는 능력을 개발시킴으로써 영유아의 음악적 능력을 기르는 것이다. 이러한 정의에 비추어 보아 영유아 음악교육의 역할을 구체적으로 정리해 보면 다음과 같다(전인옥 · 이숙희, 2005).

① 음악 속에서 정서를 느낄 수 있는 음악적 능력을 길러준다.

② 음악의 음색과 음악 속에서의 움직임을 이해하는 음악적 능력을 길러준다.

③ 음악과 영유아가 받은 영향을 노래, 악기 연주, 율동과 음악 창작 등으로 표현하는 음악적 능력을 길러준다.

④ 음악을 듣고 즐길 수 있는 음악적 능력을 길러준다.

⑤ 음악을 통해서 심미적인 만족감을 얻을 수 있는 음악적 능력을 길러준다.

영유아의 발달 영역에 미치는 음악의 교육적 효과는 다음과 같다.

### 1) 언어 발달

영유아가 부르는 노랫말은 어휘력을 길러주며, 여러 가지 문장에 대한 이해력을 향상시켜 준다. 영유아가 노래 부르기와 듣기를 통해 단어와 소리의 형태를 배우도록 도와

주어 영유아의 어휘력을 향상시켜주며, 문장 구성이 익숙해지도록 도와주어 영유아의 언어 능력을 발달시킨다. 뿐만 아니라 음악적 요소가 포함된 찬트(chant), 동화, 사회극 놀이, 신체 활동, 목소리와 주변의 소리를 변별하게 하는 음악 활동도 영유아의 언어 능력을 발달시켜 준다.

### 2) 인지 발달

영유아기의 음악 경험은 음악적 개념을 다양하게 창의적으로 표현하는 능력으로 영유아가 음악을 듣고 창의적으로 표현을 나타내면서 음악적 흥미, 음악에 대한 긍정적 사고를 하는 것이다. 음악을 통한 인지 발달의 영향은 음악 개념을 이해하고 듣고 변별하는 과정에서 음감과 리듬을 구별하는 능력으로 나타나게 되며, 영유아의 문제해결력과 소리에 대한 이해력을 개발시키고, 소리에 대한 이해력을 비교할 수 있도록 자극을 주면서 음악을 감각적으로 지각하고 반응하며 지적으로 이해하고 분석할 수 있게 된다. 음악의 리듬 · 고저 · 길이 · 강약 · 음색을 구별해 낼 수 있는 능력은 음의 특성에 대한 이해 및 음의 개념 형성을 통한 음악적 경험의 확산과정으로 음악에 대한 반응과 음악성 발전에 영향을 주어 인지적 능력을 향상시켜준다.

### 3) 사회성 발달

영유아는 자신의 음악적 경험을 또래들과 함께 표현하면서 의사소통의 중요한 매개체가 된다. 함께 합주나 합창을 하면서 각자가 자신의 역할에 책임을 다하고 차례와 규율에 따라서 활동함으로써 스스로가 음악의 완성을 느낄 수 있다. 음악 활동은 또 하나의 작은 사회를 제공하여 영유아는 자신의 역할을 배우고 집단 음악 활동에 참여하면서 협동하게 되며, 음악적 감성을 상대방에게 전달하거나 받아들이면서 자아를 통제하여 감정을 조절하거나 타인을 이해하게 되고 음악에 필요한 여러 가지 기술을 습득하기도 한다.

### 4) 정서 발달

영유아기의 음악 경험은 자기 자신과 타인의 감정과 정서를 인지하고 구분하며, 이러한 정보를 통해 자신의 사고와 행동을 조절하거나 정서를 조절 · 표현하게 된다. 영유아가 음악 활동에 참여하는 과정에서 분노와 슬픔과 같은 부정적인 감정을 해소하게 함으로써 정서적 안정감과 균형을 이루게 한다.

영유아의 음악적 경험은 영유아의 정서적 느낌을 민감하게 인식할 수 있는 감수성과 표현력을 증진시킨다. 다양한 종류의 곡과 음악 활동을 접하면서 심미적인 체험을 통해 영유아는 정서적 안정감과 감정을 조절하는 방법을 배우게 되고, 시대적으로 다른 여러 가지 음악을 감상하거나 세계 여러 나라 음악을 접하게 하는 것은 문화의 다양한 정서를 경험하게 하는 것으로 다문화적 차원에서 영유아의 정서 발달을 도와준다.

### 5) 신체 발달

음악을 들으며 체조하거나 음악의 리듬과 빠르기와 같은 느낌을 몸의 대근육과 소근육을 움직이면서 표현해 보는 과정은 영유아의 기본적인 운동 능력과 기초체력 증진을 도모한다.

노래 부르기, 음악 듣기, 악기 소리 내어보기, 몸을 움직여 표현하기 등의 음악 활동은 영유아의 눈과 손의 협응력뿐만 아니라 소근육과 대근육의 움직임과 조절 능력을 증가시켜주고, 영유아가 경험하는 음악을 감각기관의 활용하여 신체 탐색하거나 표현해 보는 과정은 신체 발달을 도와주어 영유아의 신체 능력을 발달시켜 준다.

### 6) 긍정적 자아 개념 발달

영유아의 음악 활동 참여는 행복하고, 기쁨에 넘치며, 즐거움을 맛보게 함으로써 영유아의 긍정적인 자아를 도모한다. 음악 활동을 영유아의 호기심과 성취감을 충족시켜 줄 뿐만 아니라 영유아가 자기 통찰을 할 수 있게 하고 자신감을 가지고 활동하게 함으로써 긍정적인 자아 개념을 형성하는 것을 도와준다. 즉, 음악적 경험은 영유아로 하여금 자신의 음악적 능력을 이해하며 인정하게 하여 자신감과 자아존중감을 발달시켜준다.

### 7) 창의성 발달

영유아의 창의력과 표현력의 신장을 도와준다.

다양한 음악 활동은 영유아의 생각과 느낌을 탐색하고 실험하는 과정에서 자유롭게 독창적으로 표현하게 함으로써 영유아의 창의력과 표현력 신장을 도와준다. 영유아는 멜로디와 리듬, 음표 등의 개념을 습득하고 음악에 대한 태도와 소질을 갖게 되면서 음악을 듣거나 자유롭게 즉흥 연주하기, 노래를 만들어 보기 등은 음악적으로 문제를 해결하거나 사고하는 과정은 창의성과 관련이 깊다고 할 수 있다. 또한 이전 가락의 높낮이와 빠르기의 변화를 주는 활동의 경험, 음악적 개념을 통한 신체표현과 악기 연주 등은 영유아의 창의력 신장을 도와준다. 음악 활동의 경험은 풍부한 상상력과 문제 해결력을 위한 집중력, 탐구력, 융통성, 독창성, 유창성 등 창의성과 관련된 능력이 발달하게 된다.

# Chapter 2

# 영유아음악 능력

1 영유아음악 능력의 개념

2 영유아음악 능력의 요소

3 영유아음악 능력의 발달

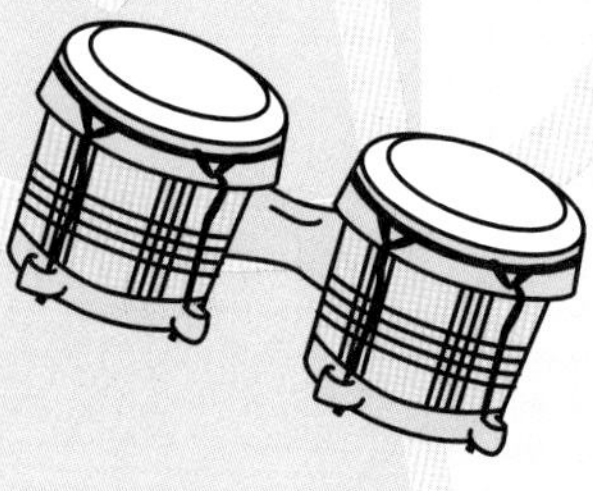

# 1 영유아음악 능력의 개념

인간은 대부분 말을 할 수 있고 기본적인 생활을 할 수 있는 능력을 지니고 태어난다. 마찬가지로 인간은 누구나 음악 능력을 지니고 태어난다. 이는 인간에게 있어 생득적이며, 본능적인 것이다(Hargreaves & Zimmerman, 1992). 모든 인간은 타고난 음악 능력에 의해서 음악에 본능적으로 반응하고 음악을 탐색하며 창의적으로 음악을 즐김으로써 마음속에 있는 긴장과 갈등을 해소하고 감정을 순화시키며 자신을 자유롭게 표현한다(Gordon, 1986).

그러나 음악 능력에 관한 용어들의 사용이 구체적인 의미나 기준을 가지고 있지 않기 때문에 학자마다 여러 가지로 다른 의견을 제시하고 있으며, 동일한 용어라 하더라도 그 의미와 내용은 조금씩 다를 수 있다. 음악 능력에 대한 개념을 학자별로 정리하면 | 표 2-1 | 과 같다(장정애, 2011).

**표 2-1** 음악 능력에 대한 개념

| 용어 사용 | 학자명 | 용어의 정의 | 관점 |
|---|---|---|---|
| 음악 능력 | 시쇼어 (Seashore, 1938) | • 음고, 길이, 강약, 음색을 구별해낼 수 있는 능력으로 정의하고, 인간이 태어날 때부터 지니게 되는 타고난 음악적 재능을 의미하는 것 | 선천적 능력 |
| | 데이야만 (Deyarman, 1975) | • 각 개인이 음악을 인지하고 음악에 대해 반응하는 능력인 청음 능력과 연주 능력 | 후천적 능력 |
| | 라도치와 보일 (Radocy & Boyle, 1997) | • 유전적 자질이나 성숙을 통해서 얻어지는 것을 음악적 재능이라고 하고, 자질과 비형식적인 환경으로부터 습득되는 것을 음악 적성이라 하며, 자질, 환경적 요인, 형식적 교육을 통해 습득되는 것을 음악 능력으로 정의함 | 선천적 능력<br>후천적 능력 |
| | 보일(Boyle, 1982) | • 기술적인 훈련에 의한 결과가 아닌 잠재된 능력 | 선천적 능력 |
| | 겜브리스 (Gembris, 2002) | • 음악의 여러 활동들을 가능하게 하고 음악 행위의 질과 직결되어지는 기본적인 능력 | 선천적 능력 |
| | 주대창 (2000) | • 드러나거나 계발된 음악성을 의미하는 용어로 음악성보다는 하위 개념임 | 선천적 능력<br>후천적 능력 |
| 음악성 | 머셀 (Mursell, 1937) | • 음조직이나 리듬형에 반응하는 보통의 인간이면 누구나 소유하고 있는 보편적인 능력 | 후천적 능력 |
| 음악적 재능 | 한국음악용어 연구소(1992) | • 유전적 자질이나 성숙을 통해서 얻어지는 것으로 음악 영역에 대해 평균치 이상의 음악적 능력임 | 선천적 능력<br>후천적 능력 |
| 음악 적성 | 고든 (Gordon, 1968) | • 음악적 잠재 능력이며 보통 사람이 지능을 지니듯 인간은 누구나 음악 적성을 지니고 있음 | 선천적 능력 |
| | 성경희 (1986) | • 음을 감각적으로 지각하고 반응하며, 지적으로 이해 · 분석할 수 있고, 음을 창조할 수 있으며, 느끼는 바를 표현할 수 있고 음악에 대한 일가견을 가질 수 있는 종합적인 음악적 능력 | 선천적 능력<br>후천적 능력 |
| | 콜웰 (Colwell, 1992) | • 음악적 자질에 덧붙여 자연적으로 접하게 되는 환경적인 경험을 포함하는 것으로 타고난 유전적 요소와 환경의 경험에 의한 복합적인 결과 | 선천적 능력<br>후천적 능력 |

| 용어 사용 | 학자명 | 용어의 정의 | 관점 |
|---|---|---|---|
| 음악 적성 | 보일<br>(Boyle, 1992) | • 음악적 기술을 발전시키는 데 있어서 음악을 배우기 위한 잠재력 | 선천적 능력 |
| | 조효임 외<br>(1997) | • 음악적 능력 중 학습에 의하여 얻어진 능력을 음악 성취라고 하고 학습 이전에 개인이 갖고 있는 음악적 잠재력을 음악 적성이라고 함 | 선천적 능력<br>후천적 능력 |
| 음악 성취 | 고든<br>(Gordon, 1997) | • 음악 적성에 의해 예견되는 학습의 결과로 음악 기술, 음악지식, 창작, 시창과 청음 등의 외현적 현상 | 선천적 능력<br>후천적 능력 |
| 음악적 자질 | 쉔<br>(Scheon, 1940) | • 음악의 여러 가지 내용을 이해하고 느끼고 파악하는 종합적인 능력 | 선천적 능력 |

| 출처 | 장정애(2011). 자연의 소리를 활용한 통합적 유아음악교육 프로그램 구성 및 효과. pp. 50~51.

| 표 2-1 | 에서 제시한 것과 같이 음악 능력을 나타내는 용어는 음악성, 음악적 재능, 음악적 자질, 음악 성취, 음악적 적성 등 다양하게 표현된다. 이 각각의 용어들의 개념은 음악적 본질의 다양성과 신비성, 학자들 사이의 주체적 요소로서의 개인적 관념의 차이에 의해 여러 가지 견해가 있을 수 있으며, 동일한 용어라 할지라도 그것이 의도하는바 내용에도 각각의 견해 차이가 있다. 그러나 음악 능력의 가장 기본적인 요소가 소리(音)를 구별하고 반응하는 청각적 능력(aural ability)이라는 점에는 거의 모든 학자들의 견해가 일치한다. 이는 음악 능력의 근거를 단순히 연주나 창작 등의 기능(skill)에 두지 않고 소리를 듣는 청각적 요인에 두고 있다는 점에서 음악교육적으로 매우 중요한 의미를 가진다.

## 2 영유아음악 능력의 요소

영유아의 음악 능력을 음악 인지 능력과 음악 표현 능력으로 구분하여 살펴보고자 한다.

### 1) 음악 인지 능력

인간은 누구나 음악에 대한 개념을 형성하고 있으며(이기숙 외, 1992; 주영은 · 송주승, 1998), 음악적인 행동을 통해서 자신이 이해하는 것을 표현한다(전인옥 · 이숙희, 2005).

예를 들어 다양한 소리를 들음으로써 음색에 대한 개념이 생기고 복잡한 리듬을 변별하는 민감함이 발달하며, 소리의 크고 작음과 높고 낮음을 분별할 수 있으며(Sims, 1995), 흐름 결과 가락의 변화에 따라 민감하게 반응할 수 있고(Andress, 1991), 들려주는 소리를 정확하게 모방하거나 따라 부를 수 있다. 즉, 영유아가 소리를 듣고 느끼고 반응하는 것은 음악 능력 발달로 이어지는 시발점이며, 이렇게 발달한 음악 인지 능력은 영유아 자신의 음악 경험을 통해 얻어진 것으로 음악에 대한 폭넓은 이해와 사고를 기초로 한 음악적 지식이라 할 수 있다. 그러므로 영유아의 음악 능력 발달에 있어서 음악 인지 능력을 배제하고서는 영유아의 음악 능력을 정의할 수 없다.

음악의 개념을 이해한다는 것은 음악을 구성하는 기본적 요소를 배운다는 것을 의미한다(이숙희, 1993). 음악에 있어서의 개념 발달은 소리의 세계에 대한 관점과 이해를 의미한다(Greenberg, 1979). 즉, 음악 개념은 음 현상들과 음악이 생성되는 원리들 즉, 크고 작음, 음색, 선율, 속도, 형식 등으로 아무리 어린 영유아라 할지라도 음악적 행동을 통해서 자신이 이해한 것을 표현할 수 있다(이홍수, 1990a). 또한 목소리를 듣고 사람을 구별하고 음악의 느리고 빠름에 변화를 주어 반응하는 모습 등은 음악에 대한 개념을 발달시켜 나가고 있음을 보여주며, 영유아의 음악 개념 발달을 돕기 위해서는 폭넓고 다양한 음악 체험이 지속적으로 제공되어야 한다. 따라서 교사는 음악 개념을 명확히 이해하고 다양한 음악 활동을 통해 이를 경험해 나갈 수 있도록 해야 한다.

1960년대 후반에 시작된 음악의 개념을 이해하기 위한 개념접근법(Conceptual approach)은 음악교육이 단순히 노래 부르기에 치우치는 것을 반대하였다(Holliger, 1978). 즉 멜로디, 화음, 형식, 음색, 음높이, 셈여림 등과 같은 음악적 요소 및 개념들을 신체표현이나 악기 연주, 음악 감상 활동 등을 통해 종합적으로 배우게 해야 한다는 것이다(Alper, 1985). 영유아는 청각을 통해 들려오는 소리를 인지하고 인지된 내용을 다양한 매체를 통해 표현해가는 과정에서 음악을 이해할 뿐 아니라 음악적 요소 및 개념도 획득하기 때문이다(신인숙, 2000).

음악 인지 능력은 음악적 요소 및 개념을 이해하고 변별하는 능력을 말하며 음악 인지 능력은 음의 구별력, 음의 식별력, 음의 분류력, 음의 순서화 능력, 음의 기억력 등 다섯 가지의 능력으로 나뉜다(Scott-Kassner, 1992).

음의 구별력은 서로 다른 음을 듣고 같은지 다른지 구별할 줄 아는 능력이며, 음의 식별력은 서로 다른 음을 듣고 음을 알아맞히는 능력이다. 음의 분류력은 연주된 여러 개의 음을 듣고 음 개념에 의해 그룹화하는 능력이며, 음의 순서화 능력은 그룹화한 음을 정해진 음 개념에 의해 차례대로 나열하는 능력이다. 음의 기억력은 인지한 음을 장기적 · 단기적으로 기억하는 능력을 의미한다.

이상의 다섯 가지 음악 인지 능력은 반드시 순서대로 습득되는 것은 아니지만 발달과 정상 서로 연계성을 지닌다(김광자, 2004a).

이와 같은 영유아의 음악 인지 능력은 음악적 경험들, 즉 감상하기, 노래 부르기, 악기 연주하기, 음악 창작하기와 같은 활동을 통하여 형성할 수 있으며(Greenberg, 1979), 음악 개념에 대한 이해를 형성해 감에 따라 영유아는 음악적으로 성장하게 된다(현경실 · 석문주, 1995).

지금까지 살펴본 영유아의 음악 인지 능력 발달을 위한 효과적인 경험을 위해서는 영유아가 자연과 주위 환경에서 들리는 소리의 특징이 무엇이고 어디에서 들리며 또 어떻게 만들어지는지를 탐색하는 것을 통해 음악에 대한 기본 요소와 개념을 형성하고 확장해 가도록 하는 음악 환경의 제공이 요구된다.

### 2) 음악 표현 능력

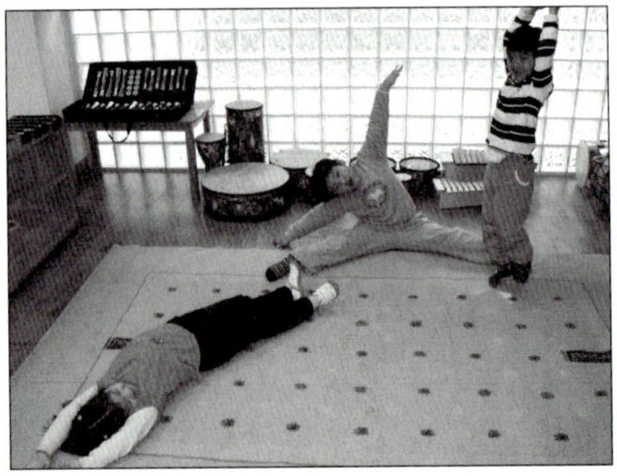

몸으로 음악을 표현하는 모습

인간은 누구나 내면적으로 개념화된 것을 자기 자신이나 타인에게 표현하는 방법을 생각한다. 특히 영유아는 본능적으로 자연스럽게 발달하거나 훈련에 의하여 습득한 음 개념을 의식적이든 무의식적이든 여러 가지 다양한 음악 활동 즉, 노래 부르기, 악기 연주하기, 신체표현하기, 음악 창작하기 등의 형태로 표현하기를 즐겨하며 그 외에도 그림을 통한 감상이나 간단한 몸짓, 말, 글 등의 여러 가지 방법으로 표현하기를 즐겨하는 존재이다(성경희, 1998).

영유아는 두 개의 악기 즉, 목소리와 신체를 가지고 있다. 영유아는 많은 노래를 듣고, 모방하면서 자신의 악기인 목소리를 발전시키고 노래 능력을 키워 나간다(민경훈, 2003). 또한 영유아는 악기를 건드려보기도 하고, 이리저리 들어보기도 하고, 연주도 한다. 이러한 과정을 통해 영유아는 악기에 대해 편안한 마음을 갖게 되어 악기 소리, 리듬, 가락을 탐색하고 기본 박자를 연습하며 다양한 연주 방법을 발견하게 되어 자신의 음악을 즉흥적으로 표현할 수 있는 능력을 키워나간다.

영유아는 노래를 배우면 곧바로 따라 부르거나 가사를 바꾸어 노래 부르기를 시도하며 음악이 들리면 신체를 움직여 음악의 느낌에 빠르게 반응한다. 또한 영유아는 악기를 접하면 곧바로 악기를 탐색하고 연주한다. 하지만 영유아는 악보를 읽지 못하므로 영유아 수준에 적합한 표현 기법이 필요하다.

천신현(1998)은 영유아의 음악 표현의 특징을 창의적이며 새로운 것을 추구하는 무한한 힘이라고 하였으며, 이를 통해 영유아는 음악적으로 무수한 상상력에 의해 자기 표현에 능동적이며 또래의 음악 표현을 이해하고 격려하게 된다고 하였다. 이와 같은 음악 표현 과정을 통해 영유아는 아무런 제약 없이 자신의 생각과 느낌을 표현하게 된다.

영유아는 자신의 느낌을 노래로 부르고 악기를 연주하고 신체를 통해 표현하며 음악을 창의적으로 만들기와 같은 음악 표현 능력은 다양한 영역 중에 창의성과 연관성이 있다.

관련 연구들(Balkin, 1985; Susan & Jackie, 2002; Issaca, 1979; Greenberg, 1979)을 살펴보면 이삭스(Issacs, 1979)는 다양한 방식의 음악 경험의 제공을 통한 영유아의 창의성 발달이 가능하다고 밝혔으며, 그린버그(Greenberg, 1979)는 음악은 영유아의 정서, 언어, 신체, 인지 발달뿐만 아니라 창의성 발달의 여러 측면에 영향을 미치는 교육활동으로서 1960년대 이후부터 영유아교육에 중요한 수단이 되어 왔다고 주장하였다. 벨킨(Balkin, 1985)은 영유아는 음악적 경험을 통해서 많은 것을 탐색하며 새롭고 독특한 아이디어의 표현 방법을 배울 수 있다고 하였으며, 수잔과 재키(Susan & Jackie, 2002)는 이와 같이 영유아의 내재되어 있는 음악적 잠재력들이 자연스럽게 표현되어질 수 있도록 하는 음악 환경의 제공을 통하여 영유아로 하여금 보다 상상력이 풍부하고 표현에 있어 개방적이며 음악적으로 독립적이 되도록 도와주는 것이 필요하다고 주장하였다.

3-5세 누리과정 예술경험 영역에도 영유아가 자연과 사물을 접하면서 느낄 수 있는 다양한 예술적 요소를 찾아보고 이를 창의적으로 표현하는 것을 강조하고 있다. 특히 영유아는 느낌, 생각, 상상한 것을 음악, 움직임과 춤, 미술 극놀이 등 다양한 활동을 경험해 보는 과정을 통하여 자신만의 창의적인 방법으로 상징적인 표현을 한다(교육과학기술부, 2013). '예술적 표현하기'의 내용 범주 중에 음악으로 표현하기, 움직임과 춤으로 표현하기, 통합적으로 표현하기 등은 음악과 관련된 표현 활동이다. 이러한 음악 표현 활동은 활동 간의 통합이 이루어질 때에 음악적 개념이 더욱 더 명료해지고 표현 능력도 향상될 수 있다(안재신, 2003; 이홍수, 1990b).

## 3 영유아음악 능력의 발달

영유아기는 음악 능력을 형성하는 가장 기본적이고 중요한 시기로, 음악 능력을 개발시키는 것은 매우 중요한 의미를 지닌다(송연아, 2002). 음악 능력은 다른 능력에 비해 그 발달의 시초가 빠르기도 하며, 그 능력의 감소 속도도 빠르다(송수현, 2004).

이 시기는 여러 감각 기능이 발달하는데 그 중 가장 빠른 발달을 보이는 것이 청각 기능이다. 갓난아이는 태어날 때부터 청각에 의한 반응이 신체로 표현되지만, 그 상태는 큰소리에 놀란 것 같이 손발을 움직이는 정도의 반응이다. 이는 생후 3개월 이후 점점 소실되어 간다(허정현, 2002). 영유아는 청각을 통해서 음의 색채, 음높이의 변별, 강약, 빠르기 등의 음악 성질을 익혀 나간다(김법순, 2009; 김선아, 2007).

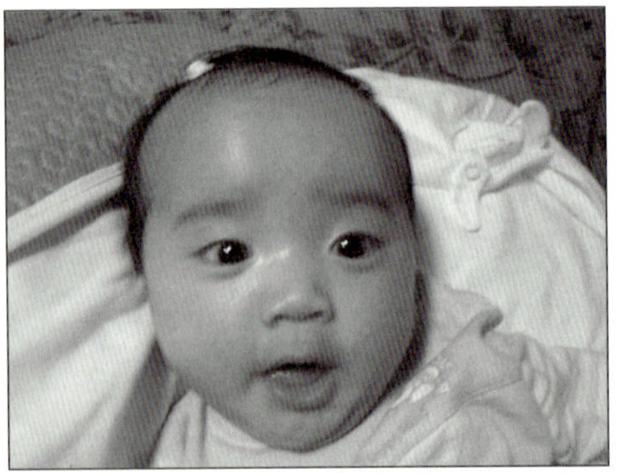

옹알이

영아가 생후 1주일이 되면 이미 소리에 대한 반응을 나타낸다(김혜경, 2001). 생후 2개월된 영아가 어머니가 부르는 노래의 선율, 강약, 윤곽 등을 알며, 생후 4개월된 아기는 리듬구조도 안다(Parlkaian, 2010). 생후 5개월 때부터 영유아는 항상 들어왔던 선율의 윤곽이 바뀌게 될 경우에는 이것을 알아차린다(정진원, 1992). 여덟 개의 음으로 된 선율에서 여덟 개의 음 사이의 간격이 바뀔 때에 아기의 심장박동의 변화가 나타난다(Hargreaves & Zimmerman, 1992). 7개월된 아기들을 대상으로 익숙해진 선율의 윤곽과 리듬 패턴이 바뀔 때에 아기의 심장 박동이 빨라지는 반응을 보인다(Radocy, 1994).

12개월이 되면서 걷기 시작하면 영유아는 베이비 토크(baby talk)를 하게 된다(이기숙 외, 1992). 사람들이 말하는 것을 몇 마디 알아듣고 '엄마', '빠이빠이' 등을 말하기도 한다. 18개월이 되면 영유아의 음악생활은 중요한 변화를 나타낸다. 노래할 때에 어느 정도 목소리를 가다듬을 수 있고 리듬악기를 연주하기도 하며 가끔 음악을 들으면서 춤을 추기도 한다.

2세 영아는 소리의 패턴과 억양을 흉내 낸다. 새로운 소리에 대한 변별력이 생기며, 음악에 맞추어 정확하지는 않지만 몸 전체를 움직일 수 있다. 리듬에 맞추어 몸 동작을 하고 음의 고저, 단순한 가락, 소리 만들기를 할 수 있다. 또한 이 시기는 노래를 부를 수 있는 능력이 생기지만 대개 자신의 탐색적 경험을 토대로 하여 자기 중심적이며, 말놀이식의 즉흥적인 노래를 부르며 가끔 몇 소절이나 몇 군데만 따라 부름으로써 참여에 만족하고, 높은 음보다는 낮은 음을 편하게 소리를 내며, 노래를 부를 때는 몇 소절 따라하는 것에 만족한다(McDonald, 1983).

3세 영유아는 다른 시기의 영유아보다 훨씬 더 많은 언어 발달과 정서 발달이 이루어지는 시기이므로 음악 능력도 현격하게 발달되는 시기이다(김혜경, 2001). 이 시기가 되면 단순한 절로 된 노래를 부를 수 있는데 음역이 2~3도인 것은 쉽게 부를 수 있으며, 경험과 훈련을 통하여 D에서 G까지의 곡조를 부를 수 있다(임은애, 2001). 아주 짧은 몇 개의 음으로 된 선율이기는 하지만 영유아 자신이 만들어 낸 선율을 노래하기 시작한다. 혼자서 노래 만들기를 좋아하고 노래를 다른 방법으로 불러보는 것에 흥미를 느끼기도 한다(홍명옥, 2007). 음악 박자에 맞추어 움직이는 능력이 생겨 리듬에 맞추어 손뼉도 치고 목소리를 더욱 잘 통제한다. 목소리나 박자를 사용하여 자신의 창작을 음악적으로 표현하게 되며, 몸의 움직임을 통해 크고-부드러운, 빠르고-느린 개념을 형성한다(단은미, 2009). 음의 고저와 속도를 더 잘 변화시킬 수 있으며, 점점 정확히 단순한 악구를 노래한다. 극화된 노래를 좋아하며, 혼자서 노래 만들기를 좋아하거나 노래를 다른 방법으로 부르려 한다.

4세 영유아는 확장된 어휘나 음역, 리듬 감각이 영유아로 하여금 다양한 목소리로 노래 부르는 것을 가능하게 한다(Small, 1999). 기억력을 통해 노래 전체를 부르고 리듬과 음의 고저를 더욱 정확히 사용한다. 간단한 멜로디를 만들 수 있고 친숙한 곡을 따라 노랫말을 만들 수 있다. 영유아가 만든 자발적인 노래들의 특성을 보면 노래의 음역이 한 옥타브를 넘지 않고 대부분 완전 5도 내의 음정으로 구성된다(김현영, 2001; 배희진, 2008; Campbell & Scott-Kassner, 1995; Susan & Jackie, 2002). 리듬의 반복이 높은 비율로 나타나며 노래를 부르면서 손뼉 치기, 춤추기와 같은 신체적인 움직임을 동반하는 경향을 갖는다. 여러 가지 리듬악기를 사용하여 연주할 수 있게 되고, 음의 고저 및 음의 장단, 음색의 차이에 관한 개념을 확장한다.

5세 영유아는 노래하는 일에 열정과 흥미를 보이고 혼자 노래, 대그룹 속에서의 노래, 소그룹 속에서의 노래를 할 수 있으며 노래의 강약과 속도에 주의해 가면서 노래를 부르기 시작한다(민경훈, 2003). 자장가와 같은 쉬운 노래는 쉽게 재현해 내지만(안재신, 1996), 자발적인 노래를 부르는 빈도가 급격히 감소한다. 자의식이 강해지면서 실수를 피하려는 노력에 따라 정확한 모방을 하려고 노력하며, 동일한 노래를 다른 속도의 다른 음높이로 부를 수 있다. 음의 고저, 음의 장단, 음색의 차이에 대한 개념을 확장한다(김선의, 2009). 다양한 목소리로 노래 부르는 것이 가능하며 노래를 처음부터 끝까지 부를 수 있고, 자신이 좋아하는 노래를 갖게 된다(김혜경, 2001). 음악에 자신의 몸 동작을 그대로 맞출 수 있으며, 음악의 템포를 변화시켰을 경우에는 그 차이를 식별하고 언어화 할 수 있다(장정애, 2004). 빠르고 느린 소리의 조화가 리듬 패턴을 만들고 있음을 알기 때문에 손뼉 치거나 북치기 등으로 리듬 패턴을 만들어 리듬감을 효과적으로 배운다(장정애, 2008). 친숙한 노래를 노랫말 없이 악기로만 연주해서 들려주었을 때에 5세 영유아의 75%가 알아맞히며 대부분의 리듬악기를 연주할 수 있게 되며 리듬 패턴을 흉내 내기 시작한다(안재신, 1996).

지금까지 살펴본 영유아의 음악 능력은 모든 사람에게 주어지는 보편적인 능력이라는 것과 타고난 음악 능력을 발달시키기 위해서는 영유아기의 형식적 · 비형식적 교육이 중요하다는 사실을 알 수 있다.

모든 사람은 지능을 갖고 태어나는 것처럼 누구나 음악 능력을 갖고 태어나는데, 타고난 잠재력과 영유아기의 음악 환경과 경험들의 상호작용에 의해 음악 능력의 발달 양상이 달라질 수 있다고 보았다(Gordon, 1986). 아동이 출생 시 가지는 음악 능력의 수준이 9세경 이후부터는 긍정적이든, 부정적이든 계속 발달하지 않고 불변하는 안정성을 지니게 된다(Gordon, 1987). 만약 높은 음악 능력을 가지고 태어나도 9세까지의 시기에 양질의 음악 환경적 자극과 경험이 없으면 가지고 태어난 능력의 일부만이 개발되어 결과적으로 낮은 음악 능력 수준에 머무르며, 낮은 음악 능력을 가지고 태어났어도 양질의 음악 환경적 자극과 경험을 통하여 음악 능력을 일깨우면 가지고 태어난 능력의 상당 부분을 개발하여 유지하고 지속할 수 있다.

짐머만(Zimmerman, 1971)은 영유아기를 음악적 기능과 이해를 위한 민감기로 표현하고, 이 시기에 다양한 음악 경험이 부족하면 음악 능력이 발달하는 데 치명적 손상을 입을 수도 있다. 또한 이홍수(1990a)는 영유아기의 음악 체험의 질과 양상에 따라 이후의 음악 능력 발달에 큰 차이가 나타나기 때문에 영유아에게 필요한 음악 경험을 교육적 · 체계적으로 제공하지 않는다면, 영유아는 성인이 된 후에는 보완할 수 없는 일종의 음악 감각적 결핍을 피할 수 없게 된다고 강조하였다.

영유아기에 일정한 계획에 의해 제공되는 음악교육 프로그램은 영유아의 음악 능력을 발달시킬 수 있음을 알 수 있으며, 출생에서 9세에 이르는 시기의 정규 및 비정규 음악교육의 경험은 9세 이후의 음악 정규 교육보다 훨씬 중요하다. 따라서 영유아기는 음악교육적으로 중요한 시기이므로 질적으로 우수한 음악적 경험이 체계적이고 다양하게 제공되어야 한다.

# Chapter 3

# 음악의 요소

# 1 음악적 요소와 개념

음악의 요소는 영유아가 음악적으로 사고할 수 있고, 음악을 이해할 수 있으며, 음악적인 행위를 할 수 있게 한다. 이러한 이유로 음악 활동에서 음악 개념이 강조되는 것이며, 음악 개념에 대한 요소를 이해하는 것이 영유아기 음악 활동의 목적이 된다(Andress, 1995). 음악 개념은 매우 어린 나이에 형성되기 시작한다(이기숙 · 김영주, 1992). 음악 개념에 대한 이해는 음악적 경험들, 즉 감상, 가창, 기악, 창작을 통하여 형성될 수 있으며(Greenberg, 1979), 음악 개념에 대한 이해를 형성해감에 따라 영유아들은 음악적으로 성장하게 된다(현경실 · 석문주, 1996).

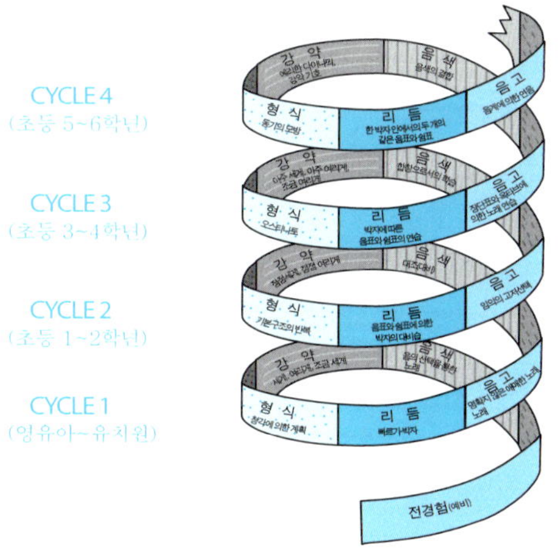


그림 3-1 음악적 개념의 나선형 발달

| 출처 | Thomas(1970). Manhattanville Music Curriculum Program(MMCP); 김명순 · 조경자(2001). 유아를 위한 음악교육의 이론과 실제. p. 42. 재인용.

음악적 요소에는 음의 셈여림(dynamics), 리듬(rhythm), 가락(melody), 빠르기(tempo), 음고(pitch), 형식(form), 음색(timbre)이 포함된다.

토마스(Thomas, 1970)는 MMCP(Manhattanville Music Curriculum Program)에서 음

악을 가르치는 최고의 혁신적인 방법을 음악의 본질적 의미와 가치를 자연스럽게 표현하는 것이며 창조하는 것으로 보았다. 또한 영유아는 음악적 요소가 영유아기에 동시성을 가지고 출발하지만 다른 영역 발달과 더불어 점진적으로 발달이 이루어지며 점차 나선형의 모양을 따라 발달한다. 이때 교사는 지시적으로 음악적 경험을 제시하고 경험시키기 보다는 영유아가 스스로 음악을 탐색하고 경험하도록 한다면 음악적 개념들이 점차 확장되고 세련되어 간다고 하였다(Thomas, 1970; 김명순 · 조경자, 2001 재인용).

음악의 요소에 포함되는 개념을 살펴보면 각 학자들마다 약간의 차이가 있으나 셈여림, 리듬, 가락, 빠르기, 음고, 형식, 음색의 요소를 포함하고 있다.

### 1) 셈여림

셈여림이란 존재하는 모든 소리의 특성 중의 하나로 소리의 크고 작음의 근본적인 차이를 의미한다(Zimmerman & Sechrest, 1968).

소리의 셈여림은 음악적 표현에 중요한 작용을 한다. 영유아는 셈여림을 지각함으로써 음악을 이해하고 느낌을 표현하는 데 도움을 받을 수 있다. 영유아가 자신의 몸이나 다양한 도구를 사용하여 소리를 크게, 작게 내어 봄으로써 셈여림이 주는 표현의 차이를 식별하게 된다. 또한 영유아에게 대조가 뚜렷한 곡을 들려주고 셈여림의 차이를 감지하도록 하는 것도 필요하다. 반면 셈여림은 소리에 대한 절대적 크기를 나타내는 것이 아니라 상대적인 크기를 나타낸다.

교사는 음악이 본질적으로 서로 다른 크기의 소리를 가진다는 것을 영유아가 감지하도록 도와주어야 하며, 크고 작은 소리를 들어보고 소리를 표현해 볼 수 있는 활동들을 준비해야 한다(김춘희, 1994).

### 2) 리듬

음악에서의 리듬은 일정한 시간 내의 규칙적인 시간의 분할을 의미한다. 즉, 소리의 시간적인 흐름과 움직임을 뜻하며, 박(pulse)과 강세(accent), 박자(meter), 길이 등의 구성 요소들을 포함하며 어느 것 하나라도 변화하면 리듬도 변하게 된다(Creston, 1964; 최동선, 1991 재인용).

음악에서 박은 규칙적인 경우나 불규칙적인 경우가 있으며, 센 경우나 여린 경우가 있다. 규칙적인 박이 진행되는 과정에 규칙적인 강세가 발생하면 박자가 형성된다.

많은 음악교육자들이 리듬에 대하여 언급하였는데 머셀(Mursell, 1948)은 음악적 성장 과정에는 독특한 리듬이 있으며 그 리듬에 따라 음악교육이 진행된다고 하면서, 음악은 언어가 없는 시이며 음과 리듬의 패턴에 의해서 인간의 감정을 표현하고 전달하는 것이라고 하였다. 오르프(Orff, 1963)는 음악의 개념 요소 중에서 리듬은 멜로디보다 우선하며 멜로디는 화성보다 우선한다고 하며 리듬의 중요성을 강조하였다. 달크로즈(Dalcroze, 1921)는 인간 개개인의 타고난 음악적 리듬을 발달시키기 위해서는 음악과 신체표현의 절대적 결합이 있어야 한다고 하였다.

### 3) 가락

가락은 리듬을 바탕으로 조직된 서로 다른 음높이의 흐름을 뜻하며, 영유아가 곡을 알아낼 수 있게 도와주는 음악의 멜로디나 곡조이다(이기숙 · 김영주, 1992).

가락은 높이 올라가거나 내려가거나, 같은 음에 머무르거나 하는 다양한 음높이의 음으로 특정한 높이를 지닌다. 여러 개의 특정한 높이의 소리가 어떤 원칙에 따라 연속적으로 무리를 이룰 때에 음계가 생성되고, 그 음들 중의 으뜸음에 따라 조성이 결정된다. 따라서 음계를 바탕으로 소리들의 특정한 형태의 움직임을 보이면, 주어진 조성의 가락이 생성된다(이홍수, 1993).

### 4) 빠르기

빠르기는 박자를 나누는 간격을 제시하는 것이다. 리듬이 영유아에게 어떤 움직이는 느낌을 가지게 하는 것이라면, 빠르기는 움직이는 속도를 제시하는 것이다. 같은 리듬을 빠르기의 변화에 따라 연주하고 그에 맞추어 영유아가 움직여보는 활동을 통해 빠르기의 개념을 형성할 수 있다(Apel & Daniel, 1960).

### 5) 음고

음고는 음을 듣고 높은 음과 낮은 음을 구별하는 능력이며, 음고에 관련된 요소는 음정, 음계, 선율, 음의 조합 등이 있다(이강숙, 1993).

음정은 두 음 사이의 거리이고, 음계는 음높이의 순서대로 정리된 음악적 체계 내의 모든 음들의 단계이며, 한 옥타브 내의 음들의 체계에 관련해서 사용된다. 멜로디는 연속적인 음정에 리듬이 부가된 개념이며 높이가 다른 두 개 이상의 음이 동시에 소리를 내는 것이 화음이다(성경희, 1995).

### 6) 형식

음악은 어떤 형태의 음악이든 모두 하나의 공통적인 형태를 가지고 있다. 셈여림, 가락, 리듬, 빠르기, 음고의 요소들이 의미를 전달하기 위해 음악적으로 배열되고 조직되었을 때에, 그 결과로서 음악의 형식이 형성된다(이기숙 · 김영주, 1992). 음악에 있어서 구조적이고 조직적인 요소인 형식을 음악 이론가 토호(Toho)는 형태를 만드는 힘이라고 했으며, 베리(Berry)는 부분을 결합시키는 힘이라고 하였다(이강숙, 1993).

영유아에게 형식은 음악을 통하여 생각과 느낌을 조직적으로 구성할 수 있게 한다. 이러한 과정은 음악 개념을 습득하는 과정이 아니라 본질적인 음악 형태 구성에 대한 심미적인 탐색의 과정이다(이숙희, 1998). 그러므로 영유아에게 소나타 형식이라는 교육적인 측면의 음악 개념보다는 그 음악 속에 내재되어 있는 본질적인 주제의 반복, 주제 발전의 논리성 등이 더 강조되어야 한다.

### 7) 음색

음색이란 그 소리의 독특한 질에 의한 소리의 차이점을 의미하는 것으로 엄마의 목소리와 다른 사람의 목소리, 남녀의 목소리, 기타와 피아노 소리, 오케스트라와 독주하는 악기의 소리에 대하여 지각할 수 있는 능력이다(이은화 · 김영희, 1997).

영유아는 여러 가지 음악적인 경험의 결과로서 음색에 대한 개념을 발달시킬 수 있는데 예를 들어 각기 다른 주변 환경의 소리, 사람의 목소리, 여러 가지 악기 소리를 각각 들어보기도 하고 서로 어울려 음악적인 소리가 만들어지는 경험을 할 수 있다.

이상과 같이 음악의 요소는 음악적 경험을 통하여 형성하게 된다. 영유아가 음악 개념을 습득하는 것은 음악의 본질을 학습하는 것이며 전혀 접해보지 못했던 새로운 음악도 쉽게 접하고 이해할 수 있는 음악적 능력을 길러주는 것을 의미한다. 그러므로 교사나 부모는 영유아가 음악적으로 사고하고, 음악 개념을 자연스럽게 습득하며 음악 활동을 스스로 할 수 있도록 다양한 종류의 음악을 듣고 노래하고 연주하고 창작할 수 있는 기회를 많이 제공해야 한다. 또한 계속해서 여러 가지 새로운 음악적 경험을 하게 됨에 따라 음악의 속도와 셈여림, 빠르기, 리듬, 가락, 음의 길고 짧음 등의 개념이 서서히 생기게 되며 영유아의 놀이 속에서 자연스럽게 나타난다.

# Chapter 4

# 영유아 음악교육 프로그램

1 코다이 음악교육 프로그램

2 오르프 음악교육 프로그램

3 달크로즈 음악교육 프로그램

4 고든 음악교육 프로그램

5 영유아 음악교육을 위한 통합적 접근

현대 음악교육에 공헌을 한 음악교육가들의 철학사상과 교육-학습방법론은 여러 나라에서 이미 적용되어 실시되고 있다. 우리나라에서도 코다이(Zoltán Kodály)나 오르프의 방법론 등이 알려져 있고 음악교육계에 영향을 끼쳤다. 고든의 오디교수법이나 달크로즈의 리듬 신체표현도 교육현장에 널리 알려져 있다. 몬테소리의 영유아교육론이나 스즈키의 재능교육론도 영유아 교육현장에서 활용할 만한 방법론들이다. 대부분의 음악교육가들이 어린 시절의 음악교육이 중요성을 강조하고 있으며, 다양한 음악학습의 경험이야말로 음악적 성장을 위한 필수조건이라고 역설한다.

영유아음악교육의 대표적인 프로그램인 코다이, 달크로즈, 오르프, 고든의 음악교육 프로그램을 살펴보고자 한다.

# 1 코다이 음악교육 프로그램

## 1) 코다이의 음악교육 철학

Zoltán Kodály(1882~1967)

코다이(Zoltán Kodály) 음악교육 프로그램은 영유아로부터 성인에 이르기까지를 대상으로 개발된 음악교육 프로그램이다.

코다이는 음악은 모든 어린이의 것이라고 주장하고 음악교육은 어릴 때부터 시작되어야 하며 모국어를 배우듯이 익혀야 하고, 참여를 통해 경험되어야 한다고 주장한다(Baumann, 2010). 코다이의 음악교육론은 음의 독보력과 기보법의 습득을 주요 목표로 설정하였으며, 민요와 민족예술가곡을 주된 교재로 사용하였다(Costanza & Russell, 1992).

프로그램의 목적은 '음악적 문해 능력(musical literacy)'을 통한 체계적인 음악 학습이다. 프로그램의 내용은 '음악의 모든 요소 및 개념과 기능을 체계적으로 조직하고 그

것을 어린이의 음악성장 단계에 비추어 적절한 시기에 체험하도록 제공하는 것이다(이홍수, 1990b).

코다이 음악교육 프로그램의 특성을 살펴보면 다음과 같다.

첫째, 인간 누구에게나 주어진 노래 부르기를 강조한다.

둘째, 독보, 기보, 청음훈련, 리듬운동, 가창, 감상을 포함하는 포괄적 음악교육 방법으로 음가, 음절(duration syllables)에 의한 리듬 지도, 언어를 통한 리듬 지도와 동작을 통한 리듬 지도를 강조하고 있다.

셋째, 이동도법에 의한 계명창(tonic solfa), 손신호(hand signs)를 이용한 계이름 부르기의 방법을 실시한다.

넷째, 단계적 지도를 강조함으로써 단선율–돌림노래–3부성부–3, 4성부–3, 4성부의 돌림 노래 지도와 독보하기를 강조한다.

다섯째, 전 악기의 사용 배제 및 목소리를 활용, 반주와 오음음계를 활용한 즉흥연주, 익숙한 리듬 꼴이나 가락꼴을 바탕으로 한 다함께 노래 부르기인 합창과 제창을 강조한다.

코다이 음악교육 프로그램에 관한 선행연구를 살펴보면 다음과 같다.

안재신(1996)은 코다이 음악교육 프로그램이 음악의 선율 지도와 리듬 지도에 효과가 있으며, 노래 부르기를 강조하는 우리나라의 교육현장에서도 많이 적용되고 있다고 하였다. 특히 손기호(hand sign), 이동도법에 의한 계명창 등은 독보력 기르기 뿐만 아니라 음정의 식별, 선율의 흐름, 음의 높낮이 이해에 효과적이다. 두 줄 악보를 사용하여 하행 단3도인 솔–미, 솔–라–솔, 솔–라–솔–미 등의 일정한 순서로 노래 부르기를 지도하는데 이러한 훈련은 유치원 때부터 시작한다. 손기호는 음의 높이를 손으로 표시해주어 독보력이 없어도 쉽게 음을 익힐 수 있으며, 리듬응답놀이는 리듬 감각을 길러줄 뿐만 아니라 리듬 창작까지 연결된다.

구희영 · 김남경 · 윤대근(2000)은 코다이 교수법은 음악교육의 시작을 태어나기 전부터 시작하여야 한다고 조기교육의 중요성을 일깨워 주었으며, 조기 음악교육에 있어서 함께 노래 부르기는 독창이나 악기 연주보다 효과적인 지도 방법이라고 하였다. 김영연(2002)은 코다이는 어느 나라의 민요든지 부르기 쉽도록 간단하고 반복적이라는 음악적 특징을 지니고 있다는 점을 세계인들에게 고취시키는 한편 민요는 다른 어떤 음악 장르보다도 대표적인 문화유산이라는 점을 일깨워주고 있다고 하였다.

김지영(2009)은 코다이 음악교육 프로그램이 악기를 연주할 때는 읽기 능력에 도움을 주어 기계적인 연주가 아닌 음악적 연주를 하도록 도와준다고 하였다.

코다이 손기호에 대한 연구를 한 강문진(2009)과 정소영(2009)은 음을 시각적인 표현으로 전달하는 코다이의 손기호는 영유아가 초보적인 악보 읽기를 하는 데 매우 효과적인 방법이라고 하였다. 심성경(2008)과 안재신(1996)은 코다이의 손기호는 손 모양이 변하고 위치가 변하고 방향이 변하면서 음의 고저와 선율, 흐름이 시각적으로 전달되어 손기호를 통해서 영유아의 조성과 음이름에 대한 개념 이해가 촉진되고 추상적인 음악적 개념을 영유아는 실제로 보고 느낄 수 있는 음악적 경험으로 만들어 효과적으로 음이름의 지도가 이루어진다고 하였다.

코다이는 훌륭한 음악교사가 되려는 사람은 어릴 때부터 음악 기초 학습을 올바르게 받은 사람이어야 한다고 생각했기 때문에 체계적이면서 교육적인 어린이들을 위한 작품을 많이 썼다. 이에 헝가리에서는 코다이의 지도 방법이 초등학교 교육과정에 채택되어 있고 국제음악교육협회(ISME: International Society for Music Education)를 통하여 세계 각국의 음악교육자들에게 보급되었다(양종모, 2000).

지금까지 선행연구를 통해 살펴본 코다이 음악교육 프로그램의 장점을 다음과 같이 요약할 수 있다.

첫째, 코다이 음악교육 프로그램은 누구나 지니고 있는 목소리를 이용하여 노래 부르기를 통해 음악 활동에 참여할 수 있다는 것과 영유아에게 쉽고 예술성이 뛰어난 음악적 재료를 사용함으로써 영유아가 미적 감수성을 키워준다.

둘째, 무반주 노래 부르기 등을 통하여 음악을 마음속으로 듣고 표현해낼 수 있는 내청 능력도 키워지며 시각적 교수매체인 리듬기호 및 손기호를 사용하여 영유아로 하여금 즐겁게 음악에 참여하게 한다.

그러나 유치원 현장에서 적용할 시에 따르는 문제점으로 리듬 읽기, 선율놀이, 문답식 노래놀이, 캐논 등과 같은 코다이 음악교수 방법의 근본 원리에 기초한 체계적인 음악교육보다 리듬기호, 손기호와 같은 상징성에만 치우친 음악 활동이 이루어질 수 있다는 점과 신체의 움직임이 적고 노래 부르기에만 치우치는 경향이 있어 영유아가 쉽게 지루해 할 수 있다는 단점을 지니고 있다. 또한 우리나라의 민속음악을 단계적으로 지도할 수 있는 교육 자료의 개발 및 교사의 악곡 선정과 분석 및 수업 구성 능력과 무반주 노래 부르기 등의 효과적인 지도를 위한 교사의 음감 및 음악적 자질이 절대 필요하므로 프로그램 적용에 한계점이 나타날 수 있다.

### 2) 구체적인 음악교수법

코다이의 음악교수법은 영유아의 발달 단계를 고려한 체계적인 학습 원리에 따른 합리적인 교수방법으로 가창을 통한 지도를 강조하였으며, 악기 연주 활동은 악보의 시창 능력을 갖춘 후 즉, 악보를 보고 계명창을 부르는 능력이 길러진 후에야 가능하다고 보았다.

구체적인 음악교수법은 다음과 같이 이루어진다.

### (1) 리듬 지도

코다이 교수법은 음악의 여러 요소 중에 무엇보다도 리듬 교육을 강조한다. 리듬 지도는 기본 박의 길이를 기준으로 하여 음표 및 쉼표의 길이를 파악하고 표현하는 학습과 리듬 꼴을 익히는 학습을 통해 이루어진다. 이는 원래 슈베(Emile Joseph Chevè, 1804~1864)에 의해 고안된 것을 적용한 방법으로 리듬 패턴을 일련의 음절로 나타내는 방법이며 나라마다 음절을 조금씩 다르게 사용하기도 한다(이홍수, 1990a).

코다이는 박의 길이에 따라 적당한 음절을 사용하여 익히도록 하였으며, 초보 단계에서는 음표의 기둥만 주로 사용하였다.

**표 4-1** 리듬 기보와 리듬 이름

| | | | | |
|---|---|---|---|---|
| 리듬 기보 | ta<br>타 | ti<br>티 | ti-ri-ri-ri<br>트리리리 | tri-o-la<br>트리-올-라 |
| 리듬 이름 | ta-a-a-a<br>타-아-아-아 | ta-a-a<br>타-아-아 | ta-a<br>타-아 | ta<br>타 |
| | ti - ti<br>티-티 | ti - ri - ri - ri<br>티-리-리-리 | ti - ti - ri<br>티-티-리 | ti - ri - ti<br>티-리-티 |
| | ti - ri - ri<br>티-리-리 | tim - ri<br>팀 - 리 | ti - rim<br>티 림 | ti - ta - ti<br>티-타-티 |
| | ta - ti<br>타이-티 | ti - tai<br>티-타이 | tri - o - la<br>트리-올-라 | ti -ri- ti<br>팀-리-티 |

| 출처 | 조홍기(1994). 코다이 음악교수법. p. 29. 재구성.

음표의 이름은 리듬의 음가와 음절을 읽을 수 있게 된 후에 가르쳤으며, 기본 박을 기준으로 하여 다른 음표와의 관련 속에서 각 음표의 길이의 차이를 확실하게 이해했을 때에 음표의 이름을 가르칠 수 있다고 보았다.

코다이 음악 지도에서 리듬의 개념은 다음과 같은 차례에 따라 도입된다.

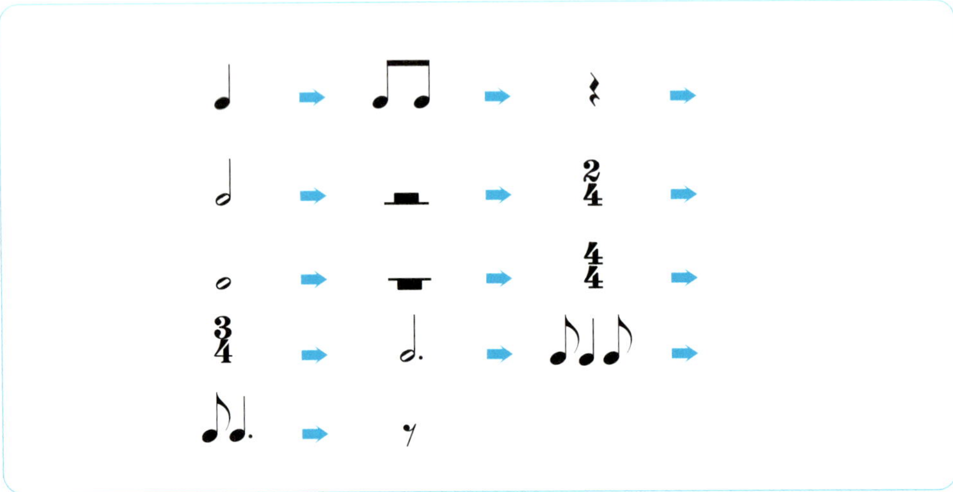

그림 4-1 리듬 개념

초기 리듬 학습에서는 흔히 그림과 관련지음으로써 시각적 효과를 통해 지도한다. 그림의 크기로 음의 길이를 암시하는 것이다.

그림 4-2 리듬 카드의 예

리듬 훈련은 청음과 병행하여 첫째, 가사로 노래하고 둘째, ta와 ti 등의 리듬 음가 음절로 노래하고 셋째, 리듬막대나 산가지 등을 이용해 리듬 형태를 만들고 넷째, 자신이 만든 리듬 형태를 손으로 지적하며 다시 노래하는 방식으로 지도된다(이연경, 1990).

리듬 카드를 이용하여 활동하는 모습

리듬 지도를 효과적으로 하기 위한 구체적인 활동은 다음과 같다.

### ① 리듬 응답놀이

다음은 교사의 리듬을 듣고 즉흥적으로 리듬을 창작하는 활동이다.

### ② 빈 마디 채우기

칠판에 여러 마디의 프레이즈 리듬을 그리고 빈 마디에 그 프레이즈에 어울리는 리듬을 창작하게 하여 리듬 감각을 계발시킨다.

### ③ 캐논(canon) 형식에 의한 리듬 활동

④ 반주에 맞춰 리듬 이어가기

⑤ 오스티나토 반주

노래에 맞춰 손뼉 치기와 발 구르기의 오스티나토 형태의 리듬 반주를 한다.

이와 같은 리듬 응답 활동은 리듬감의 강화와 더불어 음악적 창조성의 계발에도 유익하다. 다양한 리듬 훈련을 통해 무의미한 이론적 설명의 기계적 학습이 아닌 손발을 동반한 신체 경험, 의성을 수반한 리듬치기, 시각적 기호의 활용으로 감각적인 학습이 되도록 한다.

### (2) 손기호(Hand Sign)

코다이는 악보 읽기를 더욱 단순화하기 위해 존 커웬(John Curwen, 1816~1850)이 창안한 손기호 체계를 도입하였다. 코다이는 손기호 방법이 손의 위치와 모양의 관계를 통해 음정에 대한 감각을 기르고 계이름으로 부르는 능력과 내청의 능력을 개발하는 데 효과적임을 확신하였다. 손기호와 함께 계이름으로 노래 부르기를 충실히 연습하면, 손기호를 하거나 보면서도 마음속에 으뜸음과의 관계 속에서 다른 음들을 떠올리는 능력을 가지게 된다. 이러한 방법은 악기 연주 시에도 읽기 능력에 도움을 주어 기계적인 연주가 아닌 음악적 연주를 하도록 도와준다.

① 손기호의 자세와 모양

손기호는 허리 부근에서 이마까지를 주 동작 범위로 한다. 으뜸음은 도를 허리 높이에서 시작하고 점차 위치를 높여가며 옥타브는 이마 위쪽까지 올라간다(김민아, 2000).

구체적인 코다이 손기호의 자세와 손 모양은 | 그림 4-3 | 과 같다.

그림 4-3 코다이 손기호

| 출처 | 조홍기(1994). 코다이 음악교수법. p. 27.

영유아들이 손기호를 배울 때에 활용되는 노래로 '도레미송'의 음에 가사만 바꾸어서 부를 수 있다.

도: 주먹을 쥐고 수평으로 한다(허리 정도의 손 높이).

레: 손바닥을 펴고 엄지손가락을 붙인 채로 45° 위로 향한다.

미: 손을 펴서 수평이 되도록 한다.

파: 주먹을 쥐고 엄지손가락으로 아래를 가리킨다.

솔: 손바닥을 쭉 펴서 몸 쪽으로 향하게 한다(어깨 정도 손 높이).

라: 손을 계란 하나를 손 안에 쥔 것처럼 하면서 아래를 향하게 한다.

시: 주먹을 쥐고 엄지와 검지를 펴서 45° 각도가 되도록 한다.

도: 주먹을 쥐고 수평으로 한다(이마 정도의 손 높이).

이와 같이 코다이의 손기호는 손 모양이 변하고 위치가 변하고 방향이 변하면서 음의 고저와 선율, 흐름이 시각적으로 전달되게 한다. 영유아기는 아직 음정 감각도 확실하지 못하고 음악적인 기호인 음표와 음이름에 대해서 이해하기 어렵다. 따라서 영유아에게 악보를 읽게 하는 것은 대단히 어려운 학습이다. 따라서 음을 시각적인 표현으로 전달하는 코다이의 손기호는 영유아가 초보적인 악보 읽기를 하는 데 매우 효과적인 방법이다. 또한 헝가리에서는 오른손, 왼손을 바꾸는 방식에 의해 전조(轉調)를 표시한다. 이러한 코다이의 손기호를 통해서 영유아의 조성과 음이름에 대한 개념의 이해가 촉진되고 추상적인 음악적 개념을 영유아가 실제로 보고 느낄 수 있는 음악적 경험으로 만들어 효과적으로 음이름의 지도가 이루어진다.

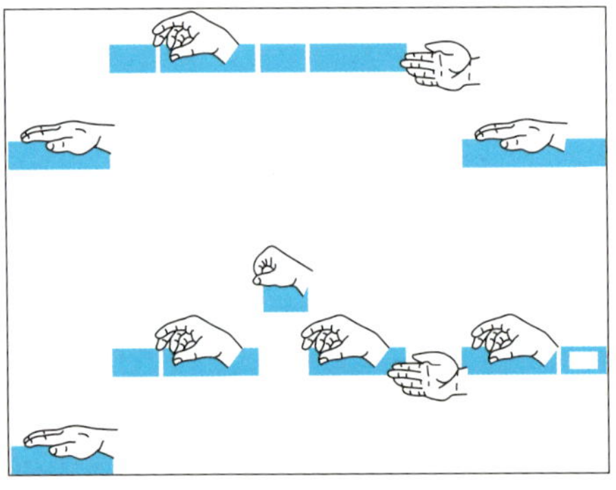

손기호를 이용한 악보

손기호를 이용한 활동

## 2 오르프 음악교육 프로그램

### 1) 오르프의 음악교육 철학

오르프 음악교육 프로그램은 즉흥 연주와 율동을 중시하고, 악기의 사용을 강조한다(김규식, 2002).

Carl Orff(1895~1982)

프로그램의 목적은 음악, 언어, 동작의 통합적 경험을 통해 음악성을 계발하는 것이다. 즉, 말하기, 노래 부르기, 신체 동작하기, 악기 연주하기 등의 통합적 접근에 의해 음악을 쉽고 친숙하게 받아들이고(김명순 외, 2001) 이를 통해 음악 능력을 계발시키는 것이다.

프로그램의 내용은 '단순한 구조와 반복되는 음형을 지닌 형태의 음악이 동작과 언어와 함께 존재하고 표현되어지는 과정을 중요시 하였는데, 여러 가지 음악의 요소 중에서 리듬을 가장 중요시 하였다(최진욱, 2005).

오르프 음악교육 프로그램의 특성을 살펴보면 다음과 같다.

첫째, 말과 노래, 동작, 악기 연주 등이 상호 연관되는 통합적인 음악 경험을 통해 자연스럽게 음악의 본질에 접근하는 것을 강조한다.

스카프로 소리의 움직임을 탐색하는 모습

둘째, 지적인 이해에 앞서 신체적으로 음악을 탐색하고 음악의 요소를 체득함으로써 음악에 대한 예민함을 발달시키도록 하였다.

셋째, 즉흥 연주를 통해 다양한 창조적인 표현성과 기술을 증진시킴으로써 폭넓은 음악 능력을 향상시키는 데 중점을 두었다.

넷째, 말 리듬, 노래 부르기, 신체 동작, 즉흥 연주, 악기 연주를 통한 리듬 지도 및 오음음계에 대한 단계적 지도와 가락 오스티나토에 의한 반복성, 질문과 대답, 론도 형식, 여러 가지 타악기 등을 활용한 악기 탐색과 연주를 통해 즉흥성을 계발하는 것과 영유아 수준의 기보 및 독보, 그림악보 등을 강조한다.

오르프 음악교육 프로그램에 관한 선행연구를 살펴보면 다음과 같다.

송여진(2009)은 동작을 활용하는 오르프 음악교수법에 연구로 오르프 동작 활동 지도가 음악의 개념과 기술을 가르치는 데 효과적인 지도 방법이다. 영유아의 기본 동작을 음악과 관련시키면서 영유아는 음악의 개념을 이해하게 되고 가락뿐만 아니라 강약, 음색 질감, 형식, 극적 상황까지도 신체 동작으로 표현할 수 있다고 하였다.

오르프 음악교육 프로그램에는 오르프가 제작한 다양한 개량악기들을 사용하는데 이러한 악기 경험은 음악적인 경이감과 즐거움을 주며 음악적인 경험의 밑거름이 된다(황경미, 2009). 악기 경험에 관한 연구로 권세미(2009)와 이경희(2009)는 오르프 음악교수법에서 사용되는 실로폰은 대표적인 개량악기로서 음판을 받쳐주는 울림통이 있어서 여느 타악기보다 소리가 아주 좋고 음판을 자유롭게 뗄 수 있어서 영유아음악 지도에 효과적이라고 한다. 김혜영(2008)은 악기 활동은 영유아를 몇 그룹으로 나누어 짧은 리듬 패턴을 반복하여 연주하는 방식으로 진행되는데 영유아는 오르프 악기로 놀이하면서 여러 가지 소리의 질감을 경험하고 서로 다른 음색을 대조하고 높은 소리와 낮은 소리, 음정 관계를 이해하게 된다고 하였다. 구희영 외(2000)는 오르프의 악기 연주는 합주를 통해서 창의적이고 즉흥적인 표현 능력, 악기 연주 기능을 개발하고 합주반의 일원으로서 음악을 통해 자신을 표현하는 방법을 발견하게 하며, 신체적으로 음악을 경험하면서 몸으로 음악에 대한 예민한 감각을 가지며, 자유로운 신체적 표현과 즉흥 연주를 통해 음악적 상상력과 즉흥성을 기르는 데 도움이 된다고 강조하고 있다.

오르프 음악 활동이 이루어지는 내내 감상이 자연스럽게 이루어지는데 이에 대해 윤지영(2009)은 오르프가 음악 활동에서 감상을 매우 중시하였으며 모든 활동에서 듣기와 감상을 강조함으로써 정확한 음의 인지 능력을 키우는 것에 도움이 되며 음악을 감상하는 경험은 음악 만들기 혹은 즉흥 연주하기를 하기 위한 기초가 된다고 강조하였다.

즉흥 연주

교사의 역할에 대한 중요성을 강조한 김정희 · 김연희(2004)의 연구는 교사는 음악적 자료들을 가지고 아동들이 탐색하도록 도와야 하며, 이러한 탐색과정을 통해 영유아는 몸의 위치와 움직임을 통하여 공간을 탐색하고, 주위의 여러 가지 소리나 악기를 통해 탐색하고 의도적으로 조직된 소리들을 점차 확대하여 탐색하며, 즉흥 연주를 통해서 형식을 느끼고, 공간에서의 움직임들로 리듬 꼴이나 가락 꼴을 만들고 움직임의 형태로 바꾸어 무용을 만드는 음악 표현 능력이 발달한다고 하였다.

지금까지 선행연구를 통해 살펴본 오르프 음악교육 프로그램의 장점을 다음과 같이 요약할 수 있다.

첫째, 음악의 다섯 가지 영역인 노래 부르기, 신체표현하기, 악기 연주하기, 즉흥 연주하기, 창작하기의 총체적인 음악 경험이 가능하다. 둘째, 놀이처럼 하는 음악 경험을 통해 영유아가 즐겁고 능동적인 음악 활동 참여의 기회를 부여할 수 있어서 영유아의 리듬감 향상을 통해 음악 능력 증진에 효과적이다. 셋째, 악기 연주를 통해 연주가와 창작하기를 통해 작곡가의 경험을 할 수 있다.

그러나 유치원 현장에의 적용 시 나타나는 문제점으로 오르프 악기의 유치원 구비를 위한 비용이 많이 든다는 것이다. 또한 오르프 악기를 활용함에 있어서 교사의 음악적 자질 및 한국적 교육 소재의 발굴과 적용을 위한 교사의 연구와 노력이 요구된다.

## 2) 구체적인 음악교수법

### (1) 리듬 교육

오르프는 '움직임과 하나된 뿌리' 즉 리듬에서 비롯된다고 하여 '리듬 교육'을 강조하고 있다. 리듬 교육은 두 가지로 요약되는데 하나는 언어 리듬이며, 다른 하나는 신체 리듬이다. 달크로즈의 유리드믹스 원리를 따라 리듬이 음악의 요소 중에서 가장 우선적이며 즉흥 연주와 율동의 시발점이 되어야 한다고 주장했다.

#### ① 언어 리듬

오르프는 말의 리듬 활동으로, 리듬 활동에서 노래 부르기 단계로 이동하는 것이 자연스러운 학습 과정으로 보았다. 언어 리듬은 아동의 생활에서 쉽게 표현될 수 있는 모든 언어를 사용한다. 일상적인 대화나 아동의 이름, 호칭, 사물, 장소, 색깔, 요일, 동물, 과일, 인사말 등 일상적인 단어에 자연스런 리듬을 붙이고 신체 리듬이나 여러 가지 동작을 곁들여 놀이 활동을 할 수 있으며, 동화나 짧은 속담에 리듬을 붙여 읽는 활동에서 신체 악기나 다양한 리듬 타악기로 반주를 한다든지 말의 셈여림, 속도, 억양, 다양한 음색의 표현으로 이야기를 꾸며 극놀이를 하는 단계까지 발전시킬 수 있다.

또한 라임이나 찬트를 동반한 놀이와 게임 등을 통하여 박자, 프레이즈(phrase), 셈여림, 악센트, 스타카토, 레가토 등의 음악적 개념을 익힐 수 있다. 언어 리듬의 특징은 까다롭고 어려운 선율을 전개 · 발전시키는 출발점이 된다.

그림 4-4 언어 리듬 카드

### ② 신체 리듬

신체의 자연스런 동작을 통해 음악적 개념과 연결시키고 리듬을 느끼게 하는 방법이다. 손가락 튕기기, 손뼉 치기, 무릎 치기, 발 구르기, 입소리 등으로 쉽고 간단하게 표현할 수 있기 때문에 어떤 기구나 악기를 사용하기 전에 기초로 터득하는 리듬 활동이다.

신체를 이용하여 리듬 활동을 하는 모습

- **손뼉 치기 리듬**: 신체 중에서도 가장 쉽게 소리를 낼 수 있고, 손쉽게 리듬에 대한 감각을 키울 수 있는 방법으로 똑같이 따라서 치는 방법과 응답으로 치는 두 가지 방법이 있다. 응답 형식은 한 사람이 먼저 어떤 물음의 손뼉 리듬을 주면 다른 한 사람은 그 물음에 다른 손뼉 리듬으로 답한다.
- **발 구르기 리듬**: 자유로이 걸으면서 손뼉 리듬과 같이 걷기 연습을 한 다음에 강, 약 속도의 리듬에 대한 변화의 감각을 가지게 한다. 발 구르기는 제자리에서 뿐만 아니라 좌우 전후로 걸어서 움직이도록 하고 몸 동작을 함께 할 수도 있다. 손뼉 리듬 때와 같이 규칙적인 모방 리듬과 응답식 리듬으로 연습한다.
- **손뼉, 발 구르기 합침 리듬**: 손뼉 치기와 발 구르기를 합한 방법으로 일어서서 제자리걸음이나 앞걸음, 뒷걸음, 옆걸음 또는 발 리듬이 여러 종류도 함께 응용하는 방법으로 몸의 동작도 함께 겸하도록 한다.
- **무릎 치기 리듬**: 오른쪽과 왼쪽 무릎을 사용하여 자유로이 무릎을 쳐본 후 손뼉 치기와 발 구르기를 병행하여 연습한다. 무릎 치기는 빠른 리듬을 연주하기에 가장 용이하다.
- **종합 신체 리듬 연습**: 손가락 튕기기, 손뼉 치기, 발 구르기를 통해 각자의 리듬을 만들어 응용해 본다. 신체 리듬의 종합적인 활용은 오르프 활동의 기본이며 손가락 튕기기는 악센트나 포인트를 줄 때, 손뼉 치기는 빠른 리듬이나 싱코페이션 리듬, 무릎 치기는 빠르고 다양한 리듬 표현이 가능하며, 발 구르기는 느린 박이나 긴 박에 효과적이다.

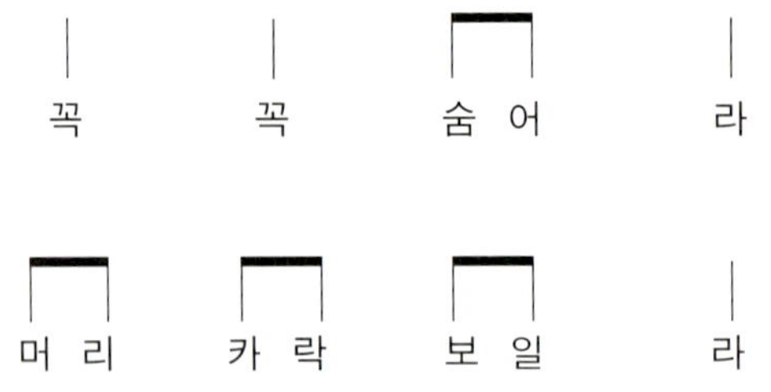


그림 4-5 리듬 기호

우리나라 전래동요인 '술래잡기'는 앞의 리듬 기호처럼 손뼉 치기, 무릎 치기 등의 신체표현으로도 연주할 수 있고, 무선율 타악기로도 연주할 수 있다. 예를 들면 노래에 악기 반주가 붙기도 하고 말하기에 신체표현을 붙여 쓰기도 한다. 말하기, 노래 부르기, 신체표현, 악기 연주하기 등이 상호 연결되어 통합적인 영유아의 활동을 통해 자연스럽게 음악을 배우고 느끼게 한다.

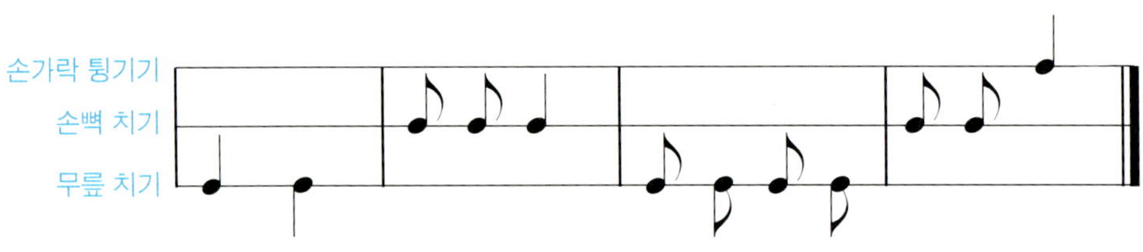


그림 4-6 신체 리듬 기호

### (2) 즉흥 연주

오르프 지도법 중에서 가장 포괄적으로 강조되는 것은 즉흥 연주이다. 즉흥 연주는 '슐베르크'에서도 핵심적인 활동이며 누구나 타고난 재능에 구애받지 않고 음악을 창조할 수 있어 진정한 음악적 만족감을 얻을 수 있는 매력적인 활동이라고 말할 수 있다. 이는 말하기, 노래 부르기, 신체 활동, 악기 연주 등의 매체를 이용하여 다양한 음악적 요소와 기술에 기초해서 즉흥적으로 리듬이나 선율, 신체적 표현을 만들어내는 활동을 말한다. 이는 단계적으로 아동의 수준에 맞는 자료를 제공해야 하며 처음에는 원시적이고 단순한 음악을 흉내 내는 형태에서 출발해야 한다.

오르프는 즉흥 연주와 관련하여 '지휘 연습'을 강조하였다. 물론 오케스트라를 훌륭하게 지휘하기 위한 과정이 아니라 기초적인 음악교육의 리듬적 · 역동적 체험을 위한 신체적 조성임을 충분히 확인할 수 있다.

지휘 훈련은 손놀림을 통해서 기술이 아닌 원초적인 리듬을 다양하게 표현하는 훈련 과정이다. 여기에 덧붙여 호흡의 중요성을 강조했으며 이는 일찍이 내면의 소리에 귀 기울이며 호흡 속에서 흐르는 멜로디와 규칙적인 리듬을 들을 수 있는 종합적인 훈련을 시도하였던 것이다(조순이 · 박상하, 2002).

오르프 악기로 즉흥 연주를 하는 모습

손뼉치기
발구르기
소프라노 실로폰
앨토 실로폰
탬버린
작은심벌
베이스 드럼
팀파니

손뼉치기
발구르기
소프라노 실로폰
앨토 실로폰
탬버린
작은심벌
베이스 드럼
팀파니

**그림 4-7** 오르프 기악 합주 악보의 예

| 출처 | 한국오르프음악교육연구소(http://www.orff.org/)

# 3 달크로즈 음악교육 프로그램

## 1) 달크로즈 음악교육 철학

Emile Jaques-Dalcroze
(1865~1950)

에밀 자크 달크로즈(Emile Jaques-Dalcroze: 1865~1950)는 1865년 7월 6일 오스트리아의 비엔나에서 태어났고, 그가 10세가 되는 해에 스위스인이었던 부모를 따라 고국 스위스의 제네바로 이주해서 살게 된다. 그는 어린 시절 페스탈로치(Pestalozzi) 철학을 전수 받은 음악교사였던 어머니로부터 음악교육을 받았고, 문화의 도시 비엔나에 살면서 오페라, 발레, 연극 등 다양한 장르의 예술을 접할 수 있었다. 이러한 음악적인 배경은 그가 7세가 되던 해에 600곡이 넘는 노래를 작곡하는 것을 가능하게 만들었다.

달크로즈 음악교육 프로그램은 영유아로부터 성인에 이르기까지를 대상으로 하는 프로그램이다.

달크로즈는 음악 리듬의 근원을 인간 신체의 자연스러운 운동 리듬에 기초를 두었다(문연경 · 왕미정 · 정현희, 2007). 달크로즈는 음악 예술의 기초는 감정이며, 음악이 사람의 감정에서 비롯된 것이므로 사람의 내재된 감정을 음악으로 표현하기 위해서는 인간의 몸 전체를 훈련해야 한다고 강조한다(Wiersma & Jurs, 2009). 특히 달크로즈는 청음능력의 중요성을 강조하여 음악을 듣고 청음에 익숙해지면 이것을 신체표현으로 연결하도록 하였고 결과적으로 정확한 악기의 연주로 연결되도록 지도하였다.

프로그램의 목적은 신체적 표현을 통해 어린이의 잠재되어 있는 음악 능력 계발하는 것이다. 달크로즈 음악교육 프로그램의 내용은 유리드믹스(eurhythmics), 솔페이지(solfege), 즉흥 연주(improvisation)이다.

달크로즈 음악교육 프로그램의 특성을 살펴보면 다음과 같다.

첫째, 달크로즈는 모든 인간은 태어날 때부터 신체적으로 음악적 리듬을 타고나며 개개인이 타고난 음악적 리듬을 발전시키기 위해서는 음악과 신체 동작이 통합되어야 하며 이를 강조하기 위한 유리드믹스(eurhythmics)를 창안하였다. 유리드믹스는 리듬에 대한 느낌을 몸짓으로 표현하는 음악교육 방법으로 몸 전체로 음악의 리듬을 느끼게 함으로써 리듬에 대한 민감성을 개발하도록 하여 음악 인지 능력이 발달할 수 있다(박승경, 2008).

둘째, 유리드믹스 지도를 통해 발견한 음악 지도의 원리와 방법을 활용하여 고정도법에 기초한 계이름으로 부르기(solfege)와 즉흥 연주(improvisation) 지도 방법을 고안하였다(이홍수, 1990a).

솔페이지는 계이름으로 부르기를 통해 내청(inner hearing) 능력을 계발하고자 하는 것으로 절대음감 훈련이다(문연경 외, 2007).

영유아는 솔페이지를 통해 계이름으로 노래 부르면서 음의 높이를 분별하고 음들 간의 관계를 파악하는 능력이 발달한다(Choksy et al., 1986). 또한 박승경(2008)은 솔페이지는 소리에 대한 예리한 귀를 발달시키며 소리를 듣지 않고도 마음속으로 듣는 내청 능력을 길러준다고 하였다.

즉흥 연주에는 말(언어), 시, 움직임, 이야기, 노래, 타악기, 현악기, 목관악기, 피아노 등 다양한 도구가 사용된다. 특히 피아노가 많이 사용되는데, 이는 피아노가 음의 높낮이와 셈여림을 자유롭게 표현하기에 가장 유용하기 때문이다(최은식 · 권덕원 · 석문주 · 정재은, 2008). 교사가 어떤 것을 즉흥적으로 연주하면 영유아는 그 음악에 따라 자유롭게 즉흥적으로 신체표현을 함으로써 즉흥성과 음악성이 자연스럽게 조화되도록 한다(이에스더, 2003).

이와 같은 즉흥 연주를 통하여 영유아는 박자, 강세, 길이, 빠르기 등 리듬과 관련된 요소들과 음높이, 음계, 화음 등 가락에 관련된 요소들을 자연스럽게 익히게 되며 그 과정에서 영유아의 개성과 창의성을 발현할 수 있는 능력을 얻게 된다(김은진, 2010; 황옥희, 2003).

지금까지 선행연구를 통해 살펴본 달크로즈 음악교육 프로그램의 장점을 다음과 같이 요약할 수 있다.

첫째, 음악 활동에 신체표현을 강조함으로써 몸으로 표현하는 것을 좋아하는 모든 영유아가 음악에 즐겁게 참여할 수 있는 동기유발에 효과적이다.

둘째, 영유아에게 친근한 피아노를 이용하여 다양한 음악 요소를 경험하게 함으로써 영유아에게 적절한 음악에 대한 인식과 표현 능력을 기르게 한다.

셋째, 리듬, 멜로디, 화성, 기보 및 독보력의 총체적 음악 능력 향상을 위한 효과적인 음악교육 방법이다.

그러나 유치원 현장에서 적용할 때에 나타나는 문제점으로 대그룹 활동 시에 신체표현을 많이 하므로 유치원 교실에서 프로그램이 진행될 경우에는 자유롭게 움직이고 영유아 간에 상호작용할 수 있는 공간의 부족 현상이 발생할 수 있다. 또한 영유아교사의 수준 높은 음악적 자질이 요구됨으로써 교사가 쉽게 접근하지 못할 경우가 발생할 수 있으므로 교사의 음악적 자질 향상을 위한 보완이 필요하다.

## 2) 구체적인 음악교수법

### (1) 유리드믹스(Eurhythmics)

달크로즈의 접근 방법은 음악에 따른 신체적 움직임과 악보 보고 부르기, 피아노 즉흥 연주 등 세 가지를 주된 활동 내용으로 하고 있지만, 그 가운데서 가장 기초적이고 초보 단계에서 주로 사용하는 지도 방법은 음악과 신체 동작이 통합되어야 하며 이를 강조하기 위한 유리드믹스이다.

유리드믹스는 리듬에 대한 느낌을 몸으로 나타내는 음악교육 방법으로 몸 전체로 음악의 리듬을 표현하게 함으로써 리듬에 대한 민감성을 개발하도록 하므로 음악 인지 능력이 발달하도록 도와준다.

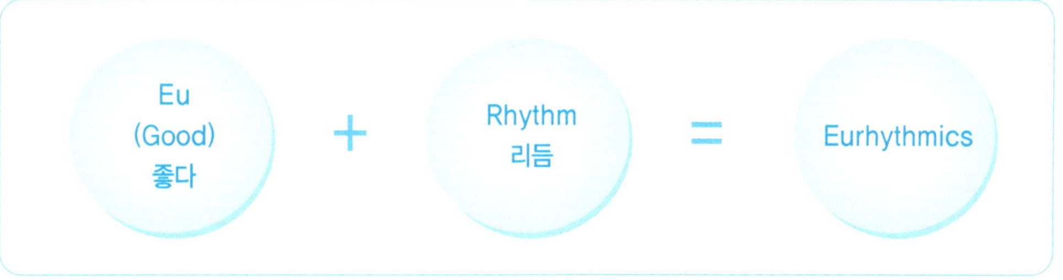


**그림 4-8** 유리드믹스의 어원

| 출처 | 장정애(2011). 자연의 소리를 활용한 통합적 유아음악교육 프로그램 구성 및 효과. p. 29.

'유리드믹스'란 희랍어로 '좋은 움직임', '훌륭한 흐름(good rhythm)'이란 뜻으로 음악의 주요소는 흐름이며 그 흐름은 인간의 몸으로부터 나온다는 의미이다.

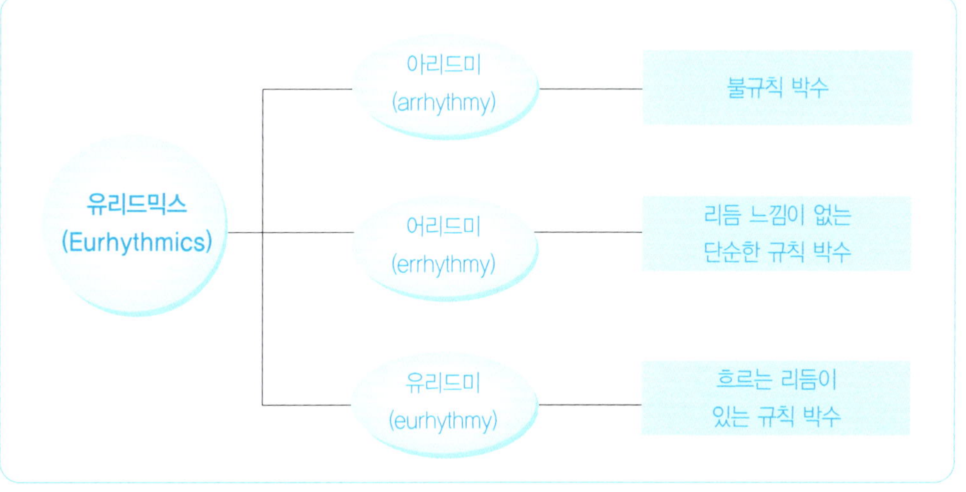


**그림 4-9** 유리드믹스의 종류

| 출처 | 장정애(2011). 자연의 소리를 활용한 통합적 유아음악교육 프로그램 구성 및 효과. p. 29.

유리드믹스는 '아리드미(arrhythmy)'와 '어리드미(errhythmy)', '유리드미(eurhythmy)'로 나눈다. 아리드미는 불규칙 박수로 일상생활에서 치는 박수를 의미한다. 어리드미는 리듬 느낌이 없는 단순한 박수로 노래나 음악에 맞춰 일정한 박자로 치는 박수를 의미한다. 마지막으로 유리드미는 흐르는 리듬이 있는 규칙적인 박수로 리듬에 맞추어 박수치는 것으로 가장 대표적인 유리드미가 '대한민국' 구호를 외치며 치는 응원박수이다.

달크로즈는 이러한 리듬 체조법(rhythm movement)을 통해 공간 감각, 근육 감각, 촉각, 청각 등의 기능을 발달시키고자 하였으며 음악의 원천은 감정이며 그 감정은 감각을 통해 느껴지고 동작을 통해 전환 표현되기 때문에 음악 학습을 위해 가장 먼저 훈련해야 할 악기는 인간의 몸이라는 철학을 가지고 있다.

유리드믹스의 목적을 다음과 같다.

① 정신적 · 감각적인 면에서 인식력, 집중력, 통합 반응력, 뉘앙스 감지 및 표현력 등을 기른다.

② 신체적인 면에서 움직임의 용이성, 움직임의 정확성, 움직임을 통한 자기 표현력 등을 기른다.

③ 음악적인 면에서 연주, 분석, 독보, 기보, 즉흥 연주 등을 가능하게 하는 청감각과 반응력 즉, 신속 정확하게 청취하고 그 음향에 대하여 개성 있게 반응하는 능력을 기른다.

### (2) 솔페이지(Solfege)

달크로즈 방법론의 두 번째 영역으로 음에 대한 훈련이다. 달크로즈는 '마음속으로 음악을 듣는 것은 청감각과 기억에 의존하는 까닭에, 계이름으로 부르는 것은 음악을 이해하는 조건과 자발성, 창의적인 상상력을 기르는 데에 바탕이 될 뿐만 아니라, 악보를 읽고 즉시 음을 떠올릴 수 있는 능력을 키울 수 있는 길이 된다.' 고 하였다. 따라서 영유아가 악보를 보면서 계이름으로 노래 부르는 것을 통해 내청(inner hearing)을 계발하는 교수법이다.

솔페이지 학습에서 무엇보다도 중요한 것은 듣는 능력이다. 따라서 이 학습은 고정도법을 사용하며, 도는 항상 C로 모든 음계가 이 C음에서 시작된다. 솔페이지 학습의 주요 내용을 정리하면 다음과 같다.

① 고정 '도(C)' 를 사용하여 절대 음감을 획득시키기 위한 훈련이다.

② 모듬 음계는 C에서 시작하는데 대개 음절을 붙여 부른다.

③ 음정을 노래하며 노래는 음절을 사용하여 부른다.

④ 목소리로 즉흥 표현을 한다.

⑤ 음높이를 몸으로 표현하는 학습을 많이 한다.

⑥ C음계를 철저히 배운 후 멜로디를 수반한 음들을 가리는 학습이 시작된다.

⑦ 독보는 음악 학습의 초보 단계에서 시작하지 않는다. 소리를 듣고, 소리에 반응하고, 점차 읽고 쓰는 형태로 발전된다.

⑧ 피아노는 음의 정확성을 시험하기 위해 쓰여진다.

⑨ 음들의 관계를 배울 때에 학생은 한두 마디는 크게 부르고, 그 다음 마디는 마음속으로 부른다.

⑩ 한 노래의 끝음과 다음 노래의 시작 부분을 노래함으로써 음정을 파악하는 학습을 한다.

⑪ 가락을 학습할 때는 노래의 중간중간에 몇 마디씩을 비워 놓고 즉흥적으로 만들어 넣는 연습을 한다. 또한 만들어 넣은 가락을 기억으로 재생하는 훈련을 한다.

⑫ 화음은 간단한 I-V-I의 화음을 아르페지오로 노래 부르는 형태로 시작하여 훨씬 어려운 수준으로 진전한다.

### (3) 즉흥 연주

달크로즈의 즉흥 연주는 박자, 강세, 음높이, 화음, 음계 등의 모든 음악 요소들을 결합하고 표현하는 능력을 기르기 위한 목적으로 모든 신체적 움직임(운동, 대화, 말), 노래, 타악기, 관악기, 현악기, 피아노 등을 사용하며 특히 목소리의 사용과 피아노 사용을 강조한다.

즉흥 연주는 타악기(예 작은 북, 캐스터네츠, 트라이앵글, 샌드블록, 스틱 등) 또는 목소리로 시작하는데, 서너 명이 즉흥적으로 노래를 만들어 부르는 경우와 노래와 악기 연주를 함께 하는 경우가 있다. 이 때 달크로즈는 영유아에게 최대한의 자유를 주면서 신체나 타악기 등으로 음악을 표현하게 하였다. 그는 정해진 음(D, E, F#, G#의 네 음)을 영유아에게 들려주고, 자신은 그 음에 대한 화음을 연주하였다. 그리고 영유아에게 돌아가면서 두 마디 정도의 음형을 즉흥적으로 노래하도록 하였는데, 이 중에 두 음만을 사용하도록 하였다.

교사와 함께 즉흥 연주하는 모습

영유아들이 목소리와 타악기를 사용하여 성공적으로 즉흥 연주를 하게 되면, 피아노에서 즉흥 연주를 하도록 하였다. 예를 들면, 교사가 피아노를 말이 달리는 모습을 즉흥적으로 연주하고, 영유아는 그 음악에 따라 자유롭게 신체표현을 한다. 이때 교사가 한 영유아를 오게 하고 자신의 오른쪽의 높은 건반들로 날아가는 새의 움직임을 나타내게 하고, 또 다른 한 영유아를 오게 하여 왼쪽의 낮은 건반들로 사자의 움직임을 소리 내도록 권함으로써 교사의 즉흥 음악과 자연스럽게 어우러지는 음악을 만들어 낼 수 있다. 특히, 연주의 마지막 지도 단계에서는 심미적인 판단을 체험하게 하였다. 영유아로 하여금 즉흥 연주를 통해 '너무 높다', '너무 낮다', '너무 짧다', '너무 크다', '너무 작다', 또는 '가장 알맞다' 등의 판단을 하게 함으로써 적절한 음악적 표현에 대한 인식을 갖게 한다.

달크로즈의 즉흥 연주 학습을 정리하면 다음과 같다.

① 즉흥 연주에는 피아노가 가장 많이 사용되며, 움직임, 말, 이야기, 노래, 타악기, 현악기, 관악기 등이 사용되기도 한다. 피아노는 즉흥적으로 자신의 음악적 의도를 자유롭게 표현하기에 가장 쉽고 적절하다고 보았다. 피아노에서 몇 개의 음을 이용하여, 즉석으로 어떤 형태를 표현해보게 함으로써 즉흥 연주를 시작한다. 즉흥 연주가 점차 익숙해지면 화성적 구조에 친숙하게 이끄는 수단으로도 피아노를 활용한다.

② 최대한의 자유와 교사의 아낌없는 격려가 즉흥 연주의 전제조건이다. 어떤 하나의 음악 요소만을 이용하거나, 몇 가지의 정돈된 요소들을 동시에 사용하여 결합하거나, 되는대로 아무렇게나 결합하여도 모두 허용한다. 반면, 음악적 충동을 일으키기 위해 계속 발전적이고 창의적인 도전을 시도하도록 격려한다.

③ 교사는 영유아의 음악적 충동을 이끌어냄으로써 음악 창작의 자료를 마련해 주어야 한다. 교사의 즉흥 연주로 앞부분을 시작하여 학생의 전개 작업을 유도하고, 끝부분을 마무리해줌으로써 학생들이 음악 전체를 느끼고 이해하도록 한다. 특히 연주의 마지막 단계에서는 심미적인 판단을 하도록 적절히 평가할 기회를 부여한다.

## 4 고든 음악교육 프로그램

### 1) 고든의 음악교육 철학

Edwin Gorden(1927~)

고든 음악교육 프로그램은 영유아를 대상으로 하는 프로그램이다. 에드윈 고든(Edwin Gordon)은 음악 소질에 관한 연구와 음악 학습 이론에 관한 연구를 한 음악교육자이다(정현주, 2006). 고든은 영유아가 음악을 이해하고 즐길 수 있으려면 반드시 음악을 오디에이션 할 수 있어야 하며 그 능력만큼 음악을 즐길 수 있다고 하였다. 고든은 음악을 배우는 과정도 말을 배우는 과정과 같다고 하여 영유아가 말을 모방해서 배우듯이 음악을 많이 듣고 연주를 많이 경험해야 음악을 통해 자신을 표현할 수 있으며 어릴 때부터 음정 패턴과 리듬 패턴을 가르쳐야 한다고 주장한다(Gordon, 1990).

고든 음악교육 프로그램의 목적은 영유아가 음악을 이해하고 즐기기 위한 오디에이션 능력을 발달시키는 데 있다. '오디에이션(audiation)' 이란 소리가 들리지 않아도 음악을 마음속으로 듣고 이해할 때에 일어나는 것으로 들은 것에 대하여 그 조직과 구조에 대한 이해가 포함되어 있는 과정이다(윤은미, 2007).

고든 음악교육 프로그램의 내용은 문화화, 모방, 동화이다. 고든 음악교육 프로그램의 특성은 다음과 같다.

첫째, 오디에이션의 능력을 키우기 위해서는 음악의 기본이라 할 수 있는 패턴을 가르쳐야 한다고 보며, 패턴을 음정과 리듬을 분리하여 가르쳐야 효과적이라 하였다(Gordon, 1997).

둘째, 음악 학습 이론에서 영유아의 음악 적성을 향상시키기 위해서 학습 단계를 8단계로 정리하였는데, 그 8단계는 단순히 배운 것을 받아들이는 과정인 변별 학습 영역(discrimination learning)과 암기 학습 단계에서 배운 것을 토대로 새로운 패턴이나 음악을 이해하고 도출하는 과정인 추론 학습 영역(inference learning) 두 가지로 나뉘며 하나의 수업시간은 크게 일반 수업 활동과 학습 단계 활동으로 이루어진다(현경실, 1994).

셋째, 교사의 육성 노래를 통한 영유아와의 상호작용과 노래의 선율과 리듬의 구조를 느끼고 즐기도록 하는 '가사 없는 노래'를 교육 방법으로 한다(윤은미, 2007).

넷째, 음악적 내용을 크게 조성과 박자, 표현으로 나누어 영유아가 다양한 경험을 하도록 하였으며 자유연속 동작을 통한 프레이즈, 강약, 빠르기, 박자, 호흡 등을 가르친다(노주희, 1995).

고든 음악교육 프로그램의 장점을 다음과 같이 요약할 수 있다.

첫째, 음악을 이해하고 즐기기 위한 오디에이션 능력을 발달시키는 데 영유아의 능동적인 음악 활동 참여의 동기부여에 효과적이다.

둘째, 교사와 영유아의 상호작용이 활성화됨으로써 영유아의 효과적인 음악 발달이 이루어진다는 것과 음악의 기본인 패턴 요소를 가르치는 것을 통해 영유아가 쉽게 음악을 인지하고 표현할 수 있다(노주희, 1995).

그러나 유치원 현장 적용 시 발생할 수 있는 문제점으로 오디에이션에 능숙하고 영유아를 효과적으로 안내할 교사의 음악적 자질이 요구된다. 또한 노랫말 없는 노래 부르기가 자칫 영유아가 쉽게 흥미를 잃도록 할 수 있다. 이로 인하여 영유아와 교사 간의 음악적 상호작용이 효과적으로 이루어지지 않을 경우에는 쉽게 교사 주도의 수업으로 흐를 가능성이 많다는 한계점이 나타날 수 있다.

### 2) 구체적인 음악교수법

#### (1) 오디에이션

고든의 구체적인 음악교수법은 오디에이션으로부터 출발한다. 오디에이션이란 소리가 물리적으로 존재하지 않는 상태에서도 음악을 마음속으로 듣고 이해할 때에 일어나는 것으로 오디에이션은 8개의 형태로 구분할 수 있다.

##### ① 제1형태

익숙하거나 그렇지 않은 음악을 들을 때 음악을 들으면서 이루어지는 오디에이션의 형태이다. 익숙하거나 그렇지 않은 음악을 들을 때에 그 음악의 조성 패턴과 리듬 패턴을 마음속으로 듣고 이해하면서 음악의 구문적인 의미를 이해하는 과정을 말한다. 이는 마치 다른 사람의 말을 들으면서 핵심단어들을 재구성함으로써 의도를 파악하는 것과 같다.

##### ② 제2형태

익숙하거나 그렇지 않은 악곡의 악보를 보면서 노래하거나 연주할 때 혹은 마음속으로 악보를 읽을 때에 악보를 읽으면서 이루어지는 오디에이션의 유형이다. 이는 악보를 읽을 때에는 청각적 도움 없이(소리를 듣지 않고), 읽은 것을 마음속으로 연주하고 떠올리는 것을 뜻한다. 이러한 오디에이션이 없는 독보는 암호를 해독하는 것 이상의 의미는 없다.

#### ③ 제3형태

익숙하거나 그렇지 않은 음악을 받아 적을 때에는 음악을 듣고 악보로 적는 과정에서 이루어지는 오디에이션의 유형이다. 제1, 제2형태의 오디에이션 능력이 선행되어야 한다.

#### ④ 제4형태

익숙한 음악을 마음속으로 기억하거나 노래 부르거나 연주할 때에 악보 없이 음악을 음미하거나, 목소리 또는 악기로 연주하면서 이루어지는 오디에이션의 유형이다. 이 과정은 익숙한 곡을 암기하여 그대로 회상하는 것이 아니라 중요한 부분 즉 조성, 리듬 등을 저장하였다가 재구성한다.

#### ⑤ 제5형태

기억에 의존하여 익숙한 음악을 기보할 때, 음악을 회상하면서 그것을 악보로 기록할 때에 이루어지는 오디에이션의 유형이다. 즉, 익숙한 음악을 청각적 자극 없이 회상하면서 악보로 기록할 경우에 일어나는데, 과거에 오디에이션하여 기억하고 있던 것을 회상해내어 기보하는 과정이라 할 수 있다. 제3유형과 제4유형의 오디에이션이 결합된 형태이다.

#### ⑥ 제6형태

새로운 음악을 마음속으로 즉흥 연주하거나 만들 때, 소리 내어 노래하거나 연주할 때, 지금까지 경험했던 모든 음악적 능력을 사용하여 음악을 창조하거나 즉흥 연주를 할 때에 이루어지는 오디에이션의 유형이다. 영유아는 이러한 과정을 통해 음악의 구성 요소에 대한 개념을 형성하고 음악의 생성 원리를 발견하게 되어 이미 습득한 개념과 원리를 창작하고 변형하는 데에 적용함으로써 음악적 개념과 원리가 더욱 확대되고 명료해진다.

### ⑦ 제7형태

악보를 보면서 다른 새로운 음악을 만들 때, 창작하거나 즉흥 연주했던 친숙하지 않은 음악의 악보를 읽을 때 이루어지는 오디에이션의 유형이다.

### ⑧ 제8형태

마음속으로부터 즉흥 연주하거나 새로이 만든 음악을 기보할 때, 창작하거나 즉흥 연주했던 익숙하지 않은 음악을 악보로 적는 과정에서 이루어지는 오디에이션의 유형이다. 창작한 것을 악보로 적는 능력이 생기면 음악 학습의 독립성이 획득되며, 음악적 성장속도가 현저히 빨라지게 된다.

## (2) 예비 오디에이션

음악을 듣고 이해하는 오디에이션 단계에 이르기 전까지 오디에이션을 준비하는 예비 오디에이션(preparatory)의 발달을 성공적으로 도울 수 있어야 한다. 고든의 예비 오디에이션의 발달 단계는 크게 세 가지 유형으로 구분된다.

태어나서 영유아가 겪는 첫 번째의 유형은 노출기(acculturation)이다. 이 시기는 영유아가 음악적 환경에 대하여 의식적으로 반응하지는 않으나 환경에 절대적인 영향을 받는 가장 민감한 시기이다. 성인은 좋지 않은 환경의 영향력을 거부할 수 있지만 이 시기의 영아들에게는 환경을 선택할 수 없으므로 영유아에게 질 좋은 음악적 경험이 주어져야 하는 시기이다.

두 번째 유형의 발달은 모방(imitation)이다. 음악을 이해하기 위해 이 시기의 영유아는 따라하기에 마음을 쏟는다. 같음과 다름을 구별할 수 있는 능력을 바탕으로 자기 중심성에서부터 벗어나 자신의 연주와 타인의 연주의 차이를 구별하고 정교한 모방으로 나아갈 수 있는 중요한 발전이 이루어진다. 중심음이 무엇인지 들을 수 있으며 강박과 약박을 감지할 수 있게 된다. 음악을 주관적으로 이해하던 시기에서 벗어나 객관적 이해의 발판이 마련되는 시기이다.

마지막 유형은 동화(assimilation)이다. 이 시기는 호흡과 노래 동작 사이의 협응이 있는지에 대한 자기 성찰이 이루어지는 시기이다. 영유아는 환경을 모방하는 데 그치지 않고 자기 자신 안의 조화에 있는지 돌아보고 그 부재를 깨달으며 나아가 그 조화를 성취하고자 의식적으로 노력한다. 강박과 약박, 중간박 등의 존재를 알게 되고 음고에서도 다양한 관심을 가지게 되며, 서서히 예비 오디에이션 단계를 벗어나 오디에이션 단계로 진입할 수 있으며 형식적인 음악 지도를 받아들일 수 있는 내면의 음악적 힘이 자라난다.

고든의 예비 오디에이션 단계에 따른 특징은 |표 4-2|와 같이 총 7개의 하위 단계로 나누어진다.

**표 4-2** 고든의 예비 오디에이션 단계

| 유형 | 연령 | 단계 | 내용 | 특징 |
|---|---|---|---|---|
| 노출 (acculturaion) | 출생 ~ 2-4세 | 1 | • **흡수:** 주위 환경에서 접하는 음악의 소리를 듣고 청각적으로 모은다. | 환경을 거의 의식하지 못한 채 반응한다. |
| | | 2 | • **무의식적 반응:** 환경에서 접하는 음악 소리에 반응하여 생각 없이 움직이고 옹알이를 한다. | |
| | | 3 | • **의식적 반응:** 환경에서 접하는 음악의 소리에 몸짓과 옹알이를 연관시키려고 한다. | |
| 모방 (imitation) | 2-4세 ~ 3-5세 | 4 | • **자아 중심성 탈피:** 자신이 접하는 음악의 소리와 만들어내는 몸짓과 옹알이가 잘 조화되지 않는다는 것을 인식한다. | 주로 환경에 초점을 맞추어 의식적으로 반응한다. |
| | | 5 | • **음악문법의 해독:** 자신이 접하는 음악의 소리, 특히 조성 패턴과 리듬 패턴을 어느 정도 정확도를 가지고 모방한다. | |
| 동화 (assimilation) | 3-5세 ~ 4-6세 | 6 | • **자기 깨닫기:** 선율노래, 리듬노래, 호흡, 동작 조절이 잘 되지 않는다는 것을 인식한다. | 주로 자신에게 초점을 맞추어 의식적 반응한다. |
| | | 7 | • **동작과 노래:** 선율노래, 리듬노래와 호흡, 동작을 잘 조화시켜 조정한다. | |

| 출처 | Gordon(1997), A music learning theory for newborn and young children p. 33; 김현영(2001). Gordon의 음악 학습 이론에 근거한 음악감상 활동이 유아의 음감과 리듬감에 미치는 영향. p. 17. 재구성.

### (3) 패턴 학습

고든 음악 학습 이론에 의한 수업은 크게 일반 수업 활동(classroom activities)과 학습계열화 활동(learning sequence activities) 두 부분으로 이루어진다.

일반 수업 활동이란 노래 부르기, 감상, 악기 연주 등의 일반적인 수업 활동을 말하며, 학습계열화 활동이란 영유아의 기본 능력을 개발하기 위해 매 수업 첫 10분 동안 리듬 패턴과 음고 패턴을 고든 음악 학습 이론에 입각하여 고든 특유의 방법으로 가르치는 활동을 말한다. 이 활동에서는 음고와 리듬 영역이 따로 분리되어 다루어지며 학습자 개개인의 학습과정을 전부 기록하도록 만들어져 있다. 고든의 일반 수업 활동과 학습계열화 활동 모두가 오디에이션 능력을 기르는 데 중점을 두고 있다. 교사는 매 학습계열화 활동의 처음은 그 날에 할 음고나 리듬 패턴의 종류에 따라 준비 패턴을 여러 번 부른다. 준비 패턴(preparatory sequence)이란 학습자의 조성감과 박자감 형성을 위해 교사가 부르는 패턴으로 각 조성이나 박자에 따라 그 패턴이 다르다. 이 준비 패턴은 학습자들의 조성감이나 박자감 형성을 도와줄 뿐 아니라 다음에 나올 음고 패턴이나 리듬 패턴을 오디에이트하는 데에도 도움을 준다. 물론 음고 학습과 리듬 학습은 반드시 따로 분리하여 하도록 되어 있다.

지금까지 살펴본 각각의 영유아 음악교육 프로그램의 특징은 |표 4-3|과 같다(장정애, 2011).

표 4-3 달크로즈, 코다이, 오르프, 고든 음악교육 프로그램의 특징 비교

<table>
<tr><th>프로그램</th><th>교육목적</th><th>주요 개념</th><th colspan="2">교육 내용</th><th>교수-학습과정</th><th>장점</th><th>시사점</th><th>한계점</th></tr>
<tr><td rowspan="3">달크로즈 (Dalcroze)</td><td rowspan="3">• 신체표현을 통하여 영유아의 선천적인 음악적 능력 계발</td><td rowspan="3">〈유리드믹스〉<br>• 음악의 기초 학습을 신체적 운동과 결합하여 제시<br>〈근운동 감각 기능〉<br>• 신체의 외적 힘과 뇌의 내적 과정의 조화와 협응: 직접적 감각 경험과 학습은 연관됨</td><td>유리드믹스</td><td>• 신체운동에 의한 리듬 학습</td><td>• 리듬을 34개 요소로 분류하여 쉬운 단순-복잡한 훈련으로 단계적 접근</td><td rowspan="3">• 음악 활동에 신체표현을 강조함으로써 영유아 누구나가 즐겁게 참여할 수 있음<br>• 피아노를 이용한 음악적 요소 및 개념의 경험을 통한 음악 표현에 대한 인식과 적응성 함양<br>• 리듬, 멜로디, 화성의 총체적 음악성 향상에 효과적임</td><td rowspan="3">• 리듬교육의 확립<br>• 즉흥 연주의 중요성 강조</td><td rowspan="3">• 그룹 활동의 경우에는 자유롭게 손뼉치고, 걷고, 뛰고, 뒹굴 수 있는 공간이 필요함<br>• 영유아교사의 음악적 요소에 대한 배경지식과 이를 단계적으로 조직화할 수 있는 능력이 요구됨<br>• 피아노를 자유롭게 활용할 수 있는 교사의 피아노 연주 능력이 요구됨</td></tr>
<tr><td>솔페이지</td><td>• 리듬과 음높이의 통합</td><td>• 한 줄, 두 줄 악보에서 다섯줄 악보로 단계적 지도 음계 보며 노래 부르기</td></tr>
<tr><td>즉흥연주</td><td>• 음악적인 요소를 개성 있게 결합하여 표현</td><td>• 신체, 악기, 피아노</td></tr>
</table>

| 프로그램 | 교육목적 | 주요 개념 | 교육 내용 | 교수-학습과정 | 장점 | 시사점 | 한계점 |
|---|---|---|---|---|---|---|---|
| 코다이 (Kodály) | • 모국어 노래 부르기를 통한 음의 독보력과 기보법 습득 | • 음악을 읽고 쓸 수 있는 능력을 중요시함<br>• 영유아기부터 체계적 교육<br>• 가창 지도→악기 연주, 그룹가창, 음악 창작 순서로 교육 | • 리듬 지도 | • 4분음표 리듬꼴<br>• 8, 4분음표 리듬꼴<br>• 2분음표 리듬꼴 등의 순 | • 예술성이 뛰어난 음악적 재료를 사용하여 미적 감수성 키워줌<br>• 내청 능력의 향상을 위한 무반주로 노래 부르기, 리듬 기호와 손기호 사용으로 즐겁게 음악에 참여함 | • 독보력 신장에 도움을 줌<br>• 음악을 통해 민족의식을 고취시키는 방법 제시<br>• 청각 교육을 손기호를 통해 시각 교육으로 전환함 | • 우리나라에서 민요나 민속음악을 단계적으로 학습할 자료가 부족함<br>• 영아, 어린 영유아에게 손기호를 그대로 사용하기에는 신체 발달 면에서 다소 무리가 있음<br>• 무반주로 노래 부르기 활동 시 교사의 절대음감이 요구되며 무반주 시 영유아의 흥미도를 충분히 고려해야 함 |
| | | | • 계이름으로 노래 부르기<br>• 손기호 | • 5음 음계 지도<br>• 7음 음계 지도<br>• 임시표 순서 | | | |
| 오르프 (Orff) | • 기초음악을 바탕으로 한 악기 연주 및 음악적 능력 계발 | 〈원초적 음악〉<br>• 기본적 생활주변의 음악<br>• 자신의 느낌과 이해의 표현<br>• 말, 노래, 동작, 악기 연주 등이 총체적으로 일어나는 놀이 활동 | 〈슐베르크: 전래동요- 민요를 재료로 삼은 단계적 연습곡〉<br>• 말하기, 동작, 노래 부르기, 악기 연주, 감상 | 〈단계적 접근〉<br>• 모방<br>• 탐색<br>• 음악언어 이해<br>• 즉흥 연주 | • 노래 부르기, 신체 표현하기, 즉흥 연주하기, 악기 연주하기, 창작하기의 총체적 음악 경험이 가능함<br>• 놀이식 음악 경험을 통해 누구나 능동적으로 참여의 동기 부여함<br>• 보르둔과 오스티나토의 활용으로 영유아의 리듬감 향상됨 | • 즉흥 연주를 통한 창의성 계발의 방법 제시<br>• 즉흥 연주의 중요성 강조 | • 오르프가 제작한 악기를 영유아 교육기관에서 모두 구비하여 활용한다는 것은 현실적으로 어려움이 뒤따름<br>• 교사의 음악적 즉흥성과 연주 기술이 요구됨<br>• 보르둔이나 오스티나토를 안내할 수 있는 음악적 훈련이 필요함 |

| 프로그램 | 교육목적 | 주요 개념 | 교육 내용 | 교수-학습과정 | 장점 | 시사점 | 한계점 |
|---|---|---|---|---|---|---|---|
| 고든 (Gordon) | • 음악을 이해하고 즐기는 능력 기르기 | 〈음악적성〉<br>• 음 상상력, 리듬 상상력, 음악적 감수성(표현력)으로 구성되는 음악적 잠재력<br>〈오디에이션〉<br>• 음악을 들으면서 음 요소, 요소의 관계 등을 이해하는 능력 | 〈내용 학습연계〉<br>• 리듬과 음높이에 대한 패턴을 난이도별로 조직<br>〈기술 학습연계〉<br>• 변별 학습: 기초 단계<br>• 추론 학습: 이해 단계 | 〈1. 전체 활동〉<br>• 노래, 찬트, 움직임, 게임, 창작, 음악 읽고 쓰기, 연주하기<br>〈2. 부분 활동〉<br>• 음높이, 리듬 패턴으로 변별, 추론 학습<br>〈3. 전체 활동〉<br>• 1의 전체 활동 | • 음악을 이해하고 즐기기 위한 오디에이션 능력 발달시킴<br>• 교사-영유아의 상호작용이 활성화됨<br>• 음악의 기본 패턴 요소를 통해 영유아가 음악을 인지하고 표현함 | • 조기음악교육 강조(영아)<br>• 다양한 조성, 음높이의 음악으로 자연스럽게 음악 감수성 발달에 도움이 됨 | • 오디에이션에 능숙하고 영유아를 효과적으로 안내할 교사의 음악적 자질이 요구됨<br>• 노랫말 없는 노래 부르기가 자칫 영유아로 하여금 흥미를 잃도록 할 수 있음<br>• 영유아와 교사 간의 음악적 상호작용이 효과적으로 이루어지지 않을 경우에 교사 주도 수업으로 흐를 가능성이 많음 |

| 출처 | 장정애(2011). 자연의 소리를 활용한 통합적 유아음악교육 프로그램 구성 및 효과. pp. 34~35.

|표 4-3|에서 살펴본 바와 같이 달크로즈, 코다이, 오르프, 고든 등의 음악교육 전문 프로그램이 영유아가 음악을 이해하고 즐기는 것을 통해 음악 능력의 향상을 강조함을 알 수 있다. 또한 영유아 누구나가 음악적인 존재라는 것을 강조하여 조기 음악교육을 강조하였으며, 학습자 개개인의 능동적 참여를 유발시키도록 효과적인 음악 활동이 계획되고 실행되었다는 점을 알 수 있다.

이러한 음악교육 프로그램의 특징, 시사점, 한계점을 바탕으로 유치원 음악 활동의 주요 유형에 따른 음악교육 전문 프로그램의 적용 방안은 |표 4-4|와 같다(장정애, 2011).

표 4-4 음악 활동의 주요 유형에 따른 음악교육 프로그램들의 적용 방안

| 프로그램 | 음악 감상하기 | 노래 부르기 | 신체표현하기 | 악기 연주하기 | 음악 창작하기 |
|---|---|---|---|---|---|
| 달크로즈 (Dalcroze) | • 피아노에 의한 즉흥 연주 등의 음악 감상을 통해 음악적 요소 및 개념에 민감하게 반응하여 감상하기 | • 고정도법에 의한 계명창과 효과적인 신체 표현을 위한 음악적 요소 및 개념의 표현을 위해 노래 부르기 | • 음악적 요소 및 개념의 이해와 표현을 위한 신체표현하기 | • 피아노에 의한 악기 연주하기<br>• 신체악기 연주하기 | • 동작을 통한 창의적 음악 창작하기 |
| 코다이 (Kodály) | • 예술적 가치가 있는 악곡을 중심으로 악상의 이해와 분석을 기초로 음악 감상하기 | • 민요 부르기, 제창, 합창교육의 강조를 통한 노래 부르기 | • 음의 높낮이 인식과 표현을 위한 손기호 및 신체의 움직임을 통한 신체표현하기 | • 솔페이지를 통한 음악 분석 및 창작을 위한 피아노 연주하기 | • 5음 음계를 기초로 다양한 음악 창작과 변주 및 즉흥 연주하기 |
| 오르프 (Orff) | • 음악적 요소 및 개념의 부분 이해를 토대로 전체로 확장하여 나가며 음악 이해의 기초로 음악 감상하기 | • 언어 리듬과 챈트 등의 활용을 통한 노래 부르기와 즉흥 연주시 노래 부르기 | • 음악적 요소 및 개념의 인식과 표현을 위한 신체표현하기 | • 오스티나토와 보르둔에 의한 여러 가지 오르프 악기를 활용한 악기 연주하기 | • 5음 음계를 기초로 선율 창작하기<br>• 리듬, 가락, 동작 오스티나토 등을 통한 음악 창작하기 |
| 고든 (Gordon) | • 음악적 요소 및 개념의 이해를 토대로 전체로 확장하여 나가며 음악 이해의 기초로 음악 감상하기 | • 육성으로 가사 없는 노래 부르기<br>• 음정 패턴, 리듬 패턴으로 다양한 조성과 선법, 박자, 리듬으로 노래 부르기 | • 음악적 요소 및 개념의 표현을 위한 자유로운 연속 동작으로 신체표현하기 | • 음악놀이를 통한 다양한 악기 연주하기 | • 음정 및 리듬 패턴의 상호 작용을 통한 음악 창작하기 |

| 출처 | 장정애(2011). 자연의 소리를 활용한 통합적 유아음악교육 프로그램 구성 및 효과. p. 36.

이상과 같이 달크로즈, 코다이, 오르프, 고든의 음악교육 전문 프로그램을 음악 감상하기, 노래 부르기, 신체표현하기, 악기 연주하기, 음악 창작하기의 다섯 가지 영유아 음악교육의 주요 활동 유형에 적용할 수 있는 방안을 제시하였다. 따라서 교사는 유아교육기관 현장에서 이러한 각각 음악교육 프로그램의 장점들을 우리나라의 교육 현실에 맞도록 재구성하고 교사의 능력에 맞도록 활용함으로써 영유아 음악교육에서 효율성을 제공할 수 있을 것이다.

우리나라에서는 1980년대를 기점으로 세계적으로 그 효과를 인정 받아온 달크로즈, 코다이, 오르프, 고든 등의 음악교육 프로그램들이 소개되어졌을 때에 한국 내 음악교육의 흐름은 새로운 음악교육 프로그램에 대한 지대한 관심과 교사 및 음악학원 원장 등의 참여를 통해 새로운 음악교육에의 도약을 하였다고 할 수 있다.

하지만 이러한 음악교육 프로그램은 우리나라 공교육 체제 속에서 적용과정을 통해 도입되어진 것이 아니라 사교육 차원에서 소개되어지고 이를 재빨리 음악교육에 적용시키고자 노력한 상업주의자들에 의해 프로그램화되고 급속도록 상품화되어지는 오류를 겪으면서 음악교육에의 또 다른 병폐를 낳기도 했다. 여러 곳에 설립된 음악교육 프로그램 교육원은 단기간 연수를 통해 대량의 교사를 배출하였지만 철저한 교사교육보다는 프로그램의 확산에 역점을 둔 것으로 인해 유아교육기관 교사보다도 개인적으로 음악을 지도하는 음악교사나 음악학원을 운영하는 음악교사에게 먼저 광범위하게 알려졌다.

이는 음악적 자질을 충분히 갖춘 교사에 의한 질 높은 음악교육의 발전을 의미하기보다는 음악교육 프로그램을 짧은 시간에 전수받고 전달하여 프로그램의 확산이라는 오류를 발생했다. 따라서 앞서 제시한 음악교육 프로그램의 특징을 중심으로 연주자 관점에서의 한국적 적용의 한계점 및 가능성을 다음과 같이 정리하였다.

첫째, 한국적 정서를 고려하지 않은 음악적 소재 즉 찬트, 외국 악기 등의 활용에 대해 재고해야 한다. 음악교육 프로그램들은 그것이 생성된 나라의 민족성 및 정서를 함유하고 있다. 따라서 그들의 노래, 춤, 악기 등의 활용은 우리 영유아의 정서를 고려해 볼 때에 재고의 여지가 있으며 재구성을 통한 적용점의 모색이 필요하다.

둘째, 각 음악교육 프로그램의 장점과 단점을 영유아의 수준에서 비교 · 검토하고 효과적인 적용점을 찾아야 한다. 이는 음악교수 방법의 실제를 정확히 인식하고 분석 · 적용할 수 있는 교사에 의해서 체계화되어야 할 문제로 무엇보다도 음악교육 프로그램의 적용상의 문제점들을 현장 경험을 통해서 제시할 수 있어야 한다.

앞서 제시한 음악교육 프로그램의 한국적 적용 시의 한계점들을 토대로 음악교수 방법이 보다 넓은 공교육 차원에서 소개되어지고 많은 교사들에게 공감되어지며 현장 중심으로 적용되어야 한다.

## 5 영유아 음악교육을 위한 통합적 접근

현대의 음악교육에 있어서 통합적 접근법은 가장 당면한 과제 중에 하나로 간주된다(Meiners, 2005). 교육과정통합에 대한 접근법은 세계 도처에서 연구되고 있으며, 통합 음악교육과정에 대한 교육적 합리성과 효율성에 대한 논의도 지속되고 있다.

역사적으로 학교 음악교육에서는 실제적인 학습 경험들의 조직과 운용에 있어서 음악교육 이외의 학교교육을 구성하고 있는 여타의 교과목들과의 관계에 있어 통합적 차원으로 간주되어질 수 있는 학습 내용과 활동들이 교육현장에서는 자연 발생적으로 수행되어 왔다(Rogers, 2004). 특히 미국의 학교교육 프로그램에 대한 국가기준서(National Standards)에는 '통합은 바람직한 교수-학습 방법으로 음악 학습은 모든 가능한 교과와 통합되어야 할 것과 음악은 교육과정 내에서 그 자체를 위해서 가르쳐지고 고유성이 유지되어야 한다' 고 명시되어 있다. 이와 같은 통합에 대한 현대의 교육적 흐름은 음악의 고유성과 통합을 어떻게 적절하게, 합리적으로 연결고리를 만들어낼 것인가에 대한 논의들을 음악교육과정 연구의 중심부에 내세우고 있다.

특히 영유아 음악교육에서도 통합적 경험을 통해 학습의 질을 높일 수 있는 교육 활동의 모색을 강조하고 있다. 이는 음악 영역 간, 예술 영역 간, 교과 영역 간의 통합적인 접근 방법을 모색하고 있다(Cane, 2009; Darrow, 2011). 통합적 교육의 기초를 음악에 둘 때에 영유아의 음악적 능력과 개념의 발달뿐만 아니라 영유아의 모든 감정과 인지가 서로 조화를 이룰 수 있다(Paananen, 2006).

다음으로 브레슬러(Bresler, 1995)의 이론과 로저스(Rogers, 2004)의 이론을 재구성하여 음악이 어떻게 다른 영역과 통합될 수 있는지 통합적 접근의 유형을 살펴보면 다음과 같다.

### 1) 음악 영역 간의 통합적 접근

음악 영역 간의 통합적 접근은 음악 감상하기, 노래 부르기, 신체표현하기, 악기 연주하기, 음악 창작하기와 같은 음악 활동이 통합될 수 있다. 예를 들면 '동물농장' 노래를 부르면서 동물 울음 소리가 나오는 순서에서 동물 소리가 나는 악기를 연주한다든지, 모차르트가 작곡한 '작은별 변주곡'을 감상한 후에 평소 알고 있던 '작은별' 노래의 가사를 넣어 노래 부르기를 한다.

이는 주의 깊게 듣고 들은 소리를 식별해 볼 뿐 아니라 그 소리를 악기로 모방해 보는 활동, 또는 다른 영유아와 함께 음악을 듣고 창의적 신체표현을 해보는 활동하는 것으로 주된 음악 활동이 보조 음악 활동과 함께 통합해서 하는 음악 영역 내에서의 통합적 접근이며 음악 영역 내의 통합적 접근을 도식화하면 |그림 4-10|과 같다.

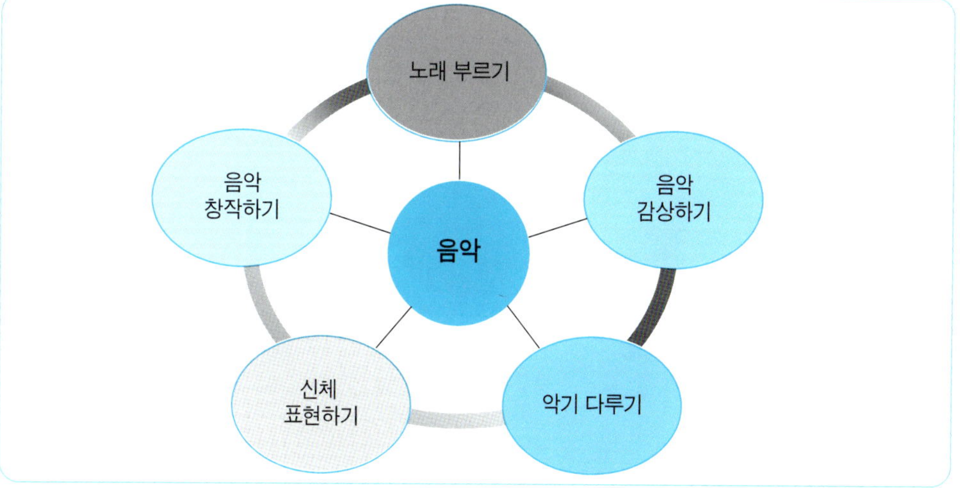


그림 4-10 음악 영역 내에서 통합적 접근

|출처| 장정애(2011). 자연의 소리를 활용한 통합적 유아음악교육 프로그램 구성 및 효과. p. 43.

통합적 접근 방법에 의한 음악 학습은 음악의 개념 및 생성 원리가 음악 행위, 음악에 대한 태도를 종합적으로 다루며, 음악 영역 내에서의 통합은 음악적 개념과 원리의 이해를 위해 중요한 의미를 지닌다(이홍수, 1990a; Prendergast, 2008; Suthers, 2008). 사바와 트리미스(Savva & Trimis, 2005)도 음악 활동 간의 통합성은 영유아의 발달적 특성상 매우 중요하다고 강조한다.

그러나 음악 감상하기, 노래 부르기, 신체표현하기, 악기 연주하기, 음악 창작하기 활동을 음악 영역 내에서 통합할 때에 음악이 보조적 역할을 하느냐 혹은 음악 활동이 음악 학습의 보조적 역할을 하느냐의 기준은 경우에 따라 정확히 판단하기는 모호하므로 현장에서 실천하는 교사의 역량에 따라 통합 활동의 효율성이 달라질 수 있으므로 교사는 효율적인 통합을 위해 노력해야 한다(Telesco, 2010).

### 2) 다른 예술 영역 간의 통합적 접근

학급에서 개인적인 반응에 음악을 연관시키는 것으로 예를 들면 음악에서 느껴지는 것을 그리게 하거나 조형작품으로 만들거나 시로 표현하는 음악과 예술 영역의 통합적 접근이며 예술 영역과의 통합적 접근을 도식화하면 |그림 4-11|과 같다.

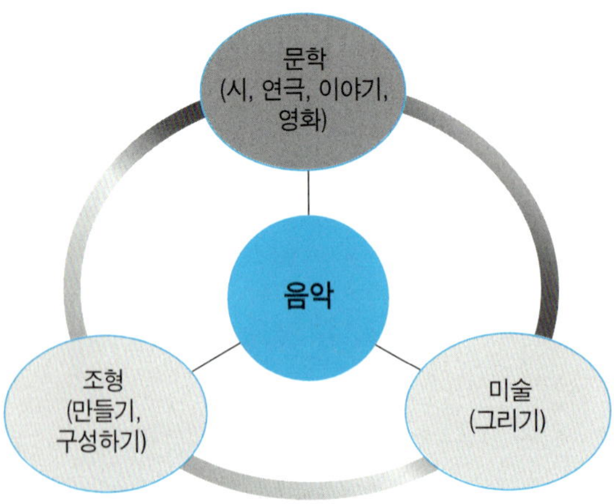


**그림 4-11** 음악과 예술 영역의 통합적 접근

|출처| 장정애(2011). 자연의 소리를 활용한 통합적 유아음악교육 프로그램 구성 및 효과. p. 44.

이러한 유형은 학습자가 자유롭게 느낌을 표현할 수 있는 방출구의 역할을 예술 영역을 통해 실현함으로써 교육과정을 보완할 수 있고 예술적인 인식과 기능을 더욱 발달시킬 수 있다.

음악과 다른 예술 영역 즉, 미술, 시나 이야기, 연극이나 영화, 조형 영역의 통합은 음악에서 느껴지는 감정이나 느낌을 미술작품의 주제와 연관시킨다거나, 춤의 배경음악으로 음악을 사용할 수 있고, 시나 이야기의 소재를 음악과 관련시키거나, 연극이나 영화의 음악을 학습하는 것이다.

바인거(Bainger, 2010), 나이랜드, 페리스와 딘스(Nyland, Ferris, & Deans, 2010)는 예술교육을 지나치게 분업적으로 다루는 것은 바람직하지 않으며, 영유아기에는 표현예술의 장르를 통합된 기능으로 인식하여 다루는 것이 바람직하다고 강조한다.

이러한 정서적 유형은 음악의 표현적 요소를 타 예술의 상징 체계를 통해 보완할 수 있는 반면, 음악적 인식이나 기술을 발달시킬 수 있는 세부적인 면에 대한 집중을 끌어내는 데는 한계를 가진다.

### 3) 사회적 통합적 접근

영유아교육기관이 음악을 사용하여 사회적 이벤트를 기획하는 것을 말한다. 학예회, 학교의식, 종교의식들이 그 대표적인 예로, 영유아, 교사, 행정가, 학부모, 지역주민들 사이에 공동체를 구성하는 방법으로 작용한다.

이러한 유형은 절기 및 의식 부분에 해당된다. 이는 절기 및 의식 부분 자체의 목적과 기능 속에 학교의 외부적 행사나 이벤트로 기획될 의도가 포함되어 있다. 예를 들어 절기 및 의식 부분도 다양한 이벤트로서 학교나 지역사회의 행사가 될 수 있다.

그러나 이러한 사회적 통합은 자칫 공연 및 행사의 참여에만 초점을 맞추어 교육적 내용이 상실될 우려가 있어 참여에 큰 비중을 두지만 음악교육의 측면에서는 초점이 맞추어지지 않을 수 있다.

### 4) 교과 영역과의 통합적 접근

음악과 학문적 교과의 학습을 동등하게 유지시키면서 지각, 비교, 분석, 종합, 평가와 같은 고차원적인 인지적 기능들을 수반하는 학문적 교과 영역과 통합적 접근이며 음악과 교과 영역과의 통합적 접근을 도식화하면 | 그림 4-12 | 와 같다.

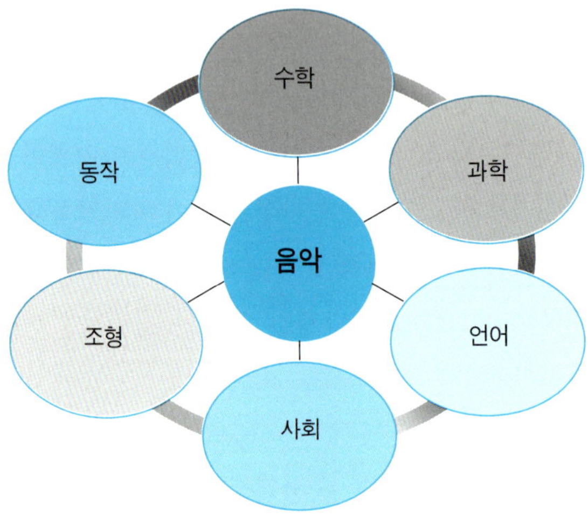


그림 4-12 음악과 일반 교과 영역의 통합적 접근

| 출처 | 장정애(2011). 자연의 소리를 활용한 통합적 유아음악교육 프로그램 구성 및 효과. p. 46.

로저스(Rogers, 2004)는 과학, 수학, 언어, 음악이 통합되도록 고안된 수업에서 악기와 금속장난감을 사용하여 음악, 과학, 수학의 개념을 통합시키는 활동을 제시하였다. 음향학이 음악적 소리를 과학적 측면에서 연구하는 학문이라는 점에서 소리의 파장(파동)과 파장의 전파, 복합음과 부분음, 음색과 음높이, 음정, 음계 등의 내용을 학습 활동으로 도입하였다.

음향학이 대학에서 하나의 과목으로 가르쳐지기는 하지만, 몇몇 기본 개념들은 영유아교육 현장에서 영유아에게서도 충분히 도입될 수 있다. 예를 들면, 음악을 포함하는 자연의 소리는 진동을 통하여 발생한다는 원리로부터 음악 활동이 시작된다. 교사는 진동을 다양한 방식을 통하여 이해시켜 줄 수 있는데, 쌀을 드럼이나 탬버린 위에 올려놓고 두드리면 쌀들이 춤추듯 움직이는데, 이 현상을 보여주면서 진동을 느끼게 한다든가, 오르프 악기나 음높이가 있는 타악기들은 진동하는 물체의 크기가 클수록 혹은 막대가 길수록 더 낮은 음이 산출되는데 이를 영유아에게 보여줄 수 있다. 즉, 음향학적 원리를 발견한 피타고라스나 수학과 음악, 우주의 구성을 연계하는 원리를 발견한 천문학자 케플러 등에 대하여 가르칠 수도 있다. 교과 간을 망라하는 이들 사상가들의 세계를 관련짓는 학습 경험을 통해 음악 영역의 경계를 넘어 새로운 영감을 불어넣어 줄 수 있다.

음악이 사회, 경제, 지리, 역사를 다루는 사회 교육에서 역사 교육을 위해 역사적 사실을 학습하는 경우의 예를 들면, '독도는 우리 땅' 이나 '우리나라를 빛낸 100인의 위인들', '별주부전의 수궁가' 를 들으며 우리 민족에 대한 자긍심 갖게 됨으로써 역사적 사실과 직 · 간접적으로 관련되어 있는 악곡의 가사를 통해 과거 역사적 내용들에 쉽게 접근할 수 있다.

매닌스(Manins, 1990)는 음악교육에 대한 통합 교육의 중요성을 인식하고 음악과 언어를 통합하고 다른 요소들 간의 통합을 시도하여 통합적인 음악교육의 효과에 대해 제시하였다. 닐랜드(Niland, 2007), 파켓과 리그(Paquette & Rieg, 2008), 쉴링(Shilling, 2002)과 텔레스코(Telesco, 2010) 등의 연구에서도 음악교육에 대한 통합 교육의 중요성을 인식하고 음악과 언어를 통합하고 다른 요소들 간의 통합을 시도하여 통합적인 음악교육의 효과에 대해 강조한다. 즉 음악을 중심으로 한 언어, 수, 과학 등과 같은 학문적 교과 영역과 통합될 수 있음을 의미하며 통합적 교육의 기초를 음악에 둘 때에 영유아의 음악적 능력과 개념의 발달을 이룰 수 있다. 밤베르거(Bamberger, 2002)는 음악과 수학, 과학 교과에 있어 통합 학습을 구성하였는데 이 세 교과에서 모두 기능하는 공통 개념 구조(단위, 종결, 비율-비례, 평형, 패턴, 상수-변수 등)를 중심으로 각 교과에서 요구되는 학습 자료(선율 동기/패턴블록, 드럼/레고 등)를 가지고 활동을 실시한 결과로 음악 개념, 수학 개념, 과학 개념이 모두 발달하였으며 지식통합의 차원에서 통합 교육의 효율성이 입증되었다.

지금까지 영유아 음악교육을 위한 통합적 접근 유형을 살펴보았다. 이와 같이 음악 활동은 주제를 중심으로 소리 탐색 및 듣기, 음악 감상하기, 노래 부르기, 신체표현하기, 악기 연주하기, 음악 창작하기 등과 같은 음악 영역 내에서 통합될 수 있고, 음악과 동작, 조형 및 문학과 같은 예술 영역 내에서 통합될 수 있으며, 언어, 수학, 과학 등과 같은 학문적 교과 영역과 통합될 수 있다. 영유아음악 활동은 모든 유형의 통합이 가능하며, 영유아의 흥미와 사전 경험을 기초로 하여 주제를 중심으로 자연스럽게 이루어질 수 있다.

### 5) 주제를 활용한 통합적 접근

영유아 음악교육을 위한 통합적 접근은 교육과정의 통합에 관한 여러 가지 측면에서 다양한 유형이나 접근 방법을 요구한다. 이러한 관점에서 본 연구는 주제를 활용한 음악 활동의 통합적 접근 방식을 다양하게 시도하였고 주제를 활용한 음악 활동의 통합적 접근 모형은 |그림 4-13|과 같다.

|그림 4-13|과 같이 주제를 활용한 음악 활동의 통합 모형은 주제에 대한 음악 활동과 음악 영역 내에서 통합하여 정해진 주제를 좀 더 다양하게 이해할 수 있는 보조적 통합과 주제와 관련된 것을 듣고 난 후 주제에 대한 느낌을 미술, 춤, 시, 이야기 등의 다양한 활동으로 표현하는 예술 영역과의 정서적 통합이 가능하다. 또한 주제와 학문적 교과의 이해를 동등하게 유지하면서 주제와 음악의 요소를 지각, 비교, 대조, 분석 등을 통해 주제에 대하여 다양한 인지적 사고를 할 수 있는 인지적 통합이 가능하다.

'날씨' 를 주제로 활용한 음악 활동의 활동조직망의 예는 |그림 4-14|와 같다.

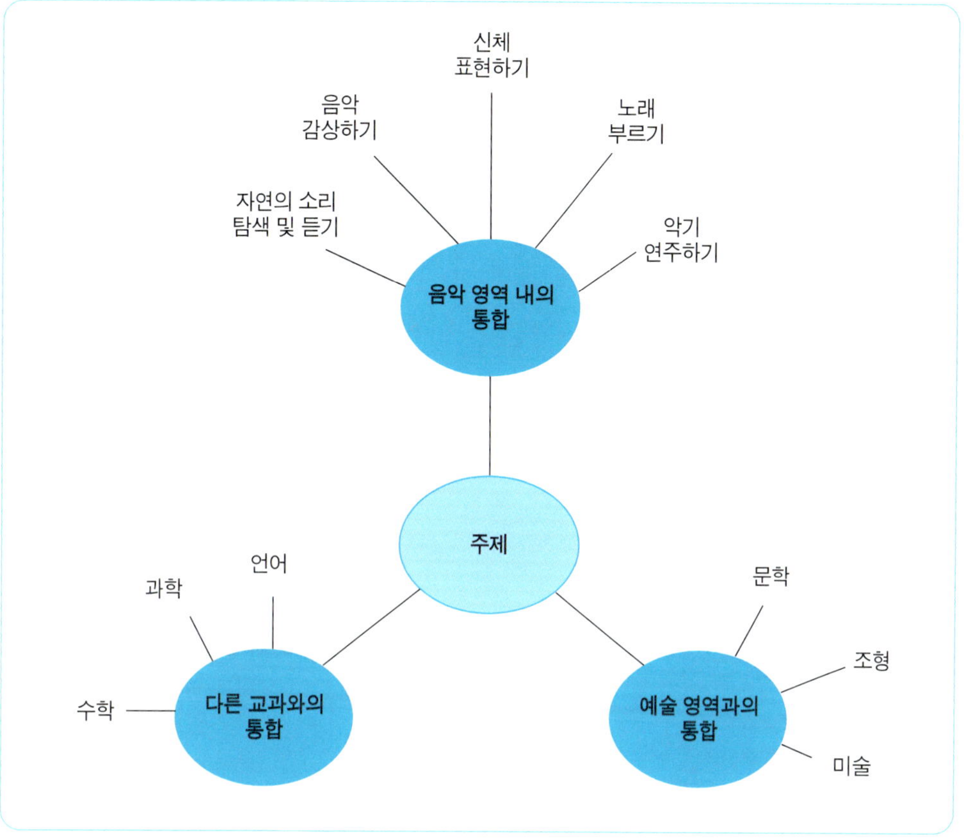


**그림 4-13** 주제를 활용한 음악 활동의 통합 모형

| 출처 | 장정애(2011). 자연의 소리를 활용한 통합적 유아음악교육 프로그램 구성 및 효과. p. 48.

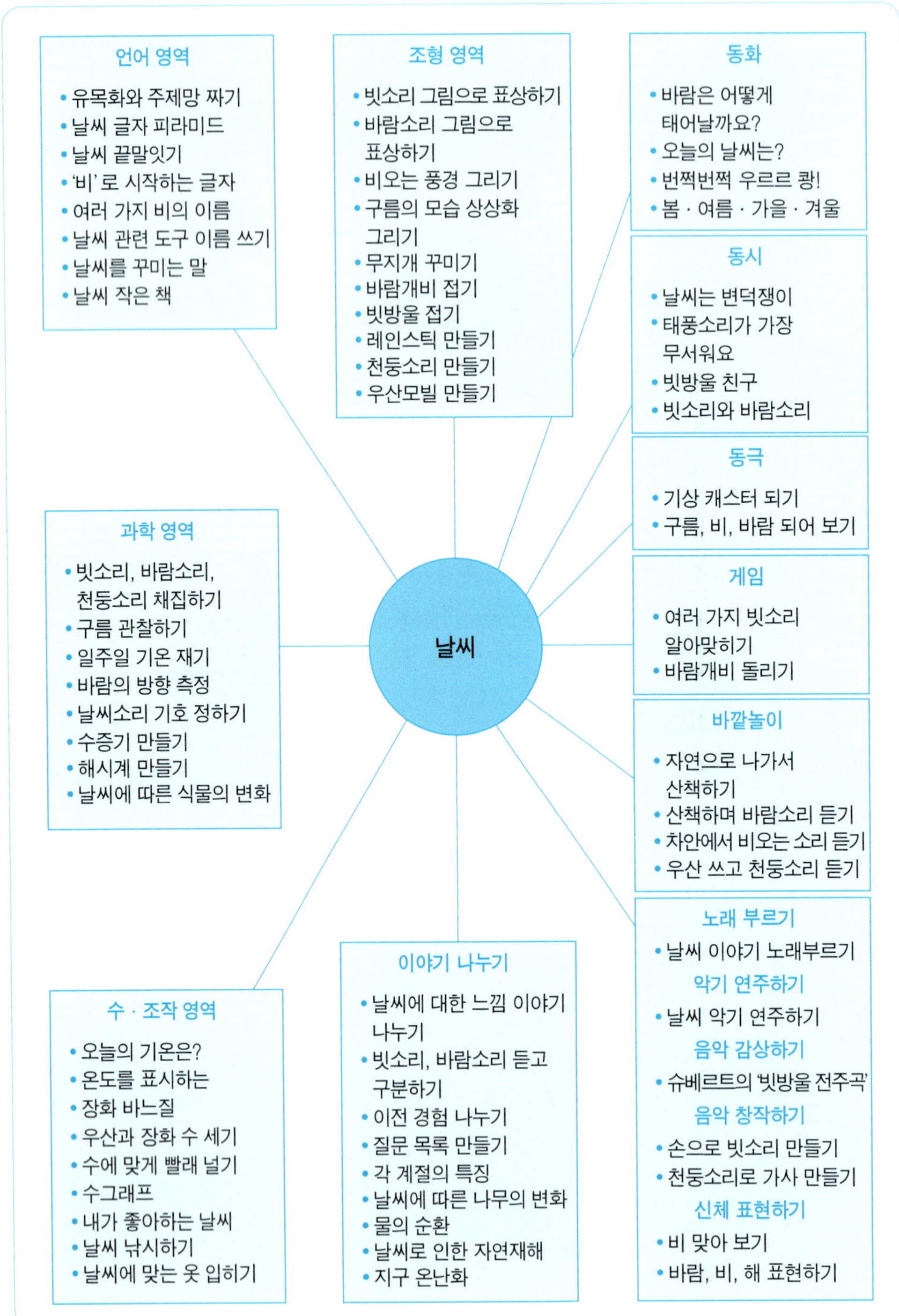


**그림 4-14** 날씨'를 주제로 활용한 통합적 활동조직망

| 출처 | 장정애(2011). 자연의 소리를 활용한 통합적 유아음악교육 프로그램 구성 및 효과. p. 114.

# Chapter 5

# 영유아 음악교육과 교육과정

1 3-5세 누리과정의 예술경험 영역

2 0-2세 표준보육과정의 예술경험 영역

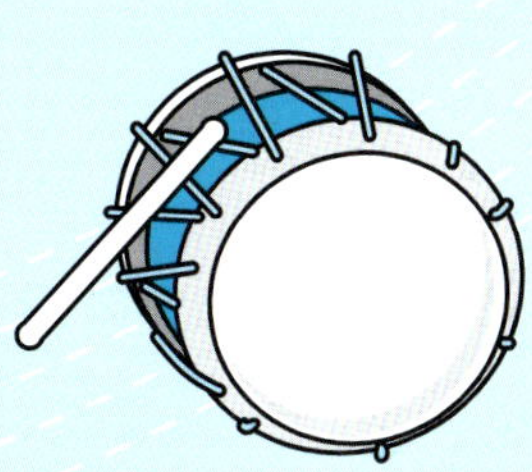

# 1 3-5세 누리과정의 예술경험 영역

## 1) 성격

예술경험 영역은 유아가 친근한 주변 환경에서 발생하는 소리, 음악, 움직임과 춤, 모양과 색 등의 미술 요소에서 아름다움을 느끼고, 또래와 교사, 부모, 지역사회의 주민이나 작가가 표현한 예술작품을 가까이 접하면서, 이를 탐색하고 창의적으로 표현하는 것을 즐기며 감상하기 위한 영역이다.

## 2) 목표

| 아름다움에 관심을 가지고 예술경험을 즐기며, 창의적으로 표현하는 능력을 기른다. |
|---|
| ❶ 자연과 주변 환경에서 발견한 아름다움과 예술적 요소에 관심을 갖고 탐색한다.<br>❷ 자신의 생각과 느낌을 음악, 움직임과 춤, 미술, 극놀이를 통해 창의적으로 표현하는 것을 즐긴다.<br>❸ 자연과 다양한 예술 작품을 감상하며, 풍부한 감성과 심미적 태도를 기른다. |

## 3) 내용 구성

### (1) 내용 체계

| 예술경험 영역의 내용 범주는 '아름다움 찾아보기', '예술적 표현하기', '예술 감상하기'로 이루어져 있으며, 이에 따라 내용 및 세부 내용이 제시되어 있다. | |
|---|---|
| **내용 범주** | **내용** |
| 아름다움 찾아보기 | • 음악적 요소 탐색하기<br>• 움직임과 춤 요소 탐색하기<br>• 미술적 요소 탐색하기 |
| 예술적 표현하기 | • 음악으로 표현하기<br>• 움직임과 춤으로 표현하기<br>• 미술 활동으로 표현하기<br>• 극놀이로 표현하기<br>• 통합적으로 표현하기 |
| 예술 감상하기 | • 다양한 예술 감상하기<br>• 전통예술 감상하기 |

### (2) 내용 및 세부 내용

| 내용 범주 | 내용 | 세부 내용 | | |
|---|---|---|---|---|
| | | 3세 | 4세 | 5세 |
| 아름다움 찾아보기 | 음악적 요소 탐색하기 | 다양한 소리, 음악의 셈여림, 빠르기, 리듬 등에 관심을 갖는다. | | 다양한 소리, 악기 등으로 음악의 셈여림, 빠르기, 리듬 등을 탐색한다. |
| | 움직임과 춤 요소 탐색하기 | 움직임과 춤의 모양, 힘, 빠르기 등에 관심을 갖는다. | | 움직임과 춤의 모양, 힘, 빠르기, 흐름 등을 탐색한다. |
| | 미술적 요소 탐색하기 | 자연과 사물의 색, 모양, 질감 등에 관심을 갖는다. | | 자연과 사물에서 색, 모양, 질감, 공간 등을 탐색한다. |

<table>
<tr><th rowspan="2">내용 범주</th><th rowspan="2">내용</th><th colspan="3">세부 내용</th></tr>
<tr><th>3세</th><th>4세</th><th>5세</th></tr>
<tr><td rowspan="14">예술적 표현하기</td><td rowspan="4">음악으로 표현하기</td><td>간단한 노래를 듣고 따라 부른다.</td><td colspan="2">노래로 자신의 생각과 느낌을 표현한다.</td></tr>
<tr><td colspan="3">전래동요를 즐겨 부른다.</td></tr>
<tr><td>리듬악기로 간단한 리듬을 표현해 본다.</td><td colspan="2">리듬악기를 연주해 본다.</td></tr>
<tr><td colspan="2">간단한 리듬과 노래를 즉흥적으로 만들어 본다.</td><td>리듬과 노래 등을 즉흥적으로 만들어 본다.</td></tr>
<tr><td rowspan="3">움직임과 춤으로 표현하기</td><td colspan="2">신체를 이용하여 주변의 움직임을 자유롭게 표현한다.</td><td>신체를 이용하여 주변의 움직임을 다양하게 표현하며 즐긴다.</td></tr>
<tr><td colspan="3">움직임과 춤으로 자신의 생각과 느낌을 표현한다.</td></tr>
<tr><td colspan="2">도구를 활용하여 다양한 움직임으로 표현한다.</td><td>다양한 도구를 활용하여 창의적으로 움직인다.</td></tr>
<tr><td rowspan="3">미술 활동으로 표현하기</td><td>다양한 미술 활동을 경험해 본다.</td><td colspan="2">다양한 미술 활동으로 자신의 생각과 느낌을 표현한다.</td></tr>
<tr><td></td><td>협동적인 미술 활동에 참여한다.</td><td>협동적인 미술 활동에 참여하여 즐긴다.</td></tr>
<tr><td>미술 활동에 필요한 재료와 도구에 관심을 가지고 사용한다.</td><td colspan="2">미술 활동에 필요한 재료와 도구를 다양하게 사용한다.</td></tr>
<tr><td rowspan="2">극놀이로 표현하기</td><td>일상생활의 경험을 극놀이로 표현한다.</td><td>일상생활의 경험이나 간단한 이야기를 극놀이로 표현한다.</td><td>경험이나 이야기를 극놀이로 표현한다.</td></tr>
<tr><td></td><td colspan="2">소품, 배경, 의상 등을 사용하여 협동적으로 극놀이를 한다.</td></tr>
<tr><td rowspan="2">통합적으로 표현하기</td><td></td><td colspan="2">음악, 움직임과 춤, 미술, 극놀이 등을 통합하여 표현한다.</td></tr>
<tr><td colspan="2">예술 활동에 참여하여 표현과정을 즐긴다.</td><td>예술 활동에 참여하여 창의적으로 표현하는 과정을 즐긴다.</td></tr>
<tr><td rowspan="3">예술 감상하기</td><td rowspan="2">다양한 예술 감상하기</td><td>다양한 음악, 춤, 미술작품, 극놀이 등을 듣거나 본다.</td><td colspan="2">다양한 음악, 춤, 미술작품, 극놀이 등을 듣거나 보고 즐긴다.</td></tr>
<tr><td colspan="3">나와 다른 사람의 예술 표현을 소중히 여긴다.</td></tr>
<tr><td>전통예술 감상하기</td><td colspan="2">우리나라의 전통예술에 관심을 갖는다.</td><td>우리나라의 전통예술에 관심을 갖고 친숙해진다.</td></tr>
</table>

## 2 0-2세 표준보육과정의 예술경험 영역

### 1) 0-1세 표준보육과정의 예술경험 영역

#### (1) 목표

| 아름다움에 관심을 가진다. |
|---|
| ❶ 자신의 신체와 주변의 감각 자극에 호기심을 가지고 반응한다.<br>❷ 소리와 움직임으로 반응하고, 단순한 미술을 경험하며, 모방 행동을 즐긴다.<br>❸ 친근한 소리나 노래를 즐겨 듣고, 자연물, 사물, 주변 환경에 관심을 가진다. |

#### (2) 내용

① 내용 체계

| 내용 범주 | 내용 |
|---|---|
| 아름다움 찾아보기 | • 예술적 요소에 호기심 가지기 |
| 예술적 표현하기 | • 리듬 있는 소리로 반응하기<br>• 움직임으로 반응하기<br>• 단순한 미술 경험하기<br>• 모방행동 즐기기 |
| 예술 감상하기 | • 아름다움 경험하기 |

### ② 세부 내용

<table>
<tr><th>내용 범주</th><th>내용</th><th>1수준</th><th>2수준</th><th>3수준</th><th>4수준</th></tr>
<tr><td rowspan="2">아름다움 찾아보기</td><td rowspan="2">예술적 요소에 호기심 가지기</td><td colspan="4">주변의 소리와 움직임에 호기심을 가진다.</td></tr>
<tr><td colspan="4">주변 환경에서 색, 모양에 호기심을 가진다.</td></tr>
<tr><td rowspan="7">예술적 표현하기</td><td rowspan="2">리듬 있는 소리로 반응하기</td><td colspan="2">리듬 있는 소리에 관심을 가진다.</td><td colspan="2">노래를 부분적으로 따라 부른다.</td></tr>
<tr><td colspan="2">리듬과 노래에 소리로 반응한다.</td><td colspan="2">리듬과 음높이에 맞추어 소리를 낸다.</td></tr>
<tr><td rowspan="2">움직임으로 반응하기</td><td colspan="4">손발 흔들기와 몸 움직임으로 반응한다.</td></tr>
<tr><td colspan="2"></td><td colspan="2">간단한 도구를 활용하여 움직인다.</td></tr>
<tr><td>단순한 미술 경험하기</td><td colspan="2"></td><td colspan="2">감각적으로 단순한 미술 경험을 한다.</td></tr>
<tr><td>모방행동 즐기기</td><td colspan="2">소리나 얼굴 표정, 몸 움직임 등을 모방한다.</td><td colspan="2">단순한 모방 행동을 놀이처럼 즐긴다.</td></tr>
<tr><td rowspan="2">예술 감상하기</td><td rowspan="2">아름다움 경험하기</td><td colspan="2">일상생활에서 반복되는 소리와 노래에 관심을 가진다.</td><td colspan="2">일상생활에서 리듬 있는 소리와 노래를 즐겨 듣는다.</td></tr>
<tr><td colspan="4">일상생활에서 자연이나 사물의 아름다움을 경험한다.</td></tr>
</table>

## 2) 2세 표준보육과정의 예술경험 영역

### (1) 목표

| 아름다움에 관심을 가지고 예술경험을 즐긴다. |
|---|
| ❶ 주변 생활에서 예술적 요소를 발견하고 흥미롭게 탐색한다.<br>❷ 간단한 리듬이나 노래, 움직임, 자발적인 미술 활동을 자유롭게 시도하고 모방이나 상상놀이로 표현한다.<br>❸ 주변의 환경과 자연 및 다양한 표현에서 예술적 요소를 관심 있게 보고 즐긴다. |

### (2) 내용

#### ① 내용 체계

| 내용 범주 | 내용 |
|---|---|
| 아름다움 찾아보기 | • 예술적 요소 탐색하기 |
| 예술적 표현하기 | • 리듬 있는 소리와 노래로 표현하기<br>• 움직임으로 표현하기<br>• 자발적으로 미술 활동하기<br>• 모방과 상상놀이하기 |
| 예술 감상하기 | • 아름다움 즐기기 |

### ② 세부 내용

| 내용 범주 | 내용 | 1수준 | 2수준 |
|---|---|---|---|
| 아름다움 찾아보기 | 예술적 표현하기 | 주변 환경에서 나는 다양한 소리와 움직임을 탐색한다. | |
| | | 주변 환경에서 색, 모양을 탐색한다. | |
| 예술적 표현하기 | 리듬 있는 소리와 노래로 표현하기 | 친근한 노래를 따라 부른다. | |
| | | 신체, 사물, 리듬악기 등을 이용하여 간단한 리듬과 소리를 만든다. | |
| | 움직임으로 표현하기 | 노래나 리듬에 맞춰 몸으로 표현한다. | |
| | | 간단한 도구를 활용하여 몸으로 표현한다. | |
| | 자발적으로 미술 활동하기 | 자발적으로 그리기, 만들기를 한다. | |
| | | 간단한 도구와 미술재료를 다룬다. | |
| | 모방과 상상놀이하기 | 모방행동을 놀이처럼 즐긴다. | 일상생활 경험을 상상놀이로 즐긴다. |
| 예술 감상하기 | 아름다움 즐기기 | 자연이나 생활의 소리나, 움직임, 친근한 음악과 춤을 관심 있게 듣거나 본다. | |
| | | 일상생활에서 자연과 사물의 아름다움에 관심을 가지고 즐긴다. | |
| | | 자신과 또래가 표현한 노래, 춤, 미술품 등에 관심을 가지고 즐긴다. | |

# Chapter 6

# 영유아 음악교육의 내용 및 교수방법



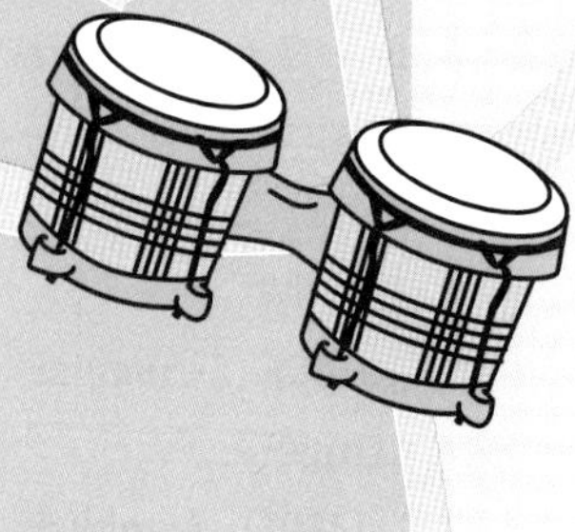

영유아는 신체적 · 사회적 환경이 즐거울 때에 가장 잘 배우며 이러한 때에 개별적 발달 요구를 충족할 수 있다. 영유아의 음악교육의 교수-학습 방법을 위한 기본 원리를 먼저 기술한 후 각 교육 내용에 따른 구체적인 지도 방법에 대해 제시하였다.

# 1 영유아 음악교육의 내용

## 1) 소리 탐색

소리 탐색은 쉽게 소리를 탐색하는 것이다. 소리로 이루어진 음악을 이해하는 것은 소리의 다양한 속성을 아는 것으로부터 비롯된다(Boyden, 1965).

소리를 뜻하는 영어는 사운드(sound)이다. 'sound'는 귀로 듣는 모든 소리뿐 아니라 소음까지도 포괄한다. 또한 악기의 소리(음조)를 뜻하는 영어의 'tone'과도 밀접한 관계를 가지고 있다. 이러한 사실은 sound의 모어인 프랑스어의 'son'이 소리, 또는 악기의 소리를 뜻하는 라틴어의 'tonus', 그리스어의 'tónos'에서 파생되었다는 데서도 확인된다. 음악학자인 요아힘 에른스트 베렌트(Joachim Ernst Berendt)에 의하면, 노래를 뜻하는 영어의 'song'도 어휘적으로 이 'sound'에 속한다고 한다. 이렇게 소리를 뜻하는 영어의 'sound'는 산스크리트어의 'nada' 못지않은 다양한 소리층 즉 소리 자체에서부터, 자연에서 오는 소리, 소음, 악기의 소리, 우리가 부르는 노래, 아이들의 노래 소리, 회전목마를 탈 때 들리는 음악 소리, 교회에서 울리는 종소리와 같은 아름다운 소리, 전차가 레일을 달리는 시끄러운 소리, 어머니의 다정한 목소리 등 다양한 소리와 같이 세상에는 너무나도 많은 소리들이 존재한다.

우리가 자연스럽게 들을 수 있는 소리는 크게 자연의 소리와 인공의 소리로 나뉘는데 인공의 소리도 자연의 소리에 기초하여 이루어진 소리이다. 자연의 소리든 인공의 소리든 모든 소리는 진동에서 비롯되는 것이다. 즉, 물체의 진동에 의하여 발생한 진동파장은 공기를 통하여 여러 가지 모양의 복합된 진동파장으로 구성되어 있다. 어떤 소리는 많은 수의 파장과 높거나 낮은 파고에 의해 만들어지고, 어떤 소리는 적은 파장 수가 높거나 낮은 파고에 의해 길게 또는 짧게 만들어지기도 하다. 바로 이러한 진동 현상들이 세고 여린 소리, 높고 낮은 소리, 길고 짧은 소리를 결정하고 소리 진원지의 소재와 진동구조는 여러 가지 다른 색깔의 소리를 만들어 낸다.

음악 듣기

영유아가 소리를 탐색하는 것은 두뇌와도 밀접한 관계가 있다.

소리를 듣는 것은 '귀'가 하는 일이다. 물론 귀가 없으면 소리를 들을 수 없으나 귀가 잘 들리더라도 그 소리가 어떤 소리인지, 그 음이 어떤 음인지 구분하지 못하고 들은 것을 이해하지 못하는 경우가 많다. 그렇다면 소리와 음악이 인체에 어떻게 작용하는지 귀와 뇌의 구조를 통해 이해하기 위하여 와고 하루히사(和口治久, 2002)가 제시한 내용을 정리하여 살펴보자.

자연의 소리를 포함한 세상의 모든 소리는 물체의 진동에 의해 발생한 진동파장이 공기를 통해 귀에 전달되는 것으로 여러 가지 음파들이 존재한다. 소리는 초저음파부터 초고음파까지 다양한 진동수를 갖고 있는데 사람이 들을 수 있는 소리의 범위는 진동수가 16~2만Hz이며, 대부분의 자연의 소리는 16~2만Hz 범위 안에 존재하여 인위적으로 조작되지 않은 가장 안정된 소리들로 구성되어 있어 자연의 소리를 들을 때에 인간은 가장 편안함을 느끼게 된다고 한다.

이러한 파장이 지니는 성격에 따라 세고 여리거나, 높고 낮거나, 길고 짧은 여러 가지 색깔의 소리가 결정되는데 이를 각각 소리의 강약(loudness), 고저(pitch), 장단(duration), 음색(timbre), 리듬(Rythm) 등 다양한 소리 형태를 취하게 되며 이러한 다양한 소리의 성질들이 모여 이루어진 것이 음악이 된다(이홍수, 1990b; Radocy & Boyle, 1997). 특히 자연에는 f분의 1리듬이라 하여 자연만이 가진 리듬이 따로 있다. 잔잔한 바다의 파도소리나 시냇물 소리를 들으면 일상의 피로와 스트레스가 해소되는 이유가 자연의 f분의 1리듬이 인간의 두뇌의 $\alpha$파의 뇌파와 정확히 일치하여 평온하고 안정적인 마음상태를 만들어 주기 때문이다(문연경, 2006).

다양한 범위의 음파로 구성된 소리가 귀에 들렸을 때에 무슨 반응이 일어나게 되는 것일까? 귓바퀴는 소리와 음악에서 나온 음파를 모아 외이도를 통해 귀 고막을 진동시킨다. 그 진동에 의해 음파는 중이의 이소골에서 약 30배로 증폭되어 내이로 전달된다. 내이에는 전정과 달팽이관이 있는데, 이 중에서 청각과 직접적인 관계를 갖고 있는 것은 달팽이관이다. 진동으로 달팽이관 속의 림프액이 흔들리면 동시에 청세포가 자극을 받는다. 그리고 이 자극이 청신경을 통해 최종적으로 대뇌피질 측두엽의 청각령에 전달되면 비로소 소리와 음악이 뇌에 인지되는 것이다. 뇌에 인지된 소리는 척추의 관 속에 들어있는 신경 중추인 척수에 전달되는데 척수는 건반처럼 이우러져 있어서 음파에 따라 미추, 요추, 흉추, 경추, 연수를 거쳐 뇌를 자극하게 된다. 그 중계점이 되는 시상하부는 뇌에서 자율신경계나 호르몬계를 지배하는 부분이다.

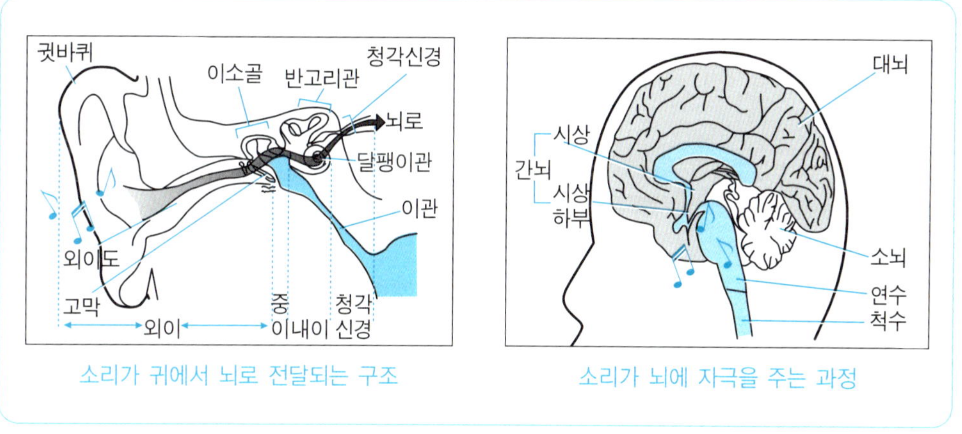


**그림 6-1** 귀와 뇌의 소리 전달 과정

| 출처 | 와고 하루히사(和口治久, 2002). 모차르트 테라피. p. 37.

자율신경은 문자 그대로 인간의 의사와는 상관없이 작용하는 것으로 교감신경(액티브 모드)과 부교감신경(릴랙스 모드)으로 이루어지는데, 이 두 가지가 원만한 균형을 이루어야 편안한 심신을 갖게 되며 두뇌 활동도 활발해진다. 특히 귀에 전달되는 소리와 음악의 음파는 시상하부나 연수를 자극하여 부교감신경의 활동을 활발하게 만든다. 부교감신경이 활발해지면 베타엔돌핀이나 멜라토닌이라고 하는 호르몬의 분비가 촉진되는데 이들 호르몬에는 심신을 안정시키는 효과가 있어서 자연의 소리나 음악을 들은 사람은 자율신경의 균형을 이루게 되어 곧 '편안하다'는 느낌을 받게 된다.

그러나 모든 소리가 두뇌에 좋은 영향을 미치는 것은 아니다. 중요한 것은 다양한 소리를 구별할 수 있는 풍부한 듣기 경험을 해야 하는데 그러기 위해서는 자연스러운 소리를 들을 수 있는 자연 환경에 노출되어야 하며, 자신의 몸과 마음가짐에 따라 능동적으로 음악을 선택할 수 있는 음악 환경도 제공되어야 한다. 음악 환경에서는 귀를 완전히 덮을 수 있는 헤드폰을 이용하여 다른 소리가 차단된 상태에서 음악에 '몰입' 하는 것이 중요하다. 따라서 적어도 20~30분 정도 여유를 갖고 듣는 것이 바람직하다. 영유아 교육기관의 음률 영역에도 자연 환경에서 녹음한 자료나 다양한 음악을 선택해서 들을 수 있도록 편안한 소파와 헤드폰, 다양한 음악 자료로 구성된 음악 환경을 제공해야 한다.

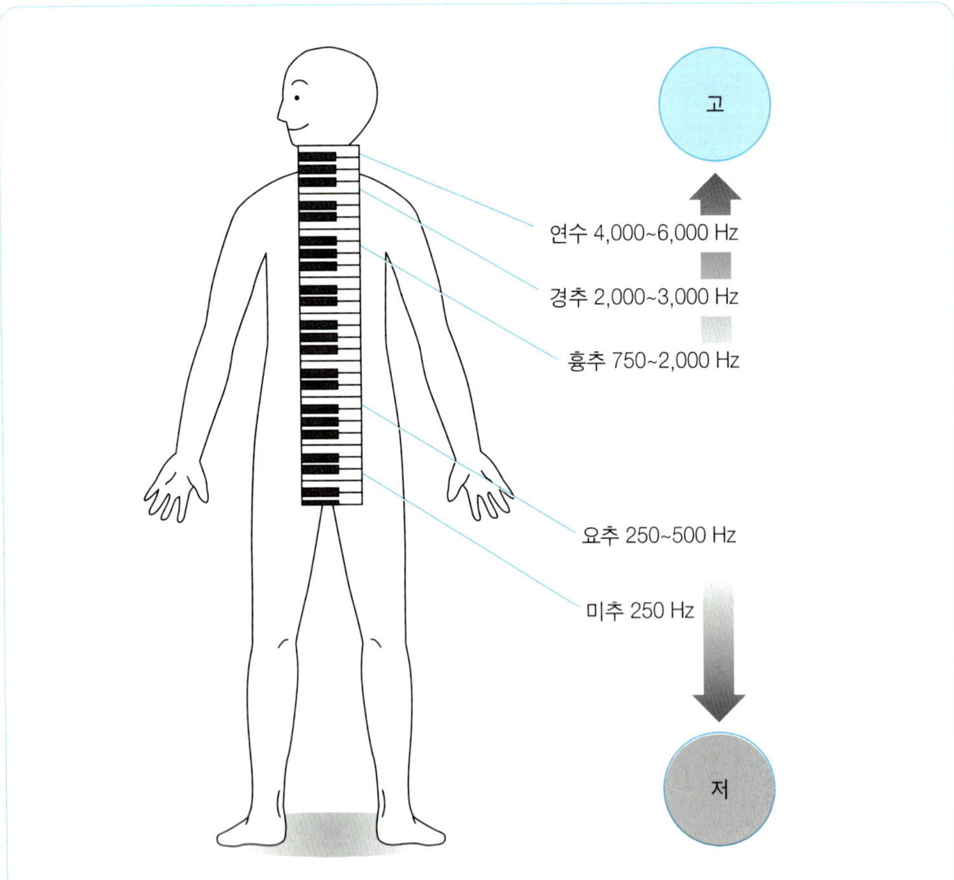


그림 6-2 소리와 인체의 반응관계

| 출처 | 와고 하루히사(和口治久, 2002). 모차르트 테라피. p. 23.

이와 같은 소리를 영유아가 탐색하는 것은 음악적 성장과 개발을 위해서는 듣는 능력이 반드시 필요하며 음악교육의 내용으로 가장 기초가 되는 것이다.

소리 탐색은 모든 음악 활동의 기본이며, 음악적 행위로서 가장 기초적이면서도 중요한 행위라고 할 수 있다. 감각 기관으로서 청각 기능은 6세에는 이미 성인의 수준에 이른다고 하며 음고의 판별력이나 리듬의 감수 능력도 급속한 발전을 보인다. 실제로 여러 연구 결과에 의하면 절대음감의 능력은 3세경부터 지도 받은 영유아의 경우 90%, 4세의 경우는 80%, 5세경부터 시작한 경우는 20%로 나타나고 있다. 대음악가의 성장배경을 살펴보아도 정식으로 음악 공부를 시작한 연령을 보면 영유아기는 48%, 아동기가 30%, 청소년기가 22%로 영유아기의 비율이 매우 크며 영유아기와 아동기를 합한 비율은 78%, 청소년기의 22% 등으로 나타나고 있다(박순옥, 2002).

그러나 현재 우리나라의 대부분의 교육현장에서 이루어지는 음악 학습의 형태에서는 체계적인 학습과 연령 단계에 맞는 소리 탐색 프로그램이 제대로 개발되어 이루어지지 않고 있으며, 단순 기계적인 훈련과 이론적인 학습의 강도만을 강조하고 있어 어렸을 때부터 개발되어야 할 소리훈련의 시점이 늦어지거나 전혀 접근이 되지 않는 경우가 있다.

영유아는 다른 활동을 하거나 놀면서 노래를 부르며, 다른 영유아가 노래하는 것을 듣고 그대로 따라 하기도 한다. 또 악기를 연주할 때에 분별력 있게 들은 후에, 그대로 따라하기도 한다. 또 악기를 연주할 때에는 분별력 있게 들어서 다시 의미 있고 표현적인 음악을 만들어 내기도 한다. 그러므로 소리 탐색은 노래하기, 연주하기, 창작하기, 음악에 맞춰 율동하는 모든 음악 활동의 기초가 되어야 하며 일상생활과 관련된 다양한 소리를 탐색하도록 해야 한다.

### 2) 노래 부르기

영유아는 일상생활에서 흥얼거리고 노래하며 소리를 만드는 것을 즐기기 때문에 노래 부르기는 영유아 교육기관에서 가장 많이 다루어지는 대표적인 음악 활동이다(박찬옥 · 정미라 · 김영옥, 1997; 이영옥, 1999). 따라서 영유아기의 음악교육 내용 즉 소리 탐색, 노래 부르기, 음악 듣기, 악기 다루기, 신체표현 중에 특히 노래 부르기는 음악 활동의 가장 기초가 되는 것이다(김성실, 1999).

영유아는 노래를 부르면서 자신의 느낌과 감정을 표현하고, 자신의 부정적인 감정을 발산하거나 억제함으로써 감정의 균형을 유지하는 능력을 기른다. 그리고 친구들과 함께 노래를 함께 부르는 과정을 통해 사회성과 협동심을 기른다(전인옥, 2005).

앉아서 노래 부르는 모습

영유아의 노래 부르기 활동은 음악 능력의 발달뿐 아니라, 신체 · 정서 · 인지 · 언어 능력 발달에도 중요한 역할을 차지한다. 코다이 음악교수법에서도 음악교육에서 특히 강조한 것은 노래 부르기이며, 영유아는 노래 부르기를 통해 음악을 즐길 수 있고 높은 수준의 음악적 능력을 발전시킬 수 있다고 하였다(강숙희, 1993).

영유아는 대개 노래할 때에 음역이 너무 높지 않고 편하게 부를 수 있는 노래가 선호되며, 다른 영유아의 노래 소리에 귀를 기울이면서 노래 부르기의 발달은 시작된다(김인실, 2001). 영유아는 혼자서, 다른 사람과 함께, 녹음기나 테이프를 들으면서 간단한 노래를 듣고 따라 부르다가 노래 부르기에 익숙해지면 노래로 자신의 생각과 느낌을 표현하기도 한다. 그리고 전래동요를 즐겨 부르기도 하고 리듬악기로 간단한 리듬을 노래를 부르면서 표현하기도 한다.

### (1) 영유아의 노래 부르기 발달 단계

모든 영유아가 노래를 잘 할 수 있는 것은 아니다. 이는 영유아가 노래를 선천적으로 못하는 것이 아니라 배우지 않았음을 뜻한다. 영유아는 말하고 노래를 부름으로써 음의 높낮이를 배우게 되고 타인의 목소리나 악기 소리의 높낮이에 음정을 맞추어 봄으로써 소리를 창출하게 된다. 영유아에게 있어서 노래를 말하는 것과 같이 자연스러우며 노래와 어울리는 동작을 통해 음악과 직접적이며 밀접한 접촉을 경험하게 된다. 즉, 영유아의 노래 부르기는 단지 음성적 활동뿐만 아니라 몸과 정신의 전체적인 활동이므로 영유아의 노래 발달 수준을 파악하여 적절한 자극을 줌으로써 효율적인 노래 지도가 이루어 질 수 있다.

영유아는 목소리를 내서 점차적으로 5가지 발달 단계를 거치면서 노래를 부를 수 있게 된다. 이러한 단계들은 언어 발달과 밀접한 관계를 가지는데 그린버그(Greenberg, 1979)는 영유아 노래의 발달 단계를 언어 발달과 관련지어 다음과 같이 설명하고 있다.

① 제1단계 (출생~3개월): 처음 발성기

이 시기에 내는 목소리는 훗날의 언어구사뿐만 아니라 모든 가창 능력의 기초가 된다. 울음, 쿠잉 등은 다양한 높낮이, 음색, 리듬 형식, 크기 면에서 음악적인 것이며, 생후 불과 몇 주일이 되지 않아서 영아는 이러한 소리들을 조절할 수 있게 된다. 따라서 이 시기에는 누르면 소리가 나는 모빌이나 딸랑이 등이 음악 자료로 활용될 수 있으며, 스스로 쿠잉을 시작함으로써 소리놀이를 즐기게 된다. 김영연(1995)에 의하면 이 시기를 돌보는 사람은 높낮이가 곁들여진 많은 음절들을 들려줌으로써 소리내어 보는 활동을 자극해야 한다.

② 제2단계 (3개월~1년 6개월): 음성적 실험과 모방기

3~4개월째 언어적인 옹알이가 시작되고 6~9개월 무렵에 다양한 높낮이로 말소리를 내는 음악적 옹알이가 나타난다. 12~15개월째가 되면서 영유아는 재잘거리는 말투로 노래를 부르게 되고, 1년 6개월이 되면 노래할 준비를 갖추게 된다. 따라서 이 시기는 노래의 원시적 형태라고 할 수 있는 라임이나 찬트, 간단한 전래동요 활동이 가능하다. 또한 다양한 소리의 변화를 식별하고 간단한 음절어를 모방하는 시기이므로 영유아가 직접 다양한 소리를 내보고 들려주는 활동이 적합하다.

③ 제3단계 (1년 6개월~3년): 노래 부르기의 접근기

이 시기는 영유아의 가창 능력 발달에 매우 중요한 시기로, 더듬더듬하던 노래들을 제법 정확한 리듬을 갖고 부르게 된다. 약 2세 정도의 영유아는 자신의 경험과 성인의 도움으로 주위에서 그가 들은 노래들을 배우기 시작한다. 이 시기에 충분한 경험이 부족하게 되면 성인기에 이르러서도 이 단계를 뛰어넘지 못하는 수가 있으므로 다양한 형태의 노래를 들려주고 불러볼 수 있는 기회를 제공한다.

④ 제4단계 (3~4년): 한정된 음을 정확히 노래 부르는 단계

이 시기는 비교적 제한된 음역의 노래 즉 몇 개의 음으로만 이루어지 멜로디의 노래를 부를 수 있다. 그린버그에 의하면 약 3세가 되면 대부분의 영유아가 훈련을 통해 레(D)에서 솔(G)까지의 제한된 범위 내의 곡조를 부를 수 있다. 이 시기부터는 동 · 서양의 다양한 노래를 소개할 필요가 있으며, 가능한 한 많은 노래를 들려주고 불러볼 수 있는 기회를 최대한 부여한다.

⑤ 제5단계 (4년 이상): 좀 더 넓은 범위에서 노래 부르는 단계

이 시기는 노래의 음악적인 측면을 표한하거나 노래의 강약과 속도에 주의해가면서 노래 부르기 시작하는 단계이다. 또한 5세가 되면서 영유아는 자신을 음악적으로 표현하는 일차적인 수단으로 목소리를 사용하는데 능숙해진다. 표현이 정확성이 향상되고 여러 활동의 동시작업도 가능하므로 노래 부르면서 동작으로 표현하기 활동 등을 제공한다. 이 시기에도 음역에 알맞은 다양한 노래를 경험해야 하는데, 만 5세 이상이 되면 음역이 다소 넓은 노래의 지도도 가능하다. 그러나 간혹 영유아는 높고 낮고, 크고 작고의 개념을 혼동하기도 한다. 상행하는 음보다 하행하는 음정을 더 잘하며 음역이 확장되지만 낮은 음역을 더 좋아한다.

영유아의 노래 부르기는 단지 음성적 활동뿐만 아니라 몸과 정신의 전체적인 활동이므로 음성의 훈련에서 탈피한 다양한 지도 방법이 타당하다. 영유아의 노래 지도는 영유아의 발달 특성을 고려한 좋은 노래의 선정이 필요하다. 또한 전체 영유아에게 한꺼번에 노래 지도를 실시하기보다는 자연스럽게 모여지는 대로 하거나 인원을 나누어 실시한다.

영유아기의 노래 부르기는 발성이나 리듬 및 음정 등의 표현에 있어서 아직 정확하지 못하다. 따라서 많은 노래를 반복하게 함으로써 음정감, 리듬 감각의 기본 감각을 발달시켜 주어야 한다. 노래 지도의 단계로 먼저 동기를 유발한 후에는 교사가 노래 전체를 불러주고 노랫말을 감상하고 노래에 무슨 이야기가 들어 있는가를 영유아에게 이야기해 보도록 한다. 그 다음 단계로 교사가 노래 부를 때 영유아는 작은 소리나 콧노래 등으로 따라 해보게 한다. 노래를 이미 알고 있는 영유아가 있으면 나와서 불러보게 해도 좋겠다. 또는 변화를 주어 응답식으로 나누어도 불러본다. 한 소절씩 떼어 따라하게 하면 전체의 의미를 잃게 되므로 전체적으로 가르치는 것을 원칙으로 하며 노래의 특성

내용에 따라 몸 움직임을 하거나 알맞은 악기를 사용하는 것이 좋다. 이와 같이 영유아에게 노래를 지도할 때는 영유아의 발달 수준과 음역을 고려하여 교육 내용에 적합한 곡을 선정하고 노래 시작의 방법을 고려하여 즐겁게 부르도록 해야 한다. 노래 부르기 활동은 어떻게 영유아를 적극적으로 참가시켜 노래가 영유아들의 생활 속에 파고들어 기쁘게 생활 할 수 있도록 계획되어야 할 것이다.

### (2) 영유아에게 적합한 노래

영유아에게 적합한 노래는 영유아의 음정, 음역, 음질을 개발하기 위해서는 멜로디가 반복되고 노랫말에 반복이 있는 노래가 좋으며, 영유아의 음성 발달 단계에 맞는 적합한 음역의 노래이어야 한다. 영유아의 음악교육에서 활용되는 노래의 선택은 내용이나 음악적인 면에서 영유아의 음악적 특성에 적절한 노래를 매우 신중하게 선택해서 활용하여야 한다. 즉, 영유아의 발달 특성을 고려한 좋은 노래의 선정이 우선되어야 한다.

영유아를 위한 좋은 노래는 짧고 간단하며 편하게 부를 수 있는 범위의 음역을 가진 멜로디로서 높낮이가 점층적으로 변화하는 것이 좋으며 노랫말은 인간 감정을 반영하여 주는 즐거운 내용이 좋다. 또한 멜로디 가사 리듬 형태가 반복적이며 이해와 기억이 용이한 쉬운 단어를 사용한 것과 빠르고 느린 리듬의 변화로 분위기가 다양하고 몸 동작을 하기에 적당한 노래가 영유아에게 적합하다. 영유아에게 적합한 노래를 내용, 조성, 형식, 박자와 리듬 음역 면에서 살펴보면 다음과 같다.

#### ① 노래의 내용

영유아를 위한 노래의 내용은 영유아가 생활에서 경험한 일 중에서 이루어짐으로써 영유아가 이해하고 동감할 수 있는 내용이어야 한다.

즉, 노랫말은 아름답고 단순하며 만족감을 주는 것으로 내용이 영구적인 진리를 내포하고 있으며 영유아의 생활과 밀접한 연관을 가진 것으로 문학적 가치를 지닌 것이면 더욱 좋다. 또한 영유아의 감정을 반영하여 주는 즐거운 내용이 좋으며 문법을 벗어나는 말도 흥미를 준다. 노래의 성격은 노랫말의 내용에 따라 달라지고 노래의 내용에 결정적인 영향을 미치므로 영유아를 위한 노래는 곡 자체도 중요하지만, 노랫말에 많은 비중을 두는 것이 중요하다.

- 이야기가 있는 노래, 극화할 수 있는 노래
- 자기 자신과 관련된 노래, 특히 자신의 이름을 넣어 부를 수 있는 노래
- 영유아의 친근한 일상을 다루고 있는 노래, 즉 잠자러 가는 노래, 깨어나는 노래, 이 닦는 노래 등
- 가족이나 친구에 관한 노래, 생일에 관련된 노래
- 지시가 있는 움직임을 유도하는 노래
- 손유희를 할 수 있는 노래

### ② 노래의 조성

조성이란 일반적으로 으뜸음에 의하여 질서와 통일을 갖게 된 여러 음이 체계적 현상이다. 영유아에게 적합한 노래의 조성은 다장조가 적합하며 연령이 높아감에 따라 약간씩 복잡한 조성을 경험하게 함으로써 조성의 차이를 체득하게 함이 바람직하다. 대체로 장조는 밝고 건강한 느낌을 주고 단조는 어둡고 감상적으로 흐르는 느낌을 주는데 영유아는 조성에 따른 음악의 분위기를 느낄 수 있다. 프랭클린은 영유아의 청각이 장음계나 단음계와 같이 조직적인 음계를 이해 할 수 있는 시기는 적어도 6세에서 9세 사이라고 보고 하였다. 그러므로 영유아의 음악교재에는 단조의 곡이 적은 것을 볼 수 있다.

### ③ 노래의 형식

음악의 형식은 소악절의 기본 선율 패턴이 한 개 이상의 다양한 방법으로 진행될 때에 형성된다. 음악이 형식에서 사용되는 용어는 동기(1마디), 작은 악기(2마디), 악구(4마디), 악절(8마디), 2중악절(16마디), 악구군 등이다. 이와 같이 작은 형식이 차례로 종합되어 더 큰 형식을 만들게 되는데, 영유아에게 적합한 악곡의 한도막 형식(8마디)나 작은 세도막 형식(12마디)이다.

### ④ 노래의 박자와 리듬

리듬과 박자에 대한 반응은 멜로디에 대한 반응보다 빠르며 2~4세경에도 자연스럽게 나타난다.

영유아가 잘 반응하는 박자는 2/4박, 4/4박, 빠른 6/8박의 순이며, 3/4박은 다소 어려

움을 느낀다고 하였다. 유치원 노래, TV 유치원, 교회 유치부의 노래를 서로 비교한 연구에서는 공통적으로 4/4박자가 가장 많으며 2/4, 4/4, 3/4박자의 곡들이 거의 전부를 차지하는 것으로 나타났다.

영유아를 위한 노래는 복잡한 리듬의 곡이나 호흡에 무리가 가는 노래는 피하는 것이 좋다. 예를 들어 점 8분음표와 16분의 연결 등을 듣기는 좋아하나 정확한 표현은 하기 힘들며 온음표의 표현도 영유아의 호흡에는 무리이다. 또한 당김음이나 셋잇단음표를 사용한 곡, 너무 빠른 템포로 연결된 곡도 어렵다.

#### ⑤ 노래의 음역

영유아는 음역이 넓지 않고 편하게 부를 수 있는 범위의 음역을 가진 노래를 좋아한다.

김명순과 조경자(2001)는 3~4세 영유아는 레(D)에서 라(A)까지 음역을 지닌 노래를 쉽게 따라 부르며, 3~6세 영유아는 낮은 음에서 높은 음으로 올라가는 노래보다 높은 음에서 낮은 음으로 내려오는 노래를 더 쉽게 부른다고 하였다. 또한 이영자 · 이기숙 · 이정욱(1999)은 영유아에게는 중앙 도(C)에서 라(A) 사이의 음역을 가진 곡이 노래 부르기에 적절하다고 주장하였다. 즉, 음역이 도(C)에서 라(A)를 벗어나지 않는 것이 적절하다고 할 수 있다. 이영과 유애열(1985)도 대개 멜로디 간격이 단순하고 5~6음으로 된 노래가 영유아에게 좋다고 하였으며 민요, 동요, 포크송이 이 기준에 맞는다고 하였다.

그러므로 영유아의 노래 지도 내용의 선택에 있어서는 영유아의 음역을 고려하여 성대에 무리가 가지 않고 즐기면서 부를 수 있도록 해야 한다.

### 3) 악기 탐색과 다루기

영유아는 소리를 내는 모든 물체를 매우 흥미 있어 하며, 기회가 되면 자발적으로 소리와 리듬, 음색을 탐색하여 즐긴다.

악기는 창의적 자기 표현의 매체로 자유로운 악기 소리 탐색, 즉흥 연주, 주변의 물건(예 국자, 냄비뚜껑 등) 연주하기, 악기 만들어 연주하기 등의 활동을 통해 영유아의 창의력을 신장시킬 수 있다.

특히 6세 이후부터는 피아노, 바이올린, 플루트 같은 악기를 학습하는 것이 바람직하지만, 형식적인 리듬 합주는 피해야 한다. 오히려 간단한 리듬 패턴을 만들어 보거나 친구나 교사가 만든 리듬 패턴을 다함께 따라해 보는 활동이 적절하다. 또한 영유아에게는 될 수 있는 대로 다루기 쉬운 악기를 사용하는 것이 좋다. 예를 들면, 기타나 키보드, 신디사이저가 피아노보다 좋으며 우쿨렐레는 더욱 좋다. 영유아 교육기관에서 지나치게 피아노에 의존하여 반드시 피아노가 교실에 자리를 차지할 필요는 없다. 더욱이 교사가 피아노를 사용할 때는 영유아를 마주보지 못하고 등을 돌릴 수밖에 없는 한계가 있다.

영유아는 손, 무릎, 발 같은 신체의 일부분을 활용하여 박수치기, 바닥 두드리기, 가슴이나 등 두드리기를 하면서 맞추는 방식을 발견하게 된다(Jackman, 2001). 영유아는 천성적으로 여러 소리의 음색(tone color)에 대해서 관심을 가지고 있으므로 될수록 다양한 음색을 가진 악기를 실험하고 탐색해 볼 수 있는 기회를 많이 제공해 주어야 한다. 신체악기 외에 영유아에게 적절한 악기를 정리하면 다음과 같다.

### (1) 일반악기

악기는 독특한 각 나라의 독특한 문화를 반영하는 악기들도 있지만 역사적으로 오래전부터 공통적으로 사용되는 악기들도 있다. 악기의 일반적으로 음의 높낮이와 화음 등을 낼 수 있는지 없는지에 따라 리듬악기, 멜로디악기, 하모니악기로 나눌 수 있다.

#### ① 리듬악기

높낮이가 없이 악센트와 다양한 음색을 산출하는 악기이다.

영유아기에는 리듬악기의 사용이 가장 적절하다. 교육 내용으로는 리듬악기의 소리 탐색, 다양한 리듬 패턴 만들어보기, 친숙한 노래에 맞추어 박자치기, 간단한 리듬 패턴 연주하기 등이 포함된다. 리듬악기는 각 악기 나름대로의 독특한 연주 방법이 있으나 처음 악기를 접하는 영유아에게 이러한 연주 방법을 강요하는 것은 바람직하지 않다. 교사는 영유아가 개별적으로 각 악기의 소리 내는 방법과 쥐는 모습, 방법 등에 익숙해질 때까지 탐색을 하도록 충분한 시간과 장소를 허락한다. 또한 탐색의 의미가 마음대로 시끄러운 소리를 내는 것이 아니라 서로 다른 소리를 실험해 보는 것이 중요하다. 대표적인 리듬악기는 탬버린, 리듬막대, 북, 우드블록, 트라이앵글 등이 있다.

### ② 멜로디악기

각 음이나 멜로디를 연주하기 위해 일정한 음의 높낮이를 내는 악기이다. 멜로디악기는 음의 높낮이와 멜로디 개념의 발달을 돕고 친숙한 노래의 간단한 음정 패턴을 연주하는 데 사용된다. 대표적인 멜로디악기는 실로폰, 멜로디언, 계단벨, 핸드벨 등이 있다.

멜로디악기

### ③ 하모니악기

여러 개의 음을 동시에 내어 멜로디를 반주하고 화음을 내는 악기이다. 대표적인 하모니 악기로는 피아노, 크로마하프, 기타, 우쿨렐레 등이 있다.

## (2) 폐품악기와 생활악기

일반적인 악기 이외에 주변에 생활용품이나 폐품을 이용한 악기 다루기 활동이 있다. 또한 영유아가 직접 악기를 만들어보는 경험도 필요하다. 냄비나 숟가락, 열쇠, 국자

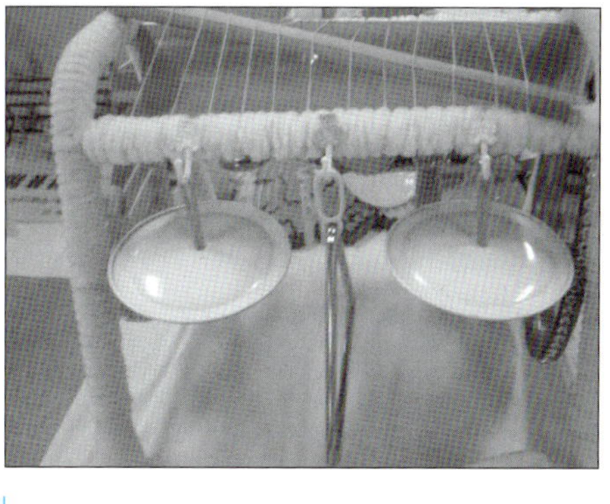

폐품악기

등을 이용하여 소리를 탐색해 보거나 그릇에 씨앗이나 다양한 물체를 넣어 악기를 만들어보는 활동은 영유아가 매우 좋아하며 창의적 사고나 미술적 표현의 기회를 제공한다는 점에서 가치가 크다. 만 3~5세 영유아와 함께 만들어 볼 수 있는 폐품악기와 생활악기의 종류는 다음과 같다.

#### ① 깡통 흔들이

줄에 다양한 크기의 알루미늄 깡통을 매달고, 허리에 묶을 수 있도록 줄 끝부분에 매직테이프(찍찍이)를 붙인다. 깡통 사이에 조개껍데기, 병뚜껑을 끼울 수도 있다.

#### ② 마카로니 부채

플라스틱 부채를 모아 펀치로 구멍을 뚫어 다양하게 물들인 마카로니를 실에 꿰어 부채에 매단다.

#### ③ 여러 가지 마라카스

- **페트병 마라카스:** 작은 생수병(500㎖) 위에 유성 사인펜으로 그림을 그린 후에 다양한 내용물(콩, 쌀, 조, 콩, 팥, 모래, 색깔빨대를 자른 것 등)을 넣는다.
- **봉투 마라카스:** 가정에서 모은 소포용 노란 서류봉투 안에 작은 곡식이나 모래를 넣은 후 반으로 접고 그 사이에 손잡이를 붙인다.
- **계란판 마라카스:** 계란판 2개를 준비하여 안에 곡식이나 단추 등 소리 나는 것을 집어넣고 잘 붙인다. 겉면을 장식한다.
- **인형 마라카스:** 플라스틱으로 만들어진 네모 모양 바구니에 클립을 3~4줄로 촘촘히 건다. 바구니를 몸통으로 하여 그 위에 입힐 옷을 만들고 인형머리도 만들어 붙인다. 인형 팔을 만들어 붙이고 팔을 흔들면 바구니에 붙었던 클립이 서로 부딪치며 소리를 낸다.
- **곡류 마라카스:** 아이스크림(예 빵빠레) 케이스 안에 조, 수수, 쌀 등의 곡류를 집어넣고 장식한다.

#### ④ 깡통 북

다양한 크기의 깡통을 준비하여 옆면을 컬러시트로 예쁘게 장식한 후 뒤집어서 깡통

바닥을 손이나 북채로 친다. 북채 대신 깡통 양옆에 흰 면장갑을 만들어 붙이고 장갑에 손을 끼고 북을 칠 수도 있다.

### ⑤ 여러 가지 기로

- **빨래판 기로:** 나무 빨래판을 4조각이나 6조각, 또는 8조각으로 자른 후에 끝부분을 모래종이로 잘 다듬는다. 유성펜으로 장식 그림을 그리고 나무 막대를 사용하여 긁어 내리 듯이 연주한다.
- **코끼리 기로:** 세탁기 호스를 준비하고 윗부분에 부직포로 코끼리 머리를 만들어 달고 목에 걸 수 있도록 끈을 붙인다. 세탁이 호스 끝부분에도 부직포로 코를 만들어 붙여 준다. 호스 부분(코끼리 코)을 나무막대로 연주한다.

### ⑥ 주걱 탬버린

플라스틱이나 나무 주걱에 방울이나 병뚜껑을 고정시켜 만든다. 주걱 대신 탁구 라켓을 사용할 수도 있다.

### ⑦ 기타

가운데에 구멍이 뚫린 상자(예 화장지통)에 고무줄이나 낚싯줄을 네 개 고정시킨다. 상자의 구멍 바로 아래에 볼펜 꼭지를 끼워 놓는다. 손잡이를 만들기 위해 화장지말이나 랩말이를 붙인다.

### ⑧ 앞치마 샌드블록

동물 모양 앞치마 중앙 부분에 모래종이를 동그랗게 오려 붙인다. 앞치마 옆구리에 팔을 만들어 붙이고 손바닥에도 모래종이를 부착한다. 모래종이를 부착한 양손바닥으로 배 부분을 문지른다.

### ⑨ 하모니카

트레이싱지를 반으로 접어 그 사이에 빗을 끼운다. 빗살이 종이의 접혀진 곳으로 향하게 끼운다. 입을 그 위에 대고 이쪽에서 저쪽으로 움직이며 소리를 낸다.

⑩ 냄비뚜껑 심벌즈

사용하지 않는 냄비뚜껑의 손잡이 부분에 악기를 잡았을 때에 쉽게 놓치지 않도록 끈이나 매듭을 만든다. 커피병이나 잼병 뚜껑일 경우에는 가운데에 구멍을 뚫어 손가락을 끼울 수 있는 고무줄을 끼운다. 이렇게 하면 쟁반 심벌즈가 된다.

⑪ 옷걸이 차임

못 10개와 길이가 다른 10개의 줄을 준비한다. 제일 큰 못을 제일 긴 줄에 매달고 차례로 매달아 제일 작은 못을 제일 짧은 줄에 매단다. 옷걸이에 차례로 줄을 매단다. 못 대신 숟가락을 매달기도 한다.

⑫ 경적

간장이나 식용유를 담는 플라스틱 병을 손잡이와 주둥이는 그대로 두고 밑부분을 잘라낸 다음에는 병 주둥이를 붙여서 소리를 낸다.

⑬ 뜰채 탬버린

다양한 크기의 뜰채를 준비한다. 뜰채 가장자리에 헌 단추를 넣은 필름 통을 3~5개씩 매달고 예쁘게 장식한다.

⑭ 병따개 짝짝이

둥근 모양의 병따개 2개를 짝짝이 모양으로 연결한다.

### 4) 신체표현과 동작

신체표현과 동작은 유아들에게 생각과 상상을 할 수 있는 기회를 제공해 주며, 자신의 생각과 느낌을 자유롭게 표현할 수 있는 기회를 제공하는 활동이다. 특히, 음악을 표현하는 최상의 방법 중에 하나가 신체적인 움직임의 표현이며 음악은 동작의 요소와 분리될 수 없다. 다음에서는 신체표현, 음악과 동작에 대해서 살펴보고자 한다.

### (1) 신체표현

신체표현은 어떻게 완성해야 하는 목적이나 연습을 해야 하는 일정한 형식이 있는 것이 아니며, 유아가 탐색 과정을 통해 유아 나름대로의 독특한 표현을 나타낼 수 있는 활동이다. 신체표현은 동작교육의 응용 영역으로 상상을 통해 동작과 개념의 발견을 유도해 나아가는 것이다. 상상력을 이용하는 신체표현 활동은 유아 자신의 주관적 표현을 강조할 수 있고 자신감을 길러줄 수 있으며, 사물의 느낌을 항상 고정된 형태로만 표현할 수 있다는 고정된 개념을 벗어날 수 있다. 또한 신체표현은 다양한 동작과 상상력을 통한 움직임의 연속체이다.

신체표현

신체표현 활동은 음악 없이, 음악과 함께, 또는 음악을 들은 후에 이루어질 수 있으며 창작 활동과 함께 행해질 수 있다. 또한 음악에 맞추어 창의적으로 움직일 수 있도록 상상력을 자극하는 이야기나 사건을 사용할 수 있다. 그러나 우리나라 교육 현장에서는 신체표현 활동에 있어서 단순히 음악을 들려주고 유아가 음악에 맞추어 교사의 지시에 따라 동작을 모방하고 흉내를 내보는 활동을 강조하고 있어, 창의성을 토대로 하는 자기표현이 될 수 있는 합리적 표현 활동이 요구된다.

신체표현을 위한 교육 내용은 신체 활동의 기초 영역인 기본동작과 응용 영역인 신체표현 활동과 통합적으로 교육내용이 구성되어야 하며 기본 동작을 많이 경험하도록 한다면 응용 영역인 신체표현을 이끌어 낼 수 있다.

신체표현 활동의 주제는 모든 나라에서 공통적인 면이나 각 시대와 사회, 환경적 조건에 따라 다를 수 있다. 주제 선정 시 새롭고 낯선 주제보다는 유아가 속해 있는 각 지역사회, 시대, 환경적 조건에 맞는 친숙한 주제를 선정하는 것이 바람직하다. 왜냐하면 유아는 자신들이 알고 있는 것을 이용할 때에 보다 주도적이고 능동적으로 동작을 표현하고, 확장하며 상상력을 발휘하여 창작 활동을 할 수 있기 때문이다.

신체표현 활동에서 교사는 가능한 한 유아가 자기의 생각과 느낌을 자유롭게 표현할 수 있는 분위기를 만들어 주어야 한다. 유아가 확산적 사고를 하도록 도와주고, 자신감을 가지고 문제를 해결하도록 발견과 탐색의 기회를 확대시켜줄 때에 유아의 창의성은 더욱 발달할 수 있다. 다른 사람들과 함께 상호작용을 하면서 협력하여 만들어 가는 창의적 동작도 창의적 능력 신장을 위해 매우 중요하다. 따라서 교사는 유아들이 만들어 낸 결과보다는 신체표현 과정에 초점을 두면서 유아의 실험정신과 새로운 과제에 대한 도전을 인정하고 격려해 주어야 한다. 신체표현을 위한 동작의 구성 요소를 살펴보면 | 그림 6-3 | 과 같다.

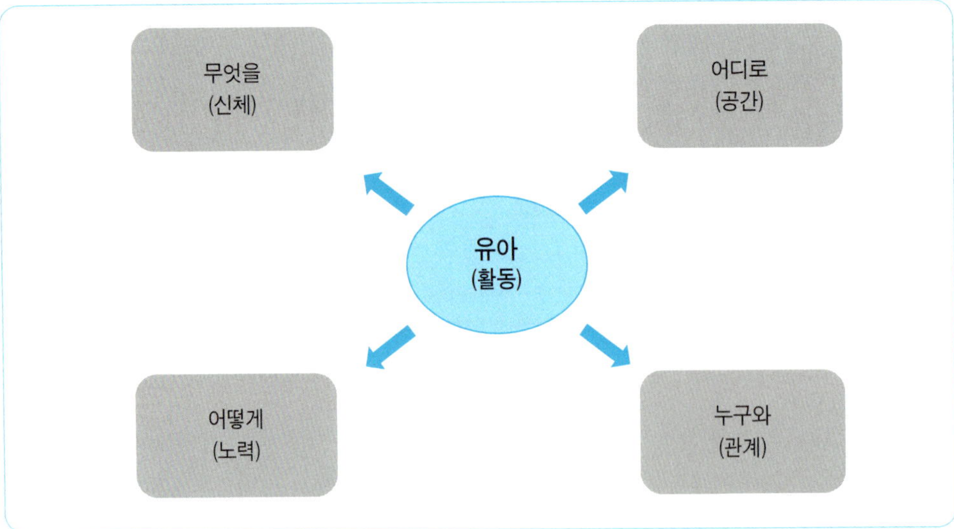


**그림 6-3** 동작의 기본 요소

| 출처 | Laban(1948). President's adress at the annual general meeting of the Laban art of movement guild. Laban Art of movement Guild News Sheet 1, April: 5-8.; 김은심(1995). 유아동작교육. p. 85. 재인용.

| 그림 6-3 | 에 기초하여 동작의 구성 요소를 살펴보면 다음과 같다. 동작이란 공간에서 이루어지는 움직임의 전후관계를 지속시켜주는 공간 형태에서의 신체표현으로서,

모든 동작은 두 개의 요소로 특징지어진다고 하였다. 즉, 동작이 공간 속에서 구체적 모양과 시간의 길이에 의해 창조되는 리듬, 이 두 요소가 신체나 신체 부분에 의하여 이루어진다는 것이다. 대부분의 동작교육 연구자들은 인간의 동작을 분석하는 기준으로 라벤(Laban)의 이론을 참고하며, 다소 다른 용어를 사용하기도 하고 다른 요소를 포함하기도 하지만, 대체로 신체(the body), 노력(effort), 공간(space), 관계(relationships) 등을 '동작의 구성 요소' 라고 한다. 즉 인간이 움직이는 것을 주의 깊게 관찰했을 때 동작을 구성하고 있는 요소를 발견하는데, 먼저 인간이 동작을 하는데 반드시 필요한 '신체' 가 있어야 하고 몸을 움직이는 '힘', '노력', '공간' 이 있어야 하며, 몸을 움직이면서 이루는 '관계' 가 형성되므로 이를 중심으로 동작을 분석하고 이해해야 한다는 것이다(이영 · 전인옥, 2003).

### (2) 음악과 신체표현

신체표현

신체표현은 음악을 듣거나 악기를 연주하거나 리듬에 맞추어 자유롭게 동작을 탐색하며 활동할 수도 있다. 음악은 영유아에게 신체 움직임을 자극하여 춤을 추고 싶어 하는 분위기를 만들어 주기도 하며, 신체표현 활동에서 음악은 영유아의 표현에 영향을 주는 요소이기도 하다. 음악의 구성 요소는 동작의 구성 요소와 유사한 점들이 있다. 음악의 구성 요소 중의 하나인 리듬의 하위 요소는 규칙성, 반복성, 배합성 등이 있다. 리듬의 구성 요소와 동작의 구성 요소와 일치하는 것 중에 음악의 리듬은 움직임 속도와 흐름을 주도하고 춤의 형태에 영향을 준다. 음악은 동작 활동의 동기를 부여할 뿐만 아니라 도구로 사용되는 각종 악기를 자연스럽게 탐색하게 하고, 음악과 관련된 동작 활동을 통합해서 경험할 수 있는 기회를 제공한다.

다음은 홍용희 외(2000)의 연구에서 제시한 음악에 대한 동작의 발달적 특성을 각 연령별로 살펴보면 다음 |표 6-1|과 같다.

표 6-1 음악에 대한 동작의 발달적 특성

| 연령 | 발달적 특성 |
|---|---|
| 0~1세 | • 음악이 들리면 몸 전체로 반응을 보인다.<br>• 앉아 있는 상태에서 경쾌한 음악이 들리면 몸을 들썩거린다.<br>• 서 있는 자세에서는 무릎을 움직이며 옆으로, 앞뒤로, 위아래로 몸을 흔든다. |
| 2세 | • 음악을 듣고 어떤 노래에 대해서는 극적인 반응을 보인다.<br>• 리듬악기의 빠르기에 맞추어 팔과 다리를 사용하여 움직인다.<br>• 음악이 들리는 동안 춤을 추기도 하며 음악에 대한 신체적 반응을 조절할 수 있음을 보여준다. |
| 3세 | • 음악을 들으면서 보다 균형감 있게 움직일 수 있다.<br>• 동작을 곁들인 노래나 손가락놀이를 할 때 열심히 참여한다.<br>• 자신의 신체 움직임에 대해서 끊임없이 탐색하고 새로운 움직임을 찾으려는 시도를 보인다. |
| 4세 | • 리듬을 요구하는 동작을 할 때 자발적으로 관련되거나 연상되는 노래를 부른다.<br>• 새로운 움직임을 파악하여 시도하고 습득할 수 있다. |
| 5세 | • 움직임에 대한 빠르기의 느리기가 자연스럽게 이루어진다.<br>• 정확하고 세련된 동작을 기대하기는 어려우나 예전보다 더욱 리듬감 있는 동작으로 표현한다.<br>• 간단한 무용이 곁들인 다양한 종류와 노래 게임에 참여할 수 있다. |

출처 : 홍용희 외(2000). 유아를 위한 동작교육의 이론과 실제. pp. 30~31.

영유아는 음악의 흐름에 대해 즉석에서 동작으로 반응하고 음악 활동에 있어서 움직임은 음악 활동을 촉진시키며 상호작용을 돕는 역할을 한다.

음악을 표현하는 최상의 방법 중에 하나는 신체의 움직임을 통한 표현이며 다양한 음악을 듣고 움직이는 활동에 적극적으로 참여할 때에 음악적 개념이 달성될 뿐만 아니라 음악을 통한 동작 발달도 수월하게 이루어진다. 음악의 요소에 초점을 둔 기본동작을 탐색하는 활동은 각각의 개념을 보다 더 잘 이해하도록 도와주며 음악과 동작은 서로 상호 의존적이고 보완적인 역할을 한다.

유아는 음악에 맞추어 몸을 움직이기 위해서 음악에 더 귀 기울이게 되고 그 과정 속에서 음악 요소를 이해하게 된다. 인간의 신체는 음악의 악기로 사용된다. 목소리와 손뼉 치기, 발구르기와 같은 몸의 움직임의 소리와 영유아의 기초적인 음악적 사고는 신체 동작을 통해서 구성되는 것이다. 영유아는 신체의 움직임을 통해 음악 개념의 차이를 경험하게 된다. 즉, 영유아는 음악을 듣고 자신의 신체를 자발적으로 움직이면서 음악을 이해하게 되고, 음악의 표현 영역(빠르기, 셈여림, 음높이)을 연속적 · 비연속적 신체 표현을 통해 반응하게 된다(이순례, 2003).

따라서 음악교육과 동작교육의 통합은 리듬, 노래, 춤, 창조성에 대한 유아의 능력을 확장시켜준다. 음악에 따라 리듬적으로 움직이고 다양한 음악을 들으며 그 음악에 대한 느낌을 동작으로 표현해보는 과정 등 기본운동의 경험을 음악을 활용하여 경험 시킨다면 유아에게 기본 운동을 이해하고 경험시키는 데 더욱 효과적이다.

다음 | 표 6-2 |는 음악 요소와 동작과의 관련성을 나타낸 것이다.

음악에 대한 신체의 움직임은 영유아에 의한 자발적인 표현이다. 영유아가 자신에게 의미 있게 느껴진 음악을 자신의 신체를 조절하며 자연스럽게 표현하는 것은 음악의 구조를 이해하는 데 도움이 된다. 특히, 영유아가 자신의 신체를 자유롭게 연속적으로 물 흐르듯 음악에 따라 움직이는 능력은 음과 리듬, 음악 개념에 대한 구조적인 이해가 있을 때만이 가능하다. 이처럼 영유아기의 음악과 동작 교육은 분리되어 교육하기 보다는 영유아가 음악의 요소와 동작의 요소를 이해하고, 자신의 신체를 조절하면서 자연스럽게 표현할 수 있는 방향으로 통합되어 이루어지는 것이 바람직하다.

**표 6-2** 음악의 요소와 동작과의 관련성

| 음악 요소 | 동작 관련성 |
|---|---|
| 빠르기(tempo) | • 동작을 속도에 따라서 표현하기<br>• 점점 빠른 동작/ 점점 느린 동작으로 표현하기<br>• 천천히 거북처럼 기어가기, 말처럼 빠르게 달려보기<br>• 동작 요소의 시간과 관련 |
| 강약(dynanmic) | • 크고 우렁찬 큰소리와 크거나 높은 동작으로 표현하기(조용한 음악과 작고 낮은 동작으로 표현하기)<br>• 코끼리처럼 무겁게 쿵쿵 걸어보기(생쥐처럼 가볍게 살금살금 걸어보기)<br>• 동작 요소의 힘과 관련 |
| 스타카토(staccato)와 레가토(legato) | • 스타카토(단음) 짧게 동작이 끊어지는 모습 표현하기<br>• 레가토(연결음) 물이 흐르듯이 연결된 모습 표현하기<br>• 한발로 점프하며 뛰어보기<br>• 잔잔한 호수의 물결처럼 양팔을 흔들어 보기<br>• 동작 요소의 흐름과 관련 |
| 음의 높낮이(pitch) | • 높은 음은 몸을 높게 동작으로 표현하기<br>• 낮은 음은 몸을 낮게 동작으로 표현하기<br>• 팔을 위로하고 높이 뛰어보기<br>• 바닥에서 낮게 기어가기<br>• 동작 요소 중 공간에서의 높낮이를 뜻하는 수준과 관련 |
| 악절(phrase) | • 악절은 하나의 문장과 비슷함. 음악을 많이 듣고 난 후 음악을 듣고 움직이다가 악절이 변하는 곳에서 동작을 바꾸거나 방향을 바꾸는 방법<br>• 탬버린을 흔들면 계속 걷기, 탬버린을 크게 치면 방향을 바꾸어서 걷기 |
| 형식(form) | • 형식은 악절의 전체적인 설계<br>• 형식이 반복될 때는 같은 동작으로 표현<br>• 형식이 대조될 때는 다른 동작으로 표현<br>• 팝콘 튀기기, 노를 저어보자. |
| 분위기(mood) | • 음악의 분위기에 대한 느낌을 몸으로 표현하기<br>• 경쾌한 음악을 들으며 스킵하며 뛰어보거나 깡충깡충 뛰어보기 |
| 리듬(rhythm) | • 리듬악기를 사용하여 동작으로 표현하기<br>• 다양한 리듬의 음악을 경험하고 동작으로 표현하기<br>• 북소리를 들으며 뛰어보기 |

| 출처 | Pica(1995). Experiences in movement & music: birth to age 8(4th ed.); 김은심(2010). 유아를 위한 동작 · 음악교육. p. 228. 재구성.

## 5) 전통음악

### (1) 전통음악의 특징

우리 조상들은 오랜 역사 속에서 독특한 우리 고유의 음악을 만들었으며 이를 '전통음악'과 '국악'으로 용어를 혼용하여 사용하고 있다. 우리 전통음악은 물론 외래 음악이 한국화된 것을 포함하는 것으로 타 민족의 문화와 우리 고유의 문화가 다양하게 접촉하면서 변화와 발전된 것이다.

장구 치기

교육인적자원부에서는 제6차 초 · 중등 교육과정부터 우리의 음악을 '전통음악'이라고 사용하면서 전통음악 교육의 중요성을 강조하였다. 유아교육에서는 누리과정의 예술경험 영역에서 우리나라 전통예술에 관심을 갖고 친숙하게 경험하도록 권하고 있다.

여러 나라의 음악은 독특한 민족적 색채를 띠고 있으며 리듬의 흐름과 음계, 악기의 음색, 선율 장식음, 노래하는 방법이 모두 독특하다. 배미영(2007)이 제시한 우리나라의 전통음악의 특징을 구체적으로 살펴보면 다음과 같다.

첫째, 서양음악의 3요소인 화음, 선율(가락), 리듬 중에 화음을 갖지 않는다. 화음이 없는 까닭에 그 다음 음으로 연결될 경우에는 그 음의 기능에 따라 재구성되어진다. 음을 구성하여 주는 방법으로는 요성법, 전성법, 퇴성법이 있다.

요성이란 농현과 같이 떠는 소리이며, 퇴성은 꺾어서 아래로 흘러내리거나 흔들면서 끌어내리는 소리이다. 전성은 음을 굴려서 약간 높게 하는 소리이며 이외에도 밀어 올리는 소리인 추성 등의 시김새(꾸밈음)가 있다.

이와 같이 음들의 진행은 고정된 음으로 진행된 것이 아니라, 계속하여 움직이며 움직인 음에서 그 다음을 연장시키며 모두 유동적인 음악이다.

둘째, 박 법(拍法)이다. 우리나라 영유아음악의 박은 서양음악의 1박과는 달리 음악의 속도가 아주 느리거나 빠르거나 1박을 3등분한 1박 3분법이 대부분이다. 서양의 박자 개념으로 우리 음악의 박자를 가르치려고 한다면 제대로의 우리나라 전통음악을 전달하지 못하는 결과가 된다.

서양음악의 경우에는 성악뿐 아니라 기악에서도 약박으로 시작하지만 우리나라 영유아음악에서는 거의 모두 합 장단(合長短)에서, 즉 강박에서 시작되어 약박으로 끝난다. 때문에 모든 소리에서 시작되는 첫소리의 첫 음에 내려치는 듯이 힘을 주고 시작한다.

셋째, 장단이다. 장단은 '하나의 소리가 시작하여 끝나는 사이에 사람이 호흡하는 수'라 정의한다. 즉, 사람의 호흡과 밀접한 관계가 있다. 호흡은 기의 운용과도 밀접한 관계가 있어 몸의 움직임에 커다란 영향을 끼친다. 따라서 바른 호흡법에 의해서 장단을 칠 줄 알아야 올바른 기운이 소통되고 이 기운에 의해 올바른 음악을 행할 수 있다.

장단을 위한 바른 호흡법은 자신의 온 몸으로 하나의 커다란 원을 만드는 것으로 원의 호흡법을 반복하다보면 자신이 기 덩어리로 변화됨을 알 수 있다. 이러한 상태에서 여러 가지 장단을 익히고, 이런 장단으로 이루어진 우리 고유의 음악어법을 터득하면 보다 쉽게 우리나라의 영유아음악을 이해할 수 있다. 만일 이러한 우리나라 전통적 음악 학습법 대신에 서양의 리듬보로 우리의 장단을 공부하면 본질을 간과하는 잘못을 범하게 된다. 왜냐하면 장단에 숨어 있는 기운을 느낄 수 없기 때문이며 장단은 무장단에서부터 복잡한 장단의 복합에 이르기까지 다양한 리듬형을 가지고 있다.

넷째, 5음계의 음악이다. 5음을 구성하는 음들의 기능이 우리나라 전통음악의 특징을 결정한다. 5음으로 된 우리음악은 평조와 계면조의 두 가지 선법을 가지고 있다. 평조는 서양음악의 장조와, 계면조는 단조와 비교된다. 전자는 밝고 명랑하며 화평한 기분을 가지고, 후자는 쓸쓸하며 애절한 비애의 느낌을 갖고 있다(신대철, 1993).

다섯째, 최근까지 사용되는 우리나라 영유아음악의 기보법인 정간보(井間譜)다. 정간보는 조선 세종 때 창안되었고, 종이에 네모난 칸(이를 '정간'이라 함)을 세로로 이어 그리고, 그 속에 율명의 첫 글자를 한자(漢字)로 기보하는 것이다. 한 정간은 박자의 단위가 되며 흔히 한 박에 해당한다. 정간보는 율명으로 음의 높낮이를 표현하고 칸의 수로 박의 길이를 나타낼 수 있는 동양 최초로 유량(有量) 악보이다.

전통음악이 우리나라에서 발생하여 전해 내려오면서 고유의 문화와 역사를 포함하여 계승 · 발전하였다는 의미에서 영유아에게 전통음악의 경험은 우리민족 고유의 전통문화에 대한 자긍심과 민족 정체성을 형성할 수 있는 기회일 것이다. 유아기에 우리문화와 전통에 대한 긍정적 가치관을 확립하게 하는 것은 중요하며 영유아기는 음악교육이 시작되는 시기로 전통음악을 자주 들려주어 친숙하게 함으로써 전통음악의 기초를 마련하는 것은 당연하다.

### (2) 전통음악교육의 필요성 및 목적

전통음악은 우리 민족의 희노애락과 함께한 예술이다. 이러한 우리 고유의 예술은 영유아기에 어떻게 접하고 교육받느냐에 따라서 우리 예술과 문화에 대한 긍정적인 가치관을 확립하게 하는 것에 중요한 영향을 준다. 음악교육이 처음 시작되는 영유아기에 우리의 음악을 자주 들려주어 전통음악의 감각을 형성시켜주고 친숙하게 함으로써 영유아음악 교육의 기초를 마련해 주어야 한다.

영유아를 위한 전통음악교육의 목적은 영유아에게 우리 민족 고유의 음악정서를 체험하게 하여 심신의 발달을 돕는 것이다. 이러한 영유아를 위한 전통음악교육의 목적을 달성하기 위한 구체적인 목표는 친근한 환경조성으로 전통음악에 대한 친화적 태도를 갖게 하고, 전통음악의 다양한 영역과 기본 요소들을 고르게 경험하며, 전통음악을 통하여 생각과 느낌을 창의적으로 표현하는 경험을 하는 동시에 우리나라 전통음악문화에 대한 애정과 자긍심을 갖게 하는 것이다(조윤미, 2004). 전통음악교육이 특별한 재능을 갖도록 양성하기 위한 전문적인 교육 방안이 되어서는 안 되며, 우리 문화에 대한 음악교육이라는 관점에서 이루어져야 한다.

따라서 영유아가 우리나라 전통악기 연주하기, 전래동요 부르기, 우리나라 전통춤 감상하기와 같은 다양한 경험을 통해 우리 장단과 가락에 친숙해지도록 해야 하며, 이를 통해 우리 우리나라 전통음악에 대한 긍정적인 가치관을 확립하고 심심의 조화로운 발달을 이룰 수 있어야 한다.

### (3) 전통음악교육의 내용 및 교수-학습 방법

사물놀이

우리나라 전통음악교육의 내용을 이순례(1998)는 국악기를 이용한 소리 탐색 및 감상하기, 전래동요, 창작 및 국악동요, 민요 부르기, 우리나라 영유아음악 춤 활동, 국악기 다루기 및 국악장단 익히기, 우리나라 영유아음악놀이로 구분하였다. 황선향(2005)은 5개 생활 영역의 내용 체계를 적용하여 건강생활 영역에서는 전래놀이, 우리 춤(동작), 우리 음식 만들기로 구성하였고, 사회생활 영역에서는 우리나라 영유아음악 예절지도(가족, 인사, 음식, 의복, 풍습), 표현생활에서는 듣기(감상), 노래 부르기(지도하기), 장단지도, 신체표현 등 4가지로 구분하였으며, 언어생활 영역에서는 전래동화, 동요, 동시 감상하기 및 노랫말 개작, 개사 등을 구성하였으며 탐구생활 영역에서는 조형물 탐색, 전래놀이, 전래동요, 민요 등을 통한 수·과학적 탐색으로 구분하였다. 강혜인(2006)은 우리 노래 부르기, 국악기 탐색과 다루기, 국악 곡 감상하기, 우리 춤추기로 구분하였다.

영유아를 위한 전통음악교육 내용을 구분하여 제시하면 다음 |표 6-3|과 같다(배미영, 2007).

**표 6-3** 전통음악교육 내용

| 구분 | 교육 내용 |
| --- | --- |
| 우리나라 영유아음악악기 탐색 및 다루기 | • 우리나라 영유아음악악기 탐색 및 소리 내기<br>• 우리나라 영유아음악악기 소리 듣고 구별하기<br>• 우리나라 영유아음악악기로 기본 장단 연주하기<br>• 우리나라 영유아음악악기 합주하기<br>• 우리나라 영유아음악악기의 역사에 대해 이야기 나누기 |
| 우리 노래 부르기 | • 전래동요, 창작전래동요, 민요 부르기<br>• 시김새와 장단의 특징을 살려 즐겨 부르기<br>• 노래를 부르며 장단 치기, 우리나라 영유아음악 춤추기, 놀이하기 |
| 우리나라 영유아음악 춤 탐색 및 표현하기 | • 우리나라 영유아음악 춤사위가 갖는 특정 탐색하기<br>• 우리나라 영유아음악 기본 춤사위 경험하기<br>• 우리나라 영유아음악 기본 춤사위를 이용하여 창의적으로 동작 만들기<br>• 우리나라 영유아음악 음악을 듣고 동작으로 표현하기 |
| 우리나라 영유아 음악 음악과 춤 감상하기 | • 다양한 종류의 우리나라 영유아음악 감상하기<br>• 다양한 종류의 우리나라 영유아음악춤 감상하기<br>• 우리나라 영유아음악과 우리나라 영유아음악춤 감상 후 생각과 느낌 나누기 |

| 출처 | 배미영(2007). 유아 전통음악교육에 대한 유치원교사의 인식 및 실태연구. 한국교원대학교 석사학위논문. p. 22.

# 2 영유아 음악교육의 교수방법

## 1) 음악 감상

영유아기는 음악 감상을 비교적 교사나 부모의 의도에 의해 잘 받아들여지는 시기이다. 즉, 어떤 음악을 제공하느냐에 따라 영유아는 특별한 거부감 없이 주어지는 음악에 쉽게 빨려들어 간다. 특히 만 5세를 전후한 영유아는 노래 부르기와 더불어 음악 감상에 관심을 보이는데, 이 시기는 영유아에게 너무 엄격한 감상 태도를 요구하기보다는 영유아가 직접 지휘를 해보거나 몸을 흔들어 보는 등의 자유로운 분위기에서 음악을 듣도록 허용하는 것이 좋다.

이미 녹음된 형태의 다양한 장르의 음악을 들려주는 것도 좋지만 자연의 소리, 주변 환경의 소리, 교사가 직접 연주하여 들려주는 음악에 대하여 영유아가 더욱 예민하게 받아들인다. 교사의 세련된 연주는 영유아에게 즐거운 음악 감상을 위하여 매우 바람직하고 음악 감상을 할 때는 일정한 틀에 의해 구성된 감상 목록을 채택하기보다는 영유아 교육기관의 상황과 그날의 일과, 영유아의 관심과 기분에 적합한 곡을 영유아와 교사가 함께 선택하도록 한다.

조안(Joanne, 2006)은 음악 듣기의 원칙을 다음과 같이 제시하였다.

첫째, 빗소리, 파도 소리, 동물 소리와 같은 자연의 소리, 집에서 나는 소리, 거리에서 들리는 소리와 같은 인공의 소리를 녹음해야 한다. 녹음된 다양한 소리는 새로운 장르의 음악으로 개발될 수 있다.

둘째, 소리를 들을 수 있는 시간을 많이 제공해야 한다.

셋째, 영유아가 소리를 표현할 수 있도록 다양한 언어에 대해 생각해야 한다. 음악적이며 신비롭고 때로는 시끄럽지만 귀엽고, 가끔은 나른한 소리를 언어로 표현하도록 한다.

넷째, 조용한 영역에서 녹음기와 헤드폰과 같은 교구를 제공하여 영유아가 자연의 소리와 인공의 소리를 듣도록 해야 한다.

다섯째, 소그룹 활동이나 이야기 나누기 시간에 다양한 소리를 활용하여 활동하는 시간을 제공해야 한다. 영유아가 들은 것을 다양한 언어로 크게, 부드럽게, 높게, 낮게, 길게, 신비롭게, 시끄럽게 표현하도록 하고 교사는 충분히 반응한다.

여섯째, 자유놀이 시간이나 쉬는 시간에 영유아가 편히 쉴 수 있도록 녹음된 자연의 소리를 듣도록 해야 한다.

### (1) 음악 감상 지도 방법

인간이 음악을 경험하게 되는 것에는 청각에 의한 경험 즉 리드미컬한 소리나 악곡을 감상하게 되는 경우와 시각에 의한 경험이 있다. 시각에 의한 경험은 아름다운 자연이나 동물의 움직임, 계절, 한 편의 시나 그림을 통해서 음악을 느끼게 되는 것을 의미한다. 따라서 이 두 가지 감각을 통하여 경험하게 되는 음악 감상 지도 방법은 가장 자연스럽고 민감한 시기인 영유아기에 상상력이나 창조력을 키우게 되고 예술적 성장을 하게 하는 기초적인 교육 방법이다.

음악 감상 활동의 구체적인 지도 방법은 다음과 같다(심성경 외, 2003).

① 교사는 감상할 곡을 충분히 이해하고 있어야 한다.

② 감상할 곡은 3~4분 정도가 적합하다.

③ 감상할 곡은 친숙한 것부터 생소한 것으로, 단순한 것부터 복잡한 것으로 선택한다.

④ 다양한 장르와 문화권의 질 좋은 음악을 제공한다.

⑤ 음색이나 빠르기, 분위기 등 음악적 요소와 관련 지어 서로 비교할 수 있는 음악을 함께 제공한다.

⑥ 감상할 작품에 대한 이해를 돕는 그림 자료, 비디오와 같은 교수 자료를 제공한다.

⑦ 음악 감상의 느낌을 동작, 그림, 말(편지)로 표현해 보게 한다.

## (2) 음악 감상의 구체적 활동 예시

활동예시

### 휘파람 부는 사람과 개

**활동주제** 유치원과 친구

**활동목표**

- 바른 자세로 음악을 감상한다.
- 음악을 들으며 창의적으로 표현한다.
- 자신의 경험을 자신 있게 표현한다.

**음악요소** 멜로디, 셈여림, 리듬, 화성, 악센트

**대상연령** 만 5세

**누리과정**

- 예술경험: 예술 감상하기-다양한 예술 감상하기
  예술적 표현하기-미술 활동으로 표현하기

**활동자료**

- 프리오르의 사진, 휘파람 부는 사람과 개 음악 파일, 사람 · 강아지 · 산책하는 사진

**활동내용**

**1 도입**

① 프리오르의 관현악곡 '휘파람 부는 사람과 개' 라는 음악을 유아에게 들려준다.

- 선생님이 그림을 준비해 왔는데 이걸 여기 적힌대로 붙이면 그림이 완성된대요. 우리 한 번 그림을 완성해 볼까요?
- 자, 그럼 먼저 사람 붙여볼 사람 손들어 봐요!
- 그래요. 우리 ㅇㅇ이가 나와서 한 번 붙여 볼까요?

- 우리 ○○, 참 잘했어요, 다 함께 박수!
- (강아지 사진을 보여주며) 다음 강아지 한 번 붙여볼 사람, 손들어 봐요.
- 이번에는 △△이가 나와서 한 번 붙여 봐요.
- △△이도 잘했으니, 다함께 박수!
- (해님 사진을 보여주며) 자, 다음엔 해님 사진 붙여볼 친구 손들어 봐요.
- 이번엔 ○○이가 나와서 붙여 봐요.
- 우리 ○○이도 잘했다고 박수쳐 주세요. 그럼, 이제 남은 음표는 선생님이 붙여볼게요. (음표 사진을 붙인다) 자, 어때요? 그림이 완성된 것 같지요?
- 멋있는 그림이 완성되었지요? 자, 그렇다면 이 그림은 무얼 하고 있는 그림인지 누가 설명해 볼까요?
- 강아지도 뛰어다니고 사람이 노래도 부르고 해님도 웃고 있지요? 선생님이 이 그림이랑 어울리는 음악을 준비했는데 한 번 들어볼까요? (2분 30초 정도의 음악을 들려준다.)

## 2 전개

### ① 음악을 들은 후 어떤 느낌이 드는지, 음악에 어떤 이야기가 들어 있는 것 같은지 자유롭게 이야기한다.

- 자, 우리 친구들 음악을 들어보니까 느낌이 어때요?
- 신이 나기도 하고 깡충깡충 뛰는 것 같았어요.
- 음악을 들으면서 혹시 몸에서 나는 소리가 있었는데 들은 사람 있나요?
- 네, 휘파람 소리가 들렸어요, 어? 그런데 선생님은 마지막에 동물 소리를 들은 것 같은데 혹시 들은 친구들 있나요?
- 어떤 동물 소리가 났었어요?
- 그래요, 강아지 소리가 났었지요! 그런데 왜 이 음악에서 휘파람 소리도 나고 강아지 소리도 난 걸까요?

### ② 음악과 음악을 만든 작곡가의 생각을 알려주고 유아의 경험을 이야기한다.

- 굉장해요. 그런 생각을 할 수도 있겠네요. 그럼, 휘파람은 언제 부는 걸까요?
- 음, 기분 좋을 때, 다른 사람 부를 때, 응원할 때에 부르는군요! 이 음악에서는 기분이 좋아서 휘파람을 부는 거래요.

- 우리도 한 번 불어볼까요? (다 같이 휘파람을 분다.)
- 그래요. 잘 부는 친구들도 있고 안 불어지는 친구도 있죠. 이 음악에서 기분이 좋아서 휘파람을 분다고 했는데 왜 기분이 좋을까요?
- 네, 강아지랑 같이 있어서 기분이 좋아지나 봐요. 그래서 휘파람을 부는 건가봐요. 친구들이 말한대로 강아지랑 같이 있어서 기분이 좋아져서 휘파람을 부는 건지 음악을 만든 사람의 이야기를 해줄게요.
- 먼저 이 음악을 만든 작곡가는(작곡가 사진 제시하기) 프리오르라는 음악가가 아침에 개를 데리고 산책하는 사람이 기분이 좋아서 휘파람을 부는 모습을 음악으로 만들었대요. 친구들은 산책하면 기분이 어땠어요?
- 즐겁고 상쾌하고 신나는 느낌이군요. 이 음악에서처럼 아침에 산책을 해본 적이 있나요?
- 아침에 산책을 해봤군요, 어디서 해봤나요?
- 집 앞에서도 하고 놀이터에서도 해봤군요. 그럼, 누구와 함께 했나요?
- 엄마랑도 하고 할머니랑 산책을 한 친구들도 있군요! 그때의 기분은 어땠나요?
- 그럼, 이 음악의 제목은 무엇일까요? 지금까지 휘파람 얘기도 했고 개도 나왔는데 제목이 뭘까요?
- 휘파람과 개요. 너무 멋진 제목인걸요. 또 다른 생각을 하는 친구는 누가 있을까요?
- 휘파람 부는 개…. 개가 휘파람을 분다고 하는 멋진 생각을 했군요. 또 어떤 제목을 붙일 수 있을까요? 누가 얘기해 볼까요?
- 휘파람 소리를 직접 제목에 넣어서 '휘파람 휘휘휘' 멋진 제목이에요. 우리 친구들이 지은 제목과 비슷하게 이 음악의 제목은 '휘파람 부는 사람과 개' 라는 음악이예요.

③ 음악을 들은 느낌을 그림으로 표현해 볼 수도 있다. 유아들이 그림을 그리는 동안 배경음악으로 들려주는 것도 좋다.

- 그럼, 이번에 선생님이 한 번 더 노래를 들려주면 우리 친구들이 한 번 그림으로 표현해 볼까요?
- 선생님이 종이를 나눠줄테니까 음악 들으면서 그림을 한 번 그려봐요. (종이를 나누어 주고 노래를 틀어준다.)

• 자, 다 그렸으면 우리 친구들에게 소개해 볼 사람 한 번 손들어 볼까요?
• 우리 ○○이가 나와서 친구들한테 그림 한 번 소개해봐요.
• ○○이 잘했다고 박수쳐줘요.
• 다음, 또 그림 한 번 소개해볼 사람 손들어 봐요.
• ○○이가 나와서 한 번 소개해봐요.
• ○○이 잘했다고 박수쳐 줍시다.
• 선생님이 보니까 우리 친구들 다들 잘한 것 같아요.

※ 4번 이상 음악을 감상하지 않도록 한다. (3번이 적당함)

**3 마무리**

① 활동에 대해 평가한다.

• 우리 친구들 오늘 '휘파람 부는 사람과 개' 라는 음악을 들었는데 오늘 음악 감상하면서 어땠나요?
• 친구들 그림 그리는 것도 재밌고 휘파람 소리도 재밌었구나. 음악 감상하면서 힘들었던 점도 있었어요?
• 휘파람 부르는 것이 힘들었군요. 친구들이 좀 더 크면 잘할 수 있을 거라고 선생님은 생각해요!

### 2) 노래 부르기

노래 부르기의 목적은 즐겁게 노래함으로써 영유아에게 만족감을 줄 뿐 아니라 음악적 경험을 풍부하게 하고 자신을 표현할 수 있는 음악적 능력을 기르는 것이다. 따라서 기능적인 지도보다는 즐겁게 노래할 수 있도록 하는 데 중점을 두어야 한다.

노래 부르기의 지도에서 유의할 점은 융통성이다. 곡의 한 부분이라도 영유아의 음역에 맞지 않을 경우에는 이조하여 음을 전체적으로 낮추거나 높여서 지도해야 한다. 이는 영유아가 노래에 맞추어야 하는 것이 아니라 노래를 영유아에게 맞추어 지도함을 강조한 것이다. 다음으로는 동기부여이다. 새로운 곡이나 영유아가 알고 있는 곡이라 할지라도, 영유아의 연령이나 사전 경험을 고려하여 노래의 내용을 이야기해 줌으로써 전체적인 분위기를 익히도록 해야 한다. 예를 들면 노래와 관계있는 동화나 동시를 들려주거나 그림을 제시한 다음, 토의하는 과정을 거침으로써 영유아가 노래의 내용을 알고 부르도록 하는 것이 효과적이다. 이를 위해서는 사전에 곡의 내용을 충분이 분석하여 관련된 그림이나 실물 등을 준비해야 하고, 연주되는 악기들의 음색도 다양하게 하여 영유아의 흥미를 유발하도록 해야 한다. 또한 노랫말에 따른 동작활동이 가능한 경우에는 노랫말에 따라 손유희를 하거나, 그렇지 않은 경우에는 신체 리듬을 활용하여 지도하는 것이 좋다. 예를 들어 손가락, 발가락, 손, 발, 몸 등 다양한 신체를 이용하여 리듬을 표현하는 것이 노래의 흐름을 잘 파악할 수 있다. 따라서 다양한 활동, 즉 손뼉 치기, 발 구르기, 무릎 치기, 손가락 튕기기, 입으로 여러 가지 소리내기 등과 신체적인 활동을 겸하여 지도함으로써 영유아가 쉽게 노래의 리듬에 접근하도록 해야 한다.

이외에 노래하는 자세, 호흡, 발음 등에도 유의해야 하지만, 노래 지도에서 중요한 것은 단순히 지시적인 언어로 지도하는 것보다 영유아가 흥미를 가질 수 있는 다양한 방법을 활용하여 부를 수 있는 마음이 스스로 우러나도록 지도해야 한다.

### (1) 노래 부르기 구체적 지도 방법

#### ① 노래 부르기 활동 시 교사의 시선은 항상 영유아를 보면서 노래한다.

눈을 마주하고 노래하기는 가장 효과적인 노래 부르기다. 교사가 즐거운 마음으로 노래하고 영유아의 눈을 보면서 노래할 때에 노래의 느낌과 분위기를 효과적으로 전할 수 있다. 따라서 노래의 반주를 할 때도 영유아와 시선을 마주할 수 있는 오르간, 신디사이저, 기타와 같은 악기를 사용하는 것이 좋다.

#### ② 다양한 접근 방법과 단계별 교수기술을 사용한다.

노래를 부를 때는 다양한 방법으로 노래를 불러야 한다. 다양한 방법과 단계별 교수기술을 이용하여 영유아가 재미있게 흥미를 유지하면서 노래 부를 수 있게 해야 한다.

■ **노래 부르는 다양한 방법**(Eliason & Jenkins, 2003)

- 허밍으로 불러본다.
- 한소리(예 아아, 오오, 우우 등)로 불러본다.
- 노래 속에 나오는 재미있는 의성어(예 콩콩콩, 싹싹싹)로 불러본다.

- 교사가 노래할 때에 영유아는 소리 내지 않고 입만 벌려 노래한다.
- 교사와 영유아, 영유아와 영유아가 한 절씩 교대로 부른다.
- 영유아 혼자 또는 소그룹으로 노래하게 한다.
- 다양한 악기를 이용하여 노래 부른다.
- 속도나 크기에 변화를 주어 노래 부른다.
- 동작을 붙여 노래 부른다.

■ 단계별 교수기술

**표 6-4** 단계별 교수기술

| 단계 | | 활동 | 내용 |
|---|---|---|---|
| 도입 단계 (동기유발) | | 동기유발하기 | • 다양한 방법으로 유아의 흥미를 끈다. 수수께끼, 짧은 이야기나 동화로 각색하여 들려줄 수 있다. |
| 전개 단계 | A | 노래 듣기 | • 교사가 노래를 전체적으로 불러준다. 음악 파일이 있을 경우는 음악을 틀어 놓고 교사가 정확히 부른다. 이때 교사의 육성으로 자신감 있게 부르고 반주를 하지 않고 노래만 들려주는 것이 좋다. |
| | B | 느낌 이야기하기 | • 한 번 들려주고 난 후 노랫말에 대해서나 또는 어떤 느낌인지 간단히 이야기를 나눈다. |
| | C | 다양한 방법으로 노래 부르기 | • 노랫말 없이 "라" 또는 "아" 소리로 불러보게 한다. 부분적으로 노랫말을 넣어 부르게 한다. 묻고 대답하며 부르는 문답식으로 부르게 한다. |
| | D | 전체 노래 부르기 | • 노랫말을 넣어서 처음부터 끝까지 노래를 불러보게 한다. (3~5번 이상 부르게 하지 않기) |
| 평가 및 마무리 단계 | | | • 활동에 대해 평가하고 다음 활동을 소개한다. |

③ 다양한 교수 자료를 활용한다.

노랫말을 전달하기 위한 교수 자료는 그림, 사진, 영상을 주로 사용하며, 평면적인 교수 자료뿐만 아니라 실물 자료와 같은 입체적인 교수 자료를 함께 사용한다.

### ④ 영유아가 노래가사나 느낌을 이해하면서 노래 부르도록 지도한다.

일반적으로 영유아에게 노래를 잘 불러보자고 하면 목청껏 크게 부르는 것으로 인식하는 경우가 많다. 노래를 잘 부른다는 것은 무조건 크게 부르는 것이 아니라 노래의 가사나 느낌으로 이해하고 부르는 것을 의미한다.

또한 노랫말은 노래와 함께 이해하도록 하다. 영유아가 노래를 이해하는 것과 같이 노래 속의 새로운 단어도 이해해야 하지만 노래와 분리되어 노래 속의 단어만 반복하여 가르쳐서는 안 된다. 흔히 교사는 노랫말을 노래와 분리시켜 가르치려는 경향이 있다. 노래 부르기는 새로운 단어를 읽고, 익히는 활동이 아니라는 점을 주지해야만 한다.

이를 위해 내청법, 손음정 기호, 감정이입하여 부르기와 같은 방법을 심성경 외(2003)의 내용을 요약하여 제시하면 다음과 같다.

■ 내청법

- 교사와 영유아가 신호를 정한다.
- 교사가 신호를 보내면서 노래를 멈추도록 하면 영유아는 심창(마음속으로 노래 부르기)을 한다. 교사가 두 번째 신호를 하면 영유아가 다시 크게 노래를 부른다.

■ 손음정 기호

- 손으로 음정을 표시하면서 노래를 부른다.
- 손 이외에도 몸 전체를 이용하여 음정을 표시하면서 노래 부른다.

■ 감정이입하여 노래하기

- 노래의 감정을 고려하여 노래 부른다. 예를 들어, 빠르게/느리게, 크게/작게, 씩씩하게/아름답게, 기쁘게/슬프게, 점점 여리게/점점 크게 등과 같이 음악적 요소와 정서적인 표현을 노래에 담아 부를 수 있도록 한다.

### ⑤ 영유아에게 노래 부르기를 강요하지 않는다.

다른 영유아와 그룹으로 편안하게 노래 부를 수 있기까지 시간이 걸리는 영유아도 있다. 참여를 강요하는 것은 효과적이지 않다. 그러나 노래 부르기를 거부하는 영유아에게는 가능한 한 자주 참여의 기회를 주어 자연스럽게 더 많은 참여를 유도할 수 있다.

### (2) 노래 부르기의 구체적 활동 예시

활동예시

## 우리 동네

**활동주제** 가족과 이웃

**활동목표**

- 우리 이웃에 무엇이 있는지 알아본다.
- 이웃에 대한 고마움과 소중함을 느낀다.
- 박자감과 리듬감을 익힌다.

**음악요소** 리듬, 멜로디

**대상연령** 만 5세

**누리과정**

- 사회관계: 다른 사람과 더불어 생활하기-친구와 사이좋게 지내기
- 예술경험: 예술 표현하기-음악으로 표현하기

**활동자료**

- '우리 동네' 음악 파일
- 그림 자료, 노랫말 판

**활동내용**

**1 도입**

① 그림 자료로 노랫말의 내용을 이야기한다.

- 사랑반 친구들! 안녕하세요!
- 선생님이 그림을 준비해 왔어요. 이 사진들 중에 우리 동네에는 어떤 것들이 있을까요?
- 아, 마트도 있고 머리 자르는 곳도 있고 병원도 있고 정말 많군요.

- (소방서 그림을 가리키며) 친구들, 이것을 본 적이 있나요?
- 소방서예요. 그렇다면 소방서를 어디서 봤을까요?
- 가본 적이 있나요?
- 우리 모두 소방서로 소풍을 갔었어요. 이곳에서 무엇을 봤나요?
- 검은 옷을 입은 소방서 아저씨들도 있었어요. 다들 정말 잘 기억하고 있군요. 그렇다면 무슨 일을 하는 곳일까요?
- 우리 친구들, 정말 잘 기억하고 있군요.
- (병원 사진을 준비한다.) 그렇다면 친구들 이 그림은 어디일 것 같아요?
- 이곳은 병원이에요. 병원에서는 무슨 일을 할까요?
- 우리 친구들 아프면 병원에 가요. ○○이는 병원이 무섭구나. 그래도 아프면 병원에 가야 해요!
- (학교 사진을 준비한다.) 이곳은 어디일까요?
- 그래요. 학교에요. 우리 친구들, 학교 어디서 봤어요?
- 언니랑 형을 따라가서 봤구나. 학교에 어떤 것들이 있어요?
- 학교에는 정말 여러 가지들이 많이 있어요. 그렇지요?
- (우체국 그림을 준비한다.) 우리 친구들 그렇다면 이건 무엇일까요?
- 그래요. 엄마를 따라서도 가봤군요. 새처럼 생겼는데 이건 우체국의 모양이에요. 어디서 이런 것 본 적이 있을까요?
- 그래요. 집 앞에 많이 있어요. 어린이집 옆에도 있어요. 우리 다음에는 편지를 직접 보내보는 활동도 같이 해보도록 해요.
- (공원) 이것은 무엇일까요?
- 공원이죠. 우리 친구들 공원에 가본 적 있어요?
- 그렇군요. 그렇다면 공원에서 어떤 것을 봤어요?
- 우와, 정말 많은 것을 봤네요. 나중에 가을이 되면 공원에 나무들을 보러 가도록 해요.
- (경찰서 마크를 보여주며) 우리 친구들, 이건 어떤 걸까요?
- 잘 모르나봐요. 이건, 경찰서의 모양이에요.
- 우리 친구들, 경찰서가 어떤 곳인지 알아요?
- 그래요. 나쁜 사람들을 잡아가는 곳이에요. 우리 친구들, 잘 알고 있네요. 그렇다면 앞에서 배운 것들을 우리가 어디서 많이 봤을까요?

• 그래서 선생님이 '우리 동네' 라는 제목을 가진 노래를 가지고 왔어요. 우리 모두 잘 들어봐요.

## 2 전개

### ① 노래를 처음부터 끝까지 들려준다.

• 여러분, 노래 잘 들었어요? 노래를 들어보니까 어떤 노랫말이 나왔어요?
• 우리 친구들, 노랫말이 어렵죠? 그럼 다시 한 번 더 귀 쫑긋하고 들어볼까요?

### ② 유아들과 함께 노랫말 대신 '랄랄라' 로 불러본다.

• 잘 들었죠? 선생님과 같이 노랫말을 '랄랄라' 로 바꿔서 불러봐요.
• 우리 친구들, 잘 할 수 있겠죠? ( '랄랄라' 를 넣어서 부른 후)

### ③ 노랫말을 넣어서 함께 불러보며 노랫말을 익힌다.

• 우리 친구들, 이렇게 '랄랄라' 로 불러 보니까 어때요?
• 그래요? 그럼, 우리 노랫말을 한 번 읽어 볼까요? (노랫말 판을 제시한다.)
• 선생님이랑 같이 노랫말을 따라 읽어 보도록 해요. 잘 할 수 있겠죠? (노랫말을 따라서 읽어본다.)
• 노랫말에는 어떤 이야기가 있어요?
• 그렇죠. 우리가 아까 배운 내용이 노랫말에 모두 나왔어요.

### ④ 노래의 마지막 네 마디 부분도 유아에게 물어 가사를 바꿔 불러본다.

• 그렇다면 이번엔 더 재밌게 노래를 불러보기 위해서 노랫말의 순서를 바꿔서 불러볼 거예요. 선생님이 먼저 해볼게요. 잘 듣고 친구들도 한 번 해보도록 해요! 커다란 네거리에는 뭐든지 다 있어요. 학교도 있고 병원도 있고 우체국도 있어요. 이렇게 부르는 거예요.
• 그럼, 누가 나와서 한 번 순서를 바꿔서 불러 볼까요?
• ○○이가 나와서 해볼까요? ○○이는 순서를 어떻게 바꿔서 하고 싶은가요?
• 그래요. 그럼, 이렇게 바꿔서 불러봐요. (바꿔서 노래 부른 후)
• 우리 ○○친구 정말 잘 해 주었어요. 박수 한 번 쳐줄까요?

**3** 마무리

① 활동에 대해 평가한다.

- 우리 친구들, 오늘 정말 잘했어요. 그런데 오늘 배운 노래 제목이 무엇이었지요?
- 잘 알고 있네요. 우리 동네예요. 친구들 노래 부르는데 무엇이 재미있었어요?
- 친구들 그림이 재밌었고 노래 부를 때 친구들 동네가 생각났었나 봐요.
- 이제 친구들과 간식을 먹을 시간이에요.

### 3) 악기 연주

악기는 영유아가 음색을 발견하는 데 결정적인 도움을 주며, 가락, 리듬, 강약 등의 기본 개념을 직접 체험하도록 도움을 준다. 어떤 종류의 악기라도 영유아의 음악교육에 가치가 있다.

모든 악기를 다루어 볼수록 영유아에게 풍부한 음악 세계를 맛보는 경험이 되지만 5세 이전의 영유아는 몸을 이용한 신체악기나 간단한 리듬악기, 멜로디악기 이외의 악기는 다루기 힘들기 때문에 피해야 한다. 5세 이전의 영유아는 소근육 발달이 한정되어 있기 때문에 간단한 악기를 많이 다루어보고 음악에 맞춰 노래하고 신체표현하는 것이 좋다. 연령에 따라 발달적 특징을 알고 악기를 제공하는 것이 좋다.

리듬악기로는 보통 알려진 악기 이외에 소리가 나는 물건들 대부분은 리듬악기의 역할을 할 수 있다. 리듬악기 중 큰북이나 봉고 같은 큰 리듬악기는 큰 근육을 사용하여 연주하기 때문에 영유아도 별 어려움 없이 사용할 수 있다. 반면 캐스터네츠, 손가락 심벌즈 같은 작은 악기들은 일상생활에서 자주 사용하도록 음률 영역에 제시한다. 이와 같이 다양한 리듬악기를 마음껏 경험하고 나면 몇 가지 악기를 함께 노래 반주로 사용하기 시작하여 리듬 합주로까지 이어질 수 있다.

멜로디악기의 지도에 있어 가장 중요한 점은 음높이의 차이를 충분히 느끼도록 해야 한다. 그러기 위해서는 멜로디악기를 자유롭게 다루도록 해야 하고 영유아의 발달에 적합하게 멜로디악기를 제공해야 한다.

연령이 낮을수록 실로폰과 같이 두드리며 음높이를 구별할 수 있는 악기가 적합하며 연령이 높을수록 손가락으로 움직이는 멜로디언, 핸드벨과 같은 악기를 제공하는 것이 좋다. 특히 멜로디언을 배운다면 한 곡을 연주하려면 익숙하기까지는 시간이 걸린다. 따라서 조급하게 생각하지 않고 차근차근 천천히 스스로 연주하도록 해야 한다.

**표 6-5** 발달에 적합한 악기 선정 및 연주법

| 연령 | 발달적 특징 | 악기(연주법) |
|---|---|---|
| 2세 이하 | • 손으로 잡기<br>• 팔을 옆, 앞뒤로 움직이기 | • 방울(흔들기)<br>• 징글벨(흔들기) |
| 2~3세 | • 도구 두드리기 | • 손북(리듬치기)<br>• 리듬막대(리듬치기) |
| 3~4세 | • 박자와 리듬치기<br>• 팔 흔들기 | • 리듬막대, 징(치기)<br>• 나무판자(긁기, 치기)<br>• 모래상자, 마라카스(흔들기)<br>• 탬버린, 종(흔들기, 치기) |
| 4~7세 | • 박자 맞추기<br>• 기초적 눈과 손 협응하기 | • 봉고, 팀파니(치기)<br>• 트라이앵글(치기)<br>• 멜로디언(한 손 연주하기) |
| 7~9세 | • 기능적 눈과 손 협응하기 | • 손가락 심벌즈(치기)<br>• 드럼, 북(치기)<br>• 건반타악기(치기)<br>• 건반악기(양손 연주하기)<br>• 우쿨렐레(코드 연주하기) |

### (1) 악기 연주의 유의점

① 영유아가 스스로 악기를 탐색하도록 충분한 시간을 제공한다.

② 영유아기의 악기 연주는 놀이로 접근하는 것이 좋다.

③ 악기의 특성에 따라 어떻게 연주하면 정확한 소리를 낼 수 있는지 탐색하도록 한다.

④ 초기에는 악기의 연주법이 맞지 않다 하더라도 영유아가 하고 싶은 대로 연주하도록 한다. 악기의 주법 설명을 자연스럽게 연결해서 지도하는 것이 중요하며 악기의 수는 처음에는 한 악기부터 해서 차차 악기의 수를 늘리는 것이 좋다.

⑤ 친숙한 노래에서 반복되는 음의 연주를 보여주고 영유아가 해보도록 한다.

⑥ 다양한 생활악기를 영유아와 함께 만들어 짧은 노래에 맞추어 합주해본다.

### (2) 악기 연주하기 구체적인 지도 방법(Greenberg, 1979)

① 영유아에게 악기를 조용히 나누는 방법을 알려준다.

② 소그룹인 경우에는 악기가 담긴 상자나 통 앞에 한 줄로 서서 자신이 연주하고 싶은 악기를 가져가도록 하거나 한 영유아가 나누어주게 한다.

③ 대그룹인 경우에는 악기를 종류별로 상자에 넣고 그룹별로 악기를 나누어준다.

④ 때로는 악기를 실험해 보도록 허용한다. 어린 영유아는 가능한 빨리 악기를 만지고 소리내 보고 싶어한다. 이때 주의할 점은 활동을 멈추는 신호(손을 들거나, 피아노나 다른 악기 소리로)를 정해서 신호에 따라 멈추도록 한다.

⑤ 악기는 조심스럽게 다루기로 규칙을 정한다. 악기는 장난감이 아니라 수업 활동을 위한 자료라는 것을 인식하도록 한다. 규칙을 어긴 영유아는 연주를 한 번 쉬게 하거나 악기를 회수한다.

⑥ 교사가 이야기하고 있는 동안은 악기를 연주하지 않으며, 악기 연주 중에 옆의 영유아와 이야기를 하지 않도록 한다.

⑦ 연주를 시작하는 신호가 있기 전까지는 악기 소리를 내지 않도록 한다. 악기를 연주하지 않을 때는 무릎 위, 의자 옆, 마루 위에 가만히 놓게 한다.

⑧ 영유아가 서로 악기를 바꾸어 연주해 보도록 한다.

⑨ 악기 연주가 끝난 후에 영유아 각자가 악기를 약속된 보관 장소에 놓거나, 혹은 한 영유아가 통을 들고 다니면서 걷어서 정리하도록 한다.

### (3) 악기 연주의 구체적 활동 예시

**활동예시**

## 빠른 리듬 연주하기

**활동주제** 생활도구

**활동목표**

- 악기로 연주하는 것에 관심을 가지고 즐겁게 참여한다.
- 재질에 따른 소리의 차이를 느낀다.

**음악요소** 리듬, 멜로디

**대상연령** 만 3세

**누리과정**

- 예술경험: 예술적 표현하기-통합적으로 표현하기
- 자연탐구: 탐구하는 태도 기르기- 탐구기술 활용하기

**활동자료**

- 노랫말 판, 컴퓨터, 리듬악기(예 캐스터네츠, 탬버린, 트라이앵글)

**활동내용**

**1 도입**

① 악기를 보고 이야기를 나눈다.

- 친구들, 안녕?
- 오늘 선생님이 악기를 가지고 왔어요. 이 악기들로 친구들과 연주를 해볼 건데 우리 어떤 악기들이 있는지 볼까요?
- 이 악기 이름이 뭘까요?
- 그래요. (캐스터네츠 그림과 글자있는 카드 융판에 붙이며) 이 악기 이름은 캐스터네츠라고 해요. 어떻게 연주할까요?
- 누가 나와서 직접 연주해볼까? "제가 해볼래요?" 하는 친구 손 들어봐요.

- ○○가 나와서 한 번 연주해봅시다.
- (○○가 연주한다.) 연주를 너무 잘했어요. 박수쳐 줍시다.
- 지금 연주한 캐스터네츠는 어떤 소리가 나는지 말로 표현해볼까요?
- 그래요. (탬버린 그림과 글자있는 카드 융판에 붙이며) 그럼 이 악기는 이름이 뭘까요?
- 이 악기 이름은 탬버린이라고 해요. 어떻게 연주할까요?
- 그래요. 누가 나와서 직접 연주해볼까? '제가 해볼래요?' 하는 친구 손 들어봐요.
- ○○가 나와서 한 번 연주해봐요.
- (○○가 연주한다.) 연주를 너무 잘했어요. 박수쳐 줍시다.
- 지금 연주한 탬버린은 어떤 소리가 나는지 말로 표현해볼까요?
- 그렇게 들렸군요. (트라이앵글 그림과 글자있는 카드 융판에 붙이며) 자, 이 악기는 이름이 뭘까요?
- 그래요. 트라이앵글이라고 해요. 어떻게 연주할까요?
- 그래요. 누가 나와서 직접 연주해볼까요? '제가 해볼래요?' 하는 친구 손 들어봐요.
- ○○가 나와서 한 번 연주해봐요.
- (○○ 연주한다.) 연주를 너무 잘했어요. 박수쳐주세요.
- 지금 연주한 트라이앵글은 어떤 소리가 나는지 말로 표현해 볼까요?

**2 전개**

① 연주하고 싶은 악기를 가지고 가도록 한다.

- 그래요. 우리 친구들, 그럼, 음악을 들어볼까요? (음악을 들려준다.)
- 음악 잘 들었죠? 들어보니 어때요?
- 그렇게 느꼈군요. 이제 선생님이 가져온 악기를 연주할 수 있는 노랫말 판을 살펴봐요. (노랫말 판을 보여준다.)
- 노랫말 판에 쓰여 있는 글자 중에 아는 글자가 있어요?
- 그래요. 선생님을 따라서 가사를 읽어봐요. (제목을 가리키며) 제목은 '간다 간다' 예요. 따라 해봐요. '간다 간다'
- (두 번째 줄을 가리키며) 간다 간다 간다 간다 ('골목길로' 를 가리키며) '골목길로'

- (세 번째 줄을 가리키며) 간다 간다 간다 간다 ('넓은 길로'를 가리키며) '넓은 길로'
- (세 번째 줄을 가리키며) 간다 간다 간다 간다 ('뛰뛰빵빵'을 가리키며) '뛰뛰 빵빵'
- (랄라랄라를 가리키며) 랄라 랄라, (자동차를 가리키며) 자동차!
- 잘 따라했어요. 이제 여러 가지 악기를 직접 연주해보기로 해요.
- 악기를 연주하려면 악기가 필요하겠죠? 그래서 선생님이 악기를 나눠주기 전에 모둠을 만들어줄 거예요.
- 10명씩 자동차 모둠, 비행기 모둠, 기차 모둠이 되는 거예요. ○○부터 △△까지는 선생님한테 와서 캐스터네츠를 받아서 자동차 모둠을 하고, □□부터 ☆☆까지는 탬버린을 받아서 비행기 모둠을 하고, ◇◇부터 ♡♡까지는 트라이앵글을 받아서 기차 모둠을 할 거예요. 자동차 모둠 ○○부터 차례로 나와서 선생님한테 악기를 받아 가면 돼요. (악기를 나눠준다.)
- 친구들 모두 악기 다 받았나요?
- 친구들이 악기를 아무렇게나 연주하면 어떻게 될까요?
- 그렇죠? 선생님이 시작할까요 하면 연주하는 거예요.

② 컴퓨터를 사용하여 노래를 들어보고 악기 연주표를 살펴본다.

- 자, 노랫말 판을 다시 보도록 해요. 노랫말 판에 (첫 번째 줄을 가리키며) 여기 '간다 간다 간다 간다'는 어느 모둠이 연주해 볼까요?
- 여기는 자동차 모둠이 연주를 하고 (두 번째 줄을 가리키며) 여기 '간다 간다 간다 간다'는 비행기 모둠이 연주를 하고 (세 번째 줄을 가리키며) 여기 '간다 간다 간다 간다'는 기차 모둠이 연주를 해 볼게요. 그리고 '골목길로'와 '넓은 길로', '뛰뛰빵빵', '랄라 랄라', '자동차'는 소리 내서 말해보아요. (악기연주를 한다.) 잘했어요. 서로에게 박수쳐줍시다.
- 친구들, '간다 간다 간다 간다' 부분을 탬버린과 트라이앵글과 캐스터네츠로 연주해 봤죠. 우리 지금 사용한 악기 말고 다른 악기도 연주해 볼까요? 악기를 어떻게 바꾸면 될까요?
- 그렇게 하면 되겠네요. 옆에 있는 친구랑 악기 바꿔 볼까요? 악기 다 바꾸었나요?
- '간다 간다 간다 간다'에 맞춰서 악기 연주를 해봐요. 시작해볼까요? (악기 연주를 한다.)

- 잘했어요. 서로에게 박수쳐 줍시다.

**3** 마무리

① 악기 연주가 끝난 후 악기를 제자리에 정리한다.

- 오늘은 '간다 간다' 라는 리듬을 배웠어요. 연주해보니까 어떤 점이 재밌었나요?
- 그래요. 힘들었던 점이 있어요?
- 그래요. 그럼, 자유선택 활동시간에 천천히 연주해 볼까요?
- 여러분, 지금까지 사용한 악기는 어떻게 해야 할까요?
- 그래요. 선생님한테 악기를 주도록 해요.
- 그 다음 시간이 무슨 시간이죠?
- 그래요. 악기를 제자리에 정리하고 손 씻으러 가요.

### 4) 신체표현

스카프로 하는 신체표현 활동

움직이기에 대한 즐거움은 출생 이전부터 나타난다. 따라서 영유아는 몸으로 표현하기를 즐거워하며 어떤 동작을 보는 것을 좋아하고 그것을 모방하는 것도 좋아한다.

음악에 맞추어 영유아가 만들어 낸 신체표현은 단순히 음악에 맞추어 몸을 움직이는 것뿐만 아니라 음악에 대한 이해와 사고, 느낌을 전달한다(심성경 외, 2003). 따라서 신체표현은 영유아의 창의적 표현이 충분히 강조되도록 충분한 놀이 경험으로 제공되어야 하는데 영유아교사는 가능한 모든 영유아가 능동적으로 움직일 수 있도록 한 사람 한 사람 그들의 행동을 살피며 영유아의 자발적인 참여를 놀이로 유도하여야 한다. 교사는 가락의 변화나 리듬의 변화에 따라 동작도 변화하도록 유동하고

무리한 신체표현보다는 영유아가 음악에 맞추어 움직이고 있는 속도에 적합한 신체의 움직임을 서서히 이끌도록 지도해야 한다.

### (1) 신체표현의 지도 방법

신체표현은 동작을 가리키는 신체적 접근 방법과 동작을 통한 교육, 즉 신체적인 움직임을 통하여 탐색적인 방법으로 자기를 발견하고 독창적으로 자기를 표현하는 극적 접근 방법으로 구분된다(이영, 1982). 신체적 접근에 기초한 동작 활동은 상상력은 사용하지 않고 몸의 각 부분을 적절히 이용하여 스스로 자기가 지니고 있는 힘의 균형을 느껴보고 그 힘을 여러 가지 모양의 동작을 통하여 유지해 보고 몸을 활발히 움직여보도록 노력함으로써 공간감과 유동성을 기르는 데 도움이 된다.

예를 들면 양팔을 최대한 펼쳐서 원을 그리는 동작으로 해님을 묘사한다거나 몸을 웅크려서 영유아의 키를 최저한의 위치에서 최고의 위치로 이동하기 등이 신체적 접근법에 속한다. 극적 접근이란 상상력을 동원하여 동작으로 '~처럼 되어보기'를 유도하는 방법이다. "우리 모두 팝콘처럼 뜨거운 프라이팬 위에서 뛰어보자."라든가 "오선 악보 위에 앉아 있는 참새가 되어 참새의 하루를 표현해 보자." 등은 극적 접근의 예가 된다. 그런데 어떤 방법을 택하든 간에 영유아와의 신체표현은 말 대신 교사와 영유아가 정한 신호로 시작하여야 한다. 예를 들면 피아노 소리가 들리면 말없이 일어나거나 피아노의 높은 음을 바쁘게 두드리면 가볍게 뛰는 것을 뜻한다. 신체표현 지도를 할 때 움직임의 속도는 완전히 영유아에게 맡겨야 하는데 처음에는 음악이 없이 영유아의 속도로 움직임을 시작하다가 만들고자 하는 동작을 충분히 익힌 후 나중에 음악을 첨가한다.

신체표현 과정 중 가락의 방향변화나 리듬 꼴의 변화에 따라 동작도 변화를 준다. 이때 교사는 영유아의 힘을 격려해 주고 표현을 존중하는 영유아가 자신의 동작을 완성하도록 구체적 관찰과 격려를 표시함으로써 신체표현에 동기를 부여해주고 아울러 창의적인 표현을 맘껏 발휘하도록 해주어야 한다. 이러한 과정에서 영유아가 열심히 동작을 따라하는 모습이나 창의적 노력에 교사가 미소를 건네기, 등 두드려 주기, 어깨 안아주기 등의 긍정적인 반응으로 영유아의 신체표현에 안정감을 주어야 하며 어려운

동작의 모델을 보여 주는 것도 매우 중요하다.

신체표현 활동에는 노랫말에 손유희나 간단한 동작 만들기, 창의적으로 동작 표현하기가 있다.

### ① 노랫말에 손유희나 간단한 동작 만들기

- 익숙한 노래(동요나 간단한 노래)를 선택한다.
- 부분부분의 동작을 영유아와 함께 협의하여 만든다.

### ② 창의적으로 동작 표현하기

- 활동할 주제에 관한 다양한 자료를 충분히 관찰하고 탐색의 기회를 준다.
- 신체표현을 위해 준비된 음악을 주의 깊게 듣게 한다.
- 음악을 듣고 음악적 요소와 관련된 부분을 언어적 지원을 한다.
- 주제에 관하여 영유아가 동작 표현을 생각할 수 있는 다양한 유형을 질문한다.
- 학기 초에는 간단한 리듬에 맞추어 탐색할 수 있도록 짧은 음악을 사용한다.
- 영유아의 독특한 표현을 장려한다.
- 창의적인 동작 표현을 할 수 있는 언어적 지원을 한다.
- 리듬 막대, 리본 테이프, 스카프 등 음악적 요소를 표현하기에 적절한 교수 자료를 제시해 준다.
- 활동에서 사용할 자료의 올바른 사용 방법에 대해 영유아와 토의한다.
- 자신의 생각을 표현할 수 있도록 최대한 개방적이고 자유로운 분위기를 마련한다.
- 표현하기 어려워하는 영유아에게 억지로 강요하지 않는다.
- 팔을 벌려서 서로 닿지 않을 정도의 충분한 공간이 필요하다.
- 활동 주제에 따라서 모델이나 시범을 보이는 경우 이외에는 동작을 시범보이는 것은 가능한 지양한다.

## (2) 신체표현의 구체적 활동 예시

활동예시

### 공룡처럼 움직여보기

**활동주제** 유치원과 친구

**활동목표**

- 여러 가지 다양한 공룡의 특징을 안다.
- 공룡의 동작을 창의적인 몸짓으로 표현한다.

**음악요소** 리듬, 멜로디, 강약, 악센트, 변화

**대상연령** 만 5세

**누리과정**

- 신체운동 · 건강: 신체 조절과 기본 운동하기-신체조절하기
- 예술경험: 아름다움 찾아보기-움직임과 춤요소 탐색하기

**활동자료**

- 각종 여러 종류의 공룡의 울음 소리

**활동내용**

**1 도입**

① 유아들과 동물에 대해 이야기 나눈다.

- 우리 친구들은 어떤 동물을 좋아하나요?
- 호랑이도 있고, 토끼도 있고, 코뿔소도 있군요.
- 그러면 혹시 동물들 중에 가장 크고 강한 동물은 뭘까요?
- 사자라고 생각하는군요. 코끼리도 있지요? (의문 제기하기) 그럼, 사자는 어떻게 울까요?
- '크아—' 하고 우는군요. 코끼리는 어떻게 울지요?
- 오오, 그 코끼리는 그런 소리를 내는군요. 그럼, 이번엔 선생님이 어떤 동물의 울음 소리를 들려 줄거예요. 소리를 듣고 어떤 동물의 소리인지 맞혀 보세요! 맞힐 수 있지요?

**2 전개**

① 공룡의 울음소리, 공룡에 관한 음악을 들려준다.

- 자! 어떤 동물의 울음소리였어요?
- 그래요, 공룡이에요.

② 공룡의 사진을 보고 공룡의 특징에 대해 자유롭게 이야기 나눈다.

- 그럼, 공룡에 대해서 한 번 이야기 나눠 볼까요? (공룡 사진을 제시하며) 공룡은 어떻게 생겼을까요?
- 아주 자세히 잘 알고 있군요!
- 선생님이 보여준 사진을 보니까 몸집이 얼마나 큰 지 팔로 표현해볼까요?
- 그렇군요. 선생님보다도 훨씬 더 커요. (공룡의 턱을 가리키며) 그럼, 공룡은 턱이 왜 저렇게나 큰 걸까요?
- 그럴 수도 있겠네요.
- 이 공룡처럼 입을 크게 벌려 볼까요?
- (공룡의 목을 가리키며) 이 공룡은 목이 왜 이렇게 길까요?
- 그럼, 우리도 목을 한 번 길게 빼고 나무 위에 열매를 따먹어 볼까요?
- 너무 잘하는군요. 이번에는 공룡은 어떻게 걸어 다닐까요? 누가 한 번 흉내 내볼까요?
- 진짜 공룡같이 걷는군요. ○○에게 박수쳐주세요.

※ 교사는 진지하게 이끌어 가야 한다. 자칫 유아들이 웃을 수 있기 때문이다.

③ 울음소리와 음악을 듣고 공룡의 모습을 서로 온몸으로 표현해 본다. (음악을 계속 틀어 놓는다.)

- 이번에는 선생님이 공룡의 울음소리를 들려줄 테니까 진짜 공룡이 되어서 몸으로 표현해봅시다.
- 이번에는 먹이를 먹어볼까요? 몸으로 표현해봐요.
- 공룡이 꼬리를 어떻게 흔들까요? 꼬리는 무엇으로 표현하지요?
- 그래 팔을 엉덩이 부분에 대고 꼬리라고 생각해요.
- 정말 공룡같이 힘껏 흔드는군요.
- 와, 공룡이 많이 모였네요. 그럼, 공룡나라에서 친구 공룡이랑 같이 노는 모습을 온 몸으로 표현해 볼까요?
- 친구하고 인사도 하네요.
- 친구랑 같이 꼬리를 흔들면서 놀기도 하는군요.

- 다들 너무 잘했어요. 모두 다 같이 박수치면서 자기 자리에 앉아보도록 해요.

**3 마무리**

① 활동에 대한 평가를 한다.

- 여러분 오늘 어떤 동물에 대해서 활동했죠?
- 오늘 이렇게 해보니까 어땠어요?
- 힘든 것도 있었어요?
- 그랬군요! 다음부터는 더 넓은 곳에서 활동하기로 해요.
- 오늘은 우리 친구들이 모두 공룡을 잘 해서 진짜 공룡나라에 온 것 같았어요. 다음 시간에는 공룡을 재활용품으로 만들어 봐요.

## 3 영유아 음악교육을 위한 환경 구성

독시와 라이트(Doxey & Wright, 1990)는 다음과 같이 영유아를 위한 음악교육의 물리적 · 사회적 환경 특성을 기술하였다.

- 음악에 대한 부모나 교사의 긍정적 태도와 음악이 영유아에게 매우 중요하다고 믿는 신념
- 음악을 듣는 기회와 음악에 활동적으로 참여하도록 하는 기회 제공
- 음악 경험의 질과 양
- 영유아의 음악적 시도나 실험에 대한 격려와 개방성
- 테이프나 악기 등과 같이 음악적 · 물리적 환경의 양과 질
- 가정에서 음악에 노출된 양
- 영유아의 인지적 능력과 창의성 발달 정도 등

이와 같이 영유아 음악교육을 위한 교실 내의 청각적 · 물리적 · 사회적 환경도 체계적으로 제공되어야 한다.

### 1) 영유아음악 환경의 조성 원리

① 영유아에게 좋은 음악 환경이란 먼저 음악적 행동과 소리로 꽉 채워져서 좋은 느낌이 드는 공간과 분위기이다. 이 공간에서는 자유로움과 통제가 상호작용하지만 강압적이거나 엄격하지 않고, 부모나 교사가 영유아와 함께 음악을 느끼고 반응하는 도와주는 분위기가 조성된 곳을 말한다.

② 영유아들에게 최대한 여러 재질에서 나오는 많은 차원의 소리를 다양한 방법으로 들려주는 음악 환경이 중요하다. 영유아에게 플라스틱, 쇠, 나무, 사포, 고무줄과 같이 여러 재질에서 나오는 다양한 소리를 들려주어서, 영유아가 이러한 소리를 청각적으로 경험하면서 소리를 변별하고, 조용히 소리에 귀를 기울여 듣는 태도를 기르고, 음악 소리도 점차로 듣게 해주는 것이 좋다. 또한 다양한 차원의 소리를 들려준다는 것은, 예를 들면 물소리라 해도 그냥 흘러가는 물소리와 빨리 흘러가는 물소리, 폭포 소리와 수도꼭지에서 조금씩 떨어지는 물소리 등 여러 종류의 물소리를 들려주는 것을 의미한다.

③ 주변에서 나는 소리뿐만 아니라 독주나 합창으로 이루어진 여러 악기들과 노래들과 같이 질 좋은 음악적 소리를 들려준다.

④ 가능하면 생음악이나 전자음악 등 다양한 음악적 체험이 이루어지는 환경도 만들어 주어야 한다. 그 이유는 영유아는 좋은 음색과 정확한 음높이의 음악이나 악기를 듣고 탐구할 기회를 주어야만 음악에 대한 감수성이 개발되기 때문이다. 따라서 부모나 교사는 적절한 시기에 영유아에게 적합한 악기를 제공하고 레코드나 음악 카세트 테이프 등을 이용해서 여러 종류의 음악을 들려줘서 어려서부터 다양한 종류의 음악을 친근하게 느끼고 자연스럽게 받아들일 수 있도록 해주어야 한다.

⑤ 좋은 음악 환경을 이루는 데 가장 중요한 것은 음악 환경을 제공하는 다양한 음악 환경 간에 상호협조가 이루어지게 한다.

### 2) 가정 내 음악교육 환경

가정 내 음악교육 환경은 영유아 음악교육의 기초 환경이라 할 수 있다. 가정은 영유아가 5세까지, 영유아 교육기관에 다니기 시작하기 전까지 대부분의 시간을 보내는 장소이다. 그러므로 영유아가 가정 환경에서 다양한 음악을 자주 들을 수 있는 기회를 제공받는다면 이러한 다양한 음악적 경험은 영유아의 기억 속에 저장되어 영유아기 이후의 음악적인 성장기반이 된다.

① 가정 내에서 음악의 즐거움을 위해 라디오, 텔레비전, 전축, 녹음테이프를 사용하며 여러 나라의 다양한 음악을 듣는 기회를 제공하는 것이 좋다. 또한 영유아는 듣기, 노래 부르기, 악기 연주하기, 창작 표현, 신체표현하기의 다섯 가지 음악 영역을 고루 발달할 수 있는 음악교육 환경을 조성해주는 것이 중요하다.

② 자연과 주위 환경의 소리를 들어보게 하고, 소리가 나는 물체나 악기로 소리를 내보거나, 자신의 목소리나 악기로 멜로디와 리듬을 만들어 보게 하고, 움직이는 사물과 동물을 관찰하고 모방해 보고 음악에 맞춰서 움직여 보는 등 다양한 영역의 음악 활동을 해보는 기회를 많이 제공하는 것 등이 좋은 가정음악의 환경을 만드는 방법이다.

대부분의 영유아는 가정 내의 모든 사물과 소리로부터 부모가 제공하는 음악적인 교재 · 교구나 함께 하는 놀이를 통해서 음악교육이 이루어짐을 알 수 있다. 영유아의 창의적인 음악교육 환경을 위해서는 1.5~2세부터는 실내에 영유아만의 공간 마련이 필요하다. 영유아가 집안의 어디서나 소리를 만들어 볼 수 있게 하여 소리 만들기를 배우게 할 수 있지만 가능하면 시끄러운 소리도 만들어보고 악기로 소리 내며 거기에 맞추어 춤을 추고 움직이는 등의 창의적인 음악 활동을 함께 하도록 장소를 마련하는 것이 적합하다. 이런 공간은 꼭 넓어야 하는 것은 아니며, 음악적 경험이 자발적으로 일어날 수 있는 개방된 공간이면 충분하다.

그러나 이런 물리적 음악 환경이나 공간 마련도 중요하지만 더 중요한 것은 정서적인 음악 분위기를 만들어 주는 인적(人的) 음악 환경이다. 끊임없이 안정된 음악적 분위기를 뒷받침을 해주고 영유아가 물리적 환경과 음악 공간을 잘 활용해서 새로운 소리를 실험하도록 용기를 북돋아주며 자유로운 창의력이 형성되게 도와줄 수 있는 가정 내에서 부모와 다른 가족원들이 제공하는 인적 음악 환경이 가장 중요하다.

### 3) 영유아 교육기관의 음악교육 환경

#### (1) 음률 영역의 환경 구성 원리

① 영유아 교육기관 내의 음률 영역은 영유아를 음악에 참여시킬 수 있는 음악적인 흥미 영역이어야 한다. 그러므로 탁자나 움직일 수 있는 게시판 등을 이용해서 인접한 다른 흥미 영역과 분리시켜서 영유아가 음악을 듣고 소리를 만들어 탐색해 보는 특별한 장소라는 것을 인식하는 것이 중요하다.

가정음악 환경

② 음률 영역에는 전축, 녹음기, 피아노를 포함한 여러 악기들과 음악 활동을 할 수 있는 다양한 종류의 음악교육 교재 · 교구가 제공되어야 한다.

③ 영유아 교육기관 교실에는 악기와 음악교육에 필요한 교재 · 교구들을 알맞게 보관할 수 있는 저장장소를 필수적으로 갖추고 있어야 한다. 그러나 음악 활동 영역은 반드시 이렇게 만들어져야 한다는 것이 규칙이 있는 것은 아니므로 교실 공간의 활동 영역의 계획에 따른 공간적 조건에 따라 다양해질 수 있다. 만일 교실 내에 음악 활동 영역으로 정할 공간이 없을 때는 쌓기놀이 영역을 음률 영역으로 함께 활용하면 좋다.

### (2) 음률 영역 공간 구성

영유아가 개별적으로 자신이 선택한 활동을 하고 다양한 소리 탐색 및 악기 탐색과 연주, 음악 감상 및 음악 게임, 노래 부르기 등을 시도하기 위해서는 발달에 적합한 자료와 교구가 마련된 물리적 환경이 준비되어야 한다.

음률 영역은 쌓기놀이 영역이나 역할놀이 영역의 근처에 배치하여 창의적인 움직임과 상상놀이에 상호 자극을 받도록 하는 것도 바람직하며, 듣기 활동을 할 때는 좀 더 조용하고 소리에 집중할 수 있는 장소를 주의 깊게 선택하여야 한다.

음률 영역 공간 구성의 유의점은 다음과 같다.

첫째, 2~3주일마다 음악 활동 영역의 악기를 바꾸어 놓는 것이 중요하다. 그리고 집단으로 하는 음악시간에 대비해서 가능한 한 다양한 종류의 충분한 수량의 악기와 음반, 녹음테이프, CD 등을 비치해 둔다.

둘째, 악기류를 정리해 둘 때는 음악 활동 영역의 탁자나 선반 위에 두꺼운 종이를 한 겹 씌운 후 탁자 위에 놓을 악기의 형태를 그려 놓아 악기를 사용하지 않을 때는 탁자나 선반 위에 그려진 그림에 맞게 악기를 정리해 놓아야 한다는 것을 영유아에게 가르쳐 준다.

셋째, 집단 음악 활동을 할 때에는 작은 융단이나 색테이프로 원을 표시해서 붙여 주어 영유아가 원형이나 반원형으로 앉도록 할 위치를 알려 준다.

음률 영역

다음은 음률 영역에 비치하여야 할 구체적인 음악 자료 및 교구들이다. 이러한 교구들은 선반 위에 악기 모양을 붙여 표시해 두어 악기를 사용한 후 다시 두어야 할 자리를 쉽게 알 수 있도록 선반 위에 악기 모양을 붙여 표시해 둔다.

**표 6-6** 음률 영역에 비치하여야 할 음악 자료 및 교구

| 영역 | 교구 | 음악 자료 |
|---|---|---|
| 음률 영역 | • CD 플레이어, mp3 플레이어, 헤드폰, 동영상 자료 | • 다양한 소리와 곡이 녹음된 음악 파일, CD, 악기 연주 방법을 알려주는 동영상 자료 등을 구비한다. |
| | • 다양한 리듬악기(예 탬버린, 트라이앵글, 캐스터네츠, 소고, 실로폰, 마라카스 등), 멜로디 악기(예 피아노, 오르간, 기타, 바이올린 등) 등의 음악 관련 그림 및 사진 자료 | • 다양한 악기와 악기들의 사진 및 연주하는 모습, 노래하는 모습, 오케스트라의 사진, 오페라 사진, 음악회 포스터, 음악을 듣는 모습, 옛날 악기의 모습과 연주 모습, 유명한 국내·외 음악가 사진 등을 벽에 부착하여 프린트 물을 통한 풍부한 음악 환경을 구성한다. |
| | • 음악 관련 그림이나 책 | • 영유아가 즐겨 부르는 노래를 그림과 함께 곁들인 노래책, 악기나 음악가에 관한 그림책, 전통 악기를 소개하거나 악기 연주하는 모습을 담은 그림책, 다른 나라의 희귀한 악기를 소개한 그림책, 악기를 만드는 과정을 소개한 그림책 등을 음률 영역의 한 부분에 책의 앞장이 보이도록 전시한다. |

### (3) 실외 음악교육 환경

가정과 영유아 교육기관의 실외 음악교육 환경은 영유아에게 창의적이고 음악적인 기회를 다양하게 제공한다. 영유아에게는 자기의 집 주변의 거리, 가까운 놀이터나 공원, 영유아 교육기관의 운동장 등의 실외 환경이 음악 학습에 중요한 실외 음악교육 환경의 장소가 된다. 트럭이나 오토바이 같은 교통기관 소리, 새나 고양이 등과 같은 동물 소리, 여러 사람들의 목소리, 자연의 소리, 동네 아이들이 놀이를 하면서 부르는 노래 소리 등 이러한 다양한 여러 소리들이 계속 영유아의 귀를 자극하는 실외 음악교육 환경이 된다. 이러한 실외 음악교육 환경이 영유아에게 미치는 영향은 상당히 광범위

하다. 실외 음악교육 환경은 보고, 냄새 맡고, 느끼고, 맛보고, 특히 듣기 등 영유아가 다섯 가지 감각을 사용하고 발달하게 하는 많은 기회를 수없이 제공한다. 또한 실외 음악 환경은 영유아의 음악적 반응과 음악적 개념 발달을 위한 좋은 배경을 제공해 준다. 실외에서는 보다 넓은 공간에서 영유아의 다양한 창의력과 자유롭고 자발적인 음악적 반응을 이끌어내는 데 도움을 준다. 예를 들면 실내에서 활발하지 못하던 영유아도 실외에서는 자발적으로 재잘대거나 종알대고 흥얼거리는 것을 종종 볼 수 있다. 다른 경우를 보면 영유아가 시소나 그네에서 아래와 위로 움직일 때에 높고 낮은 감각이 발달되고, 이 율동적인 움직임은 후에 음의 높낮이와 리듬과 박에 대한 개념 발달을 위한 음악적 경험의 기초를 마련해 준다. 또 영유아는 실외 공간에서 또래들과 어울려 놀면서 노래 게임이나 찬트를 배우게 된다. 따라서 실외 음악교육 환경은 영유아에게 음악 학습의 좋은 기회를 많이 제공하는 음악적 경험의 저장소로서 영유아 음악교육을 위해서 자주 활용되어야 한다.

### (4) 지역사회의 음악교육 환경

지역사회의 주요 거리를 영유아와 함께 자주 걸어보면서 여러 가지 소리를 들어본다. 자동차 소리, 생선가게 아주머니나 경찰관 아저씨의 목소리, 건물의 공사장이나 자동차 수리점의 기계나 도구 소리, 비행기와 헬리콥터 소리 등을 들어본다. 때때로 동물원을 방문해서 동물의 소리를 들어보거나 공원을 산책하면서 새 소리와 바람 소리, 나뭇잎이 작은 가지에 부딪쳐 나는 소리, 시냇물 소리, 작은 동물의 소리도 들어보는 것도 좋다.

지역사회 음악

가끔은 지역사회에 있는 악기나 레코드, 카세트 테이프를 파는 상점에 가서 다양한 음악 소리와 다양한 종류의 악기를 직접 보면서 각 악기의 종류에 따라 다른 음색을 들어 볼 수도 있다. 비행장이나 버스 터미널을 가서는 영유아에게 버스들이 도착하고 떠

날 때의 소리를 주의 깊게 들어보게도 한다. 또한 영유아에게 지역사회 음악공연에 참석할 수 있는 기회를 많이 줄 수 있다면 더욱 좋다. 어린이 음악회, 여름 음악회, 록 뮤직 음악회, 퍼레이드, 포크 댄스 등 지역사회의 음악회에 참석하게 한다. 음악회에서는 가능하면 앞좌석에 앉혀서 잘 보고 들을 수 있게 하고 들을 때는 주의를 집중시켜 듣도록 한다. 때로는 음악회의 리허설과 총연습에 참석해 보기도 한다. 총연습은 청중도 적고 영유아가 주위를 돌아다니거나 주의력이 산만해지면 중간에 자유롭게 나올 수 있어 영유아에게는 바람직하다고 할 수 있다. 또 다른 방법으로는 고등학교의 음악 그룹의 연습이나 초등학교 합창을 지켜보거나 유치원의 음악시간을 관찰하도록 허가를 받아 같이 가본다. 영유아에게 음악에 대한 동기를 유발하는 가장 좋은 방법은 자기보다 조금 나이가 많은 어린이가 노래하거나 연주하거나 만들어내는 음악을 지켜보게 하는 것이다.

### (5) 환경 간 상호협조

영유아 음악교육에서는 환경 간의 상호협조가 대단히 중요하다. 특히 가정과 영유아 교육기관과의 협조적인 노력이 중요하다는 것은 아무리 강조해도 지나치지 않다. 그 이유는 가정과 영유아 교육기관에서 음악교육이 단독으로 행해질 경우에는 효과적일 수 없기 때문이다.

영유아가 열린 마음으로 음악을 경험하게 도와주기 위해서는 많은 문화권의 다양한 음악을 제공하고 음악적으로 개방된 공간과 분위기가 조성되는 것이 필요하다. 요즘 영유아는 대중매체를 통해서 아주 다양한 방법으로 음악과 친숙해질 수 있는 음악 환경에 둘러싸여 있다. 부모와 교사들이 영유아에게 좋은 음악 환경을 제공하기 위해서는 영유아에게 열려 있는 음악교육 환경 속에서 영유아의 음악교육에 적합한 것을 선택해서 환경을 조성해주는 것이 중요하다. 영유아가 어려서부터 다양한 종류의 음악을 친근하게 자연스럽게 받아들일 수 있도록 시대별, 문화권별로 여러 나라의 민요와 민속음악을 들려주는 것도 좋은 방법이다.

# Chapter 7

# 영유아 음악교육의 실제

# 1 음악 감상하기

## 1 뻐꾸기 왈츠

**활동주제** 봄, 여름, 가을, 겨울

**활동목표**

- 음악을 바르게 감상하는 태도를 가진다.
- 음악을 감상하고 그 느낌을 이야기할 수 있다.
- 다양한 음악을 듣고 즐긴다.

**음악요소** 고저, 화성, 멜로디, 음색

**활동자료** 요나손의 '뻐꾸기 왈츠' 음악 파일

**대상연령** 만 5세

**누리과정**

- 예술경험: 아름다움 찾아보기-음악적 요소 탐색하기

**활동내용**

### 1 도입

① 유아들과 뻐꾸기에 대해서 이야기 나눈다. (뻐꾸기 소리를 들려준다.)

- '뻐꾹~뻐꾹', 우리 친구들은 이 소리가 무슨 소리인지 알아요?

–네. 시계에서 나는 소리예요.

–새한테 나는 소리예요.

• 맞아요. 시계에서도 나고 새한테도 나는 소리예요. 우리 친구들은 언제 들어봤어요?

–할머니네 놀러 가서 들었어요.

–텔레비전에서 들었어요.

• 그래요. 다들 들어 봤지요? 선생님도 할머니네 놀러가서 들어보고, 텔레비전에서 들어봤어요. 우리 친구들, 뻐꾸기가 어떻게 생겼는지 알아요?

–네.

–아니요.

• 아는 친구도 있고, 모르는 친구들도 있네요. 그래서 선생님이 사진을 준비했어요.

–네.

② 뻐꾸기 사진을 보여준다.

• 뻐꾸기가 어떻게 생겼는지 손들고 이야기해 볼까요?

–(손을 번쩍번쩍 들며) 저요!

• 바르게 손을 들고 앉아 있는 ○○이가 말해볼 수 있겠어요?

–털이 있어요.

• 털이 있네요. 털은 무슨 색일까요?

–검정색이요.

• 맞아요! 검정색이에요. 그럼, 또 어떻게 생겼는지 ○○이가 말해볼까요?

–날개가 있어요.

• 날개가 있네요. 이번에는 ○○이가 말해볼까요?

–입이 길어요.

• 새는 입이라고 하지 않고 '부리' 라고 해요. 부리는 어떤 모양이에요?

–길쭉해요.

• 그렇네요, 길쭉하네요. 우리 친구들 말대로 털도 있고, 날개도 있고, 부리

도 길어요. 오늘 선생님이 뻐꾸기에 대해서 친구들이랑 얘기해 보았는데, 재미있는 음악을 들려줄 거예요. 음악을 들어볼까요?

—네.

## 2 전개

### ① 음악을 들려준다.

- 우리 친구들, 음악 잘 들었죠? 들어보니 어때요?

—(느낌 이야기하기) 뻐꾸기 소리가 나는 것 같아요.

—신이 났어요.

—아름다웠어요.

- 여러 가지 느낌이 들었네요. 그러면 이 음악은 누가 만들었을까요?

—노래 잘하는 가수요.

—지휘자요.

- 그래요. 가수, 지휘하는 사람이 만들었을 것 같아요. 선생님이 자세히 소개해 볼게요. 들어보세요. 이 음악은 요나손이라는 작곡가가 만들었어요.

—아, 그렇네요.

### ② 곡에 대한 소개를 한다.

- 그럼, 이 음악을 듣고 혹시 새소리 같은 것을 들었나요?

—뻐꾸기요.

—뻐꾹 뻐꾸기요.

- 바르게 앉아 있는 ○○친구가 말해볼까요?

—뻐꾸기 소리가 들려서요.

- 그렇군요, 뻐꾸기가 떠오르는군요. 맞아요.

—네.

- 이 음악의 제목은 무엇일까?

—'뻐꾹뻐꾹' 이요.

- 왜 그렇게 생각했나요?

–뻐꾸기가 떠올라서요.

• 뻐꾸기 소리가 들리기 때문에 '뻐꾸기' 라고 할 수 있겠네요.

–네.

• 요나손이라는 작곡가가 뻐꾸기 울음 소리를 듣고 음악으로 만들어서 '뻐꾸기 왈츠' 라고 제목을 지었대요. 우리 뻐꾸기 소리처럼 들리는지 다시 한 번 들어볼까요?

–네, 들려주세요.

③ 다시 한 번 감상한 후 느낌을 이야기 나눈다.

• 잘 들었죠?

–네! 정말 뻐꾹 소리가 들려요.

• 선생님도 그렇게 생각해요. 정말 '뻐꾹뻐꾹' 하는 소리가 들리는 것 같아요. 이번에는 선생님이 나무를 준비했어요. 나무에는 뻐꾸기 4마리가 앉아서 쉬고 있는데 음악을 들으면서 뻐꾸기가 어떻게 움직이는지 볼까요? (음악 감상을 한다. 음악 감상을 할 때에 음악에 맞춰 뻐꾸기를 이동한다.)

–네.

• 친구들 뻐꾸기가 어떻게 움직이는지 잘 봤어요?

–네! 뻐꾸기가 저쪽 나무로 움직였어요.

• 맞아요. 그럼, 이번에는 뻐꾸기가 다시 이쪽 나무로 갈 수 있게 ○○이가 도와줄까요? (음악을 튼다.)

–네.

• 뻐꾸기를 도와준 ○○이한테 박수 쳐주어요.

–(박수를 치며) ○○아, 잘했어요!

▪ Tip

• 4번 이상 음악을 감상하지 않도록 한다. (3번이 적당함)

### 3 마무리

① 활동에 대해 평가한다.

- 우리 친구들, 마지막으로 음악을 들어봤는데요, 느낌이 어때요?
  - 빼꾸기가 날아다니는 게 생각났어요.
- 그렇죠? 선생님도 그랬어요. 오늘 음악 감상을 하면서 '좋았어요' 하는 부분이 있어요?
  - 빼꾸기를 도와준 게 좋았어요.
- 그랬군요. 다음에는 우리, 밖에 나가서 다른 새 소리도 들어볼까요?
- 그래요. 그렇게 하도록 해요.
  - 네, 좋아요.

# 2 백조의 호수

**활동주제** 유치원과 친구

**활동목표**

- 음악 감상을 할 때 바른 태도를 갖는다.
- 백조의 호수는 이야기가 있는 음악임을 안다.

**음악요소** 리듬, 멜로디, 화성, 음색

**활동자료**

- 차이코프스키 사진, 바이올린, 첼로 악기 사진, '백조의 호수' 음악 파일, 발레하는 사진, 첼로, 바이올린 사진

**대상연령** 만 5세

**누리과정**

- 예술경험: 예술 감상하기-다양한 예술 감상하기

**활동내용**

**1** 도입

① 차이코프스키가 작곡한 많은 곡 중에 '백조의 호수'라는 곡을 감상할 것임을 소개한다.

- (발레하는 사진을 보여주며) TV에서나 무대에서 이렇게 추는 모습을 본 적 있어요?
  –저요! 이건 발레라고 해요. TV에서 봤어요!
- 이렇게 추는 춤은 어떤 춤이라고 하는지 아는 사람, 손들어 보아요.
  –저요! 이건 발레라고 해요. TV에서 봤어요!

- 그렇지요? 본 적 있지요? 발레할 때 신는 신발도 본 적 있어요?

  –본 적 있어요.

  –본 적 없어요.

- 그럼, 선생님이 사진으로 보여줄게요. 보이지요? 발레리나들은 발레 신발을 신고 춤을 춘대요. 어떻게 생긴 것 같아요?

  –신발 앞이 판판해요.

  –운동화랑 다르게 생겼어요.

- 그렇지요? 발레리나들은 이렇게 생긴 신발을 신고 해야 발 모양을 잘 할 수 있대요.

  –아, 그렇네요.

- 우리 친구들도 발레할 때에 나오는 음악도 들어 봤겠네요?

  –네, 노래도 들렸던 것 같아요.

- 음악이 어떤 느낌이었어요?

  –음악이 조용해요.

  –음악이 느렸던 것 같아요.

  –슬프기도 하고 아름다웠던 것 같아요.

- 우리 친구들은 그렇게 들렸군요. 그런데 발레는 어떻게 하는 것이었지요? (생각하는 모습으로) 음, 친구들은 어떤 모습으로 발레를 했는지 기억나요?

  –하얀색 옷을 입고 췄어요.

  –아름다웠어요.

  –발을 모아서 춰요.

  –점프해요.

- 그렇지요? 발레는 그렇게 추지요? 발레리나의 발 모양은 어떻게 하고 있었는지 기억나요?

  –까치발을 들고 총총 걸었어요.

  –나아갈 것처럼 가볍게 걸었어요.

- 아, 그렇군요. 그럼, 손 모양은 어땠지요?

  –천천히 움직이면서 아름답게 췄어요!

• 그렇지요. 우리 친구들은 잘 알고 있네요. 발레 같은 춤에는 어떤 음악이 필요할까요?

–발레처럼 느리고 아름다운 노래가 필요해요.

• 그래요. 선생님이랑 발레에 대해 이야기해 보았는데, (자료를 보여주며) 오늘은 발레곡으로 '백조의 호수'를 들려줄 거예요. 어떤 악기 소리가 나고 어떤 느낌이 드는지 잘 듣고 이야기해 봐요! 이제 음악을 들어 볼까요?

–네.

## 2 전개

### ① 음악을 들려준다.

• 우리 친구들, 음악 잘 들었죠? 들어보니 어떤 느낌이 들었어요?

–발레를 더 아름답게 만드는 것 같아요.

–음악이 느렸어요.

–좀 슬프게 들리는 것 같아요.

• 여러 가지 느낌이 들었군요. 이 음악은 어떤 사람이 만들었을까요?

–음악 만드는 사람이요.

–발레하는 사람이요.

### ② '백조의 호수'의 들려줄 부분에서 연주되었던 악기 중에 첼로와 바이올린을 소개하고 어떤 소리를 내는지 들려주고 느낌을 이야기해 본다.

• 이 음악은 차이코프스키라는 작곡가가 만든 음악이에요. 이 음악에는 (자료를 보여주며) '바이올린'이라는 악기와 '첼로'라는 악기가 연주를 했는데 바이올린과 첼로는 이렇게 생겼어요. 본 적이 있지요?

–네, TV에서 연주하는 것 본 적 있어요.

• 그랬군요. 자, 첼로와 바이올린 소리를 들려줄게요. 어떤 소리를 내는지 잘 들어봅시다. 먼저 바이올린 소리를 들어봅시다. (악기 소리를 들려준다.)

–네.

• 바이올린 소리 잘 들었지요? 바이올린 소리가 어떤 느낌으로 들리지요?

–슬프게 들렸어요.

–아름답게 들렸어요.

• 그랬군요. 우리, 첼로 소리도 들어봐요. (첼로 소리를 들려준다.)

–네.

• 첼로 소리는 어떤 느낌이었어요?

–무서워요.

–바이올린 소리랑 비슷해요.

• 그렇지요? 선생님이 전에 들려줬던 '백조의 호수' 라는 음악에서 바이올린과 첼로 소리가 들렸어요?

–잘 모르겠어요. 안 들렸던 것 같아요.

• 그랬군요. 다시 한 번 음악을 들어보아요. 바이올린과 첼로 소리가 어떻게 나는지 다시 들어보아요. (다시 들려준다.)

–네.

• 바이올린과 첼로 소리가 들렸어요?

–네.

• 바이올린과 첼로 소리가 어떤 느낌으로 들렸어요?

–첼로와 바이올린 소리가 슬프게 들렸어요.

• 그렇게 들렸군요. 첼로와 바이올린 소리가 슬프게 들렸군요. 왜 친구들은 슬프게 들렸을까요?

–노래 만든 사람이 슬펐나 봐요.

–노래에 슬픈 이야기가 있나 봐요.

③ 발레를 하기 위한 음악이며 이야기가 있는 음악임을 소개한다.

• 맞아요. '백조의 호수' 라는 음악에는 이야기가 있어요.

–어떤 이야기예요?

• '지그프리드' 라는 왕자가 백조 사냥에 나갔다가 백조의 공주 '오데트' 와 만나 사랑에 빠지게 되었는데 '로트발트' 라는 악마가 마법을 부려 낮에는 백조로 밤에는 사람으로 지내게 만들어 버렸어요. 그래서 왕자는 공주를

구하고 결혼을 결심하게 됐는데 악마가 화가 나서 백조가 있는 호수의 물을 넘치게 하여 서로 사랑하는 왕자와 공주를 죽게 했답니다. 슬픈 이야기지요?

–너무 슬퍼요.

–그래서 '백조의 호수' 군요.

④ 교사가 곡의 중간중간에 해설을 하며 음악을 들려준다.

- 공주와 왕자는 정말 슬프겠지요? 이번에는 공주와 왕자를 생각하면서 다시 들어봅시다. (다시 한 번 음악을 듣는다.)

  –네, 얼른 들어봐요!

### 3 마무리

① 음악 감상 후 느낌을 이야기한다.

- 우리 친구들, 마지막으로 공주와 왕자를 생각하면서 들어봤는데 느낌이 어땠어요?

  –우아한 백조도 생각나지만 왕자와 공주 이야기 같아서 슬퍼요.

- 그래요. 선생님도 슬프게 들렸던 것 같아요. 오늘 '백조의 호수' 음악 감상을 했는데 좋았던 부분이 있었어요?

  –첼로와 바이올린 소리를 잘 들을 수 있어서 좋았어요!

  –공주와 왕자 이야기도 좋았어요!

② 음악 감상을 할 때 어떤 태도를 갖추어야 하는지 서로 이야기한다.

- 그랬군요. 그러면 음악 감상 힘들었던 부분도 있었나요?

  –음악 감상하는데 친구가 옆에서 건드려서 힘들었어요.

- 그랬군요. 음악 감상을 할 때는 옆에 친구를 방해하지 않도록 조용히 해야 해요. 그래야 친구들한테도 음악이 들리겠지요? 다음에는 잘 들을 것이라고 선생님은 생각해요. 다음 시간에는 발레하는 모습과 같이 감상해 봅시다!

  –네, 좋아요. 다음에는 그렇게 해요!

- 네, 그렇게 하도록 해요!

# 3 멘델스존 결혼행진곡

**활동주제** 나와 가족

**활동목표**

- 음악을 듣고, 즐기며 생각과 느낌을 나눈다.
- 바르게 감상하는 태도를 기른다.

**음악요소** 음색, 멜로디, 화성

**대상연령** 만 5세

**누리과정**

- 예술경험: 예술 감상하기–다양한 예술 감상하기
  아름다움 찾아보기–음악적 요소 탐색하기

**활동자료**

- 멘델스존의 사진, '결혼 행진곡' 음악 파일, 결혼식 관련 화보 및 사진, 팀파니, 트럼펫 사진

**활동내용**

### 1 도입

① 유아에게 결혼식 관련 화보 및 사진을 제시하여 유아의 호기심을 유발한다.

- 여러분, 오늘은 선생님이 사진들을 준비해 왔어요. 자, 다 같이 한 번 봐볼까요?
  –네, 선생님.
- (선예 결혼식 화보를 들고) 이 사진은 무슨 사진일까요?

–잘 모르겠어요.

–남자랑 여자요!

• 음—. (장동건 · 고소영 결혼식 사진을 들고) 이 사진은 무슨 사진일까요?

–예뻐요!

–결혼식이요!

② 유아들과 결혼식장에 대한 이야기를 나눈다.

• 맞아요. 이건 결혼식장 사진들이에요. 선생님도 예전에 결혼식장에 갔다와본 적이 있었는데 여러분들은 결혼식장에 가본 적이 있나요?

–네, 갔다와본 적이 있어요!

–아니요. 아직 없어요.

• 아, 그렇군요. 결혼식장을 다녀온 적이 있는 친구들은 무엇무엇을 보았는지 누가 한 번 손들고 이야기해 볼까요?

–(손을 들며) 저요!

• 그래요. 우리 ○○가 한 번 이야기해 보아요.

–꽃이요!

• 그렇군요. 또 누가 이야기해 볼까요?

–(손을 들며) 저요! 저요!

• 그래요. 이번에는 ○○이 이야기해 보아요.

–사람들이 엄청 많았어요!

• 그렇군요. 사람들이 엄청 많았었군요! 혹시 결혼식장에 신부와 신랑이 팔짱을 끼고 걸어 나올 때 나오는 음악이 생각나는 친구가 있나요?

–네! '딴따다—' 요!

• 맞아요. 오늘은 선생님이 결혼식장에서 신부와 신랑이 팔짱을 끼고 걸어나갈 때 나왔던 음악을 들려줄 거예요. 결혼식장에 다녀온 적이 있는 친구들은 그때 결혼식장의 기억을 잘 떠올리면서 음악을 들어보고 아직 결혼식장에 다녀온 적이 없는 친구들도 다 같이 한 번 잘 들어봐요.

–네.

## 2 전개

① 유아에게 음악을 들려준다.

- 튼튼반 친구들, 음악 잘 들었나요? 음악을 들어보니 어떤지 누가 이야기해 볼까요?

–저요!

- 그래요. ○○이 이야기해 볼까요? ○○은 이 음악을 들어보니 어땠어요?

–음악 소리가 너~무 커서 머리가 아파요.

- 그렇군요. ○○은 음악 소리가 너무 커서 머리가 아팠군요. 이번에는 또 누가 말해볼까요?

–저요!

- 그래요. 이번에는 △△이 말해볼까요?

–음악이 신나요!

② 곡에 대한 소개를 한다.

- △△는 음악이 신난다고 느꼈군요. 우리 친구들 모두 다 다르게 느꼈을 거예요. 자, 이 음악은 누가 만들었을까요?

–결혼하는 사람이요!

–(사진을 가리키며) 저기 사진에 있는 남자요!

–음악에 대해서 많이 알고 있는 사람이요!

- 친구들은 그렇게 생각하고 있군요. 이번에는 선생님이 알려줄게요. 이 음악은 멘델스존이라는 작곡가가 만들었대요.

–아, 그렇군요.

- 이 음악의 제목은 무엇일까요?

–결혼식이요.

–결혼이요.

–잘 모르겠어요.

- 이 음악의 제목은 '결혼 행진곡' 이라는 곡이에요.

–아….

- 우리 아름다운 결혼식을 생각하면서 이 음악을 한 번 더 들어볼까요?

–네! 빨리 듣고 싶어요. (다시 한 번 음악 감상을 한다.)

- 잘 들었죠, 친구들? 이번에는 이 음악에서 어떤 악기 소리를 들렸는지 누가 한 번 이야기해 볼까요?

–저요!

- 그래요. ○○이 한 번 말해볼까요?

–나팔이요!

- ○○이는 이 음악을 듣고 나팔 소리를 들었군요. 또 다른 친구가 말해 볼까요?

–저요!

- 그래. 이번에는 ○○이 말해보아요.

–저는 징소리가 났어요!

- 징소리가 난 것 같아요? 그 징소리를 말로 표현하면 어떻게 들렸는지 말해볼까요?

–차앙—' 소리 같아요.

- '차앙—' 소리 같았군요. 아마 처음에 '차앙—' 소리를 선생님도 들은 것 같아요. 아주 자세히 잘 들었어요. 그런데 '차앙—' 하고 들린 소리는 (준비한 사진을 붙이며) 트럼펫이라는 악기 소리예요. 그리고 잘 들어보면 '둥둥둥둥' 소리도 들리는데 그 악기의 이름은 팀파니라는 악기예요.

–아, 그렇군요.

- 우리 다시 한 번 음악을 들어보면서 '차앙—' 소리와 '둥둥둥둥' 소리가 들리는지 다시 잘 들어볼까요?

–네, 선생님.

③ 다시 한 번 감상한 후 느낌을 이야기 나눈다.

- 잘들었죠, 여러분?

–네.

- 악기 소리가 어떤 것, 어떤 것이 들렸는지 말해볼 친구는 손을 들어볼까요?

–저요 저요!

- 그래요. ○○이 말해볼까요?

–트럼펫 소리요!

- 맞아요. 트럼펫 소리가 들렸지요? 또 어떤 친구가 다른 악기를 말해볼까요?

–저요!

- 그래요. △△이 이야기해 봅시다.

–팀파니 소리요!

- 맞아요. 팀파니 소리도 들렸죠? 우리 친구들 모두 다 잘했다고 박수쳐줍시다.

–(박수)

### 3 마무리

① 활동에 대해 평가한다.

- 오늘 선생님이랑 같이 '결혼행진곡'을 들어봤는데 어땠는지 누가 말해볼까요?

–저요!

- ○○이 말해보자.

–음악을 들으니깐 기분이 좋았어요.

- 또 누가 말해볼까요?

–저요저요!

- 이번에는 △△이 말해 볼까요?

–재미있었어요.

- 선생님도 친구들이랑 음악을 들으니깐 기분도 너~무 좋고 재밌었어요! 우리 나중에 또 다른 재미있는 음악 다 같이 들어봐요.

–네, 선생님!

# 2 노래 부르기

## 1 건너가는 길

**활동주제** 교통기관

**활동목표**

- 교통 규칙을 알고 길을 안전하게 다니는 방법을 익힌다.
- 노래를 즐겁게 부른다.

**음악요소** 장단, 리듬, 멜로디, 강약

**활동자료** 노랫말 판, 빨간불, 노란불, 초록불, '건너가는 길' 음악 파일

**대상연령** 만 4세

**누리과정**

- 사회관계: 다른 사람과 더불어 생활하기–사회적 가치를 알고 지키기
- 예술경험: 예술적 표현하기–음악으로 표현하기

**활동내용**

### 1 도입

① 유아들과 신호등에 대한 이야기를 나눈다.

- 우리반 친구들은 어떤 색을 좋아해요?

–파랑색이요.

–분홍색이요.

–노란색이요.

• 그렇군요. 색은 친구들이 말한 것처럼 많아요. 그 많은 색 중에 선생님이 몇 가지 색을 가져 왔어요. 어떤 색이 있는지 한 번 볼까요?

–네.

• (빨간불, 노란불, 초록불을 하나씩 붙이면서) 자, 이건 무슨 색이죠?

–빨간색이요.

• 맞아요. 그럼, 이건 무슨 색일까요?

–노란색이요.

• 잘했어요. 마지막으로 이건 무슨 색인가요?

–초록색이요.

• 모두모두 잘 했어요. 선생님이 빨간색, 노란색, 초록색을 가져 왔어요. 이 색들을 보고 생각나는 것이 있나요?

–신호등이요.

–꽃이요.

–잘 모르겠어요.

• 그래요. 이 색들을 보고 꽃이 생각날 수 있고 신호등도 생각날 수 있어요. 오늘 선생님은 신호등을 보여 주려고 이 색을 가져왔어요. 우리 반 친구들은 신호등을 본 적이 있나요?

–네.

–아까도 봤어요.

–밖에 나가면 있어요.

• 그렇군요. 여러분, 신호등에는 왜 빨간불, 노란불, 초록불이 있는지 아나요?

–잘 모르겠어요.

–아니요.

• 그럼, 선생님이랑 노래를 부르면서 알아볼까요?

–네.

### 2 전개

① 노래를 들려준다.

- (노랫말 판을 보여준다.) 자, 이제 선생님이 노래를 들려줄게요. 같이 들어보아요.

  –네.
- 노래 잘 들었나요?

  –네.
- 노래 들어보니까 어땠어요?

  –신이 났어요.

  –재미있었어요.
- 그렇구나. 선생님도 신나고 재밌었어요. 노래 부르기 전에 선생님이랑 노랫말 판을 읽어볼까요?

  –네. (노랫말 판을 읽는다.)
- 잘 읽었어요. 노랫말에 길을 건널 때에는 어떻게 건너야 한다고 했죠?

  –달리면 안 된다고 했어요.

  –초록 불에 가야 한대요.

  –뛰어가면 안돼요.

  –빨간불에 가면 안 된다고 했어요.

  –손을 들고 가야 해요.
- 우와, 모두 모두 잘 했어요. 건너가는 길을 건널 땐 초록불에 건너야 하고 뛰거나 달리면 안돼요.

② 유아와 교사가 부분적으로 나누어 노래 부른다.

- 자, 이제 노래를 불러볼 거에요. 선생님이 노래를 부르면 친구들이 '안돼요'를 불러줄 수 있어요?

  –네.

–할 수 있어요.

• 그럼, 불러볼게요.

–('안돼요' 부분만 유아가 부른다.)

• 잘 했어요! 자 이제 반주에 맞춰서 노래를 불러볼까요?

–네.

③ 처음부터 끝까지 다함께 부른다.

• 친구들 모두 큰 소리로 잘 불러줘서 선생님이 너무 기뻐요.

④ 부분적인 곳에 율동을 넣어 부른다.

• 선생님이랑 노래 불렀죠. 노랫말에 '안돼요'를 율동을 넣어서 불러 보는 건 어때요?

–좋아요.

• 그럼, 어떻게 율동을 하면 좋을까요?

–이렇게 (양손을 흔들며) 해요.

–이렇게 (양손으로 ×를 만들며) 해요.

• 좋아요. 첫 번째 노래(1절)에는 이렇게(양손을 흔들며) 하고 두 번째 노래(2절)에는 이렇게 (양손으로 ×를 만들며) 해볼까요?

–네. (율동을 넣어 노래를 부른다.)

• 우리 반 친구들 너무 잘 하네요. 다른 친구들에게도 잘 했다고 박수 쳐주자.

–네. (짝짝짝)

## 3 마무리

① 활동에 대해 평가한다.

• 오늘 '건너가는 길'을 불러 보았어요. 노래 부르면서 '좋았어요' 하는 부분이 있어요?

–다 좋았어요!

–'안돼요' 하는 게 재밌었어요.

- 그렇군요. 오늘 노래 부르면서 '힘들었어요.' 하는 친구도 있나요.

–아니요.

–없었어요.

- 좋아요. 우리 다음 시간에는 밖으로 나가 신호등을 직접 보고 노랫말처럼 해볼까요?

–네.

**Tip**

**건너가는 길**

· 작사 · 작곡: 김성균

건너가는 길을 건널 땐 빨간불 안돼요
노란불 안돼요 초록불이 돼야죠
신호등이 없는 길에선 달려도 안돼요
뛰어도 안돼요 손을 들고 가야죠

※ 부록 p. 302. 악보 참조하세요.

## 2 병원놀이

**활동주제** 환경과 생활

**활동목표**

- 아플 때 어느 병원으로 가야 하는지 안다.
- 즐겁게 노래를 부른다.

**음악요소** 고저, 멜로디, 리듬, 강약, 화성

**활동자료** 노랫말 판, 손인형

**대상연령** 만 5세

**누리과정**

- 예술경험: 예술적 표현하기–음악으로 표현하기

**Tip**

**병원놀이**

· 작사: 장민수
· 작곡: 장정옥

여보세요 여보세요 배가 아파요
배 아프고 열이 나니 어떻할까요
어느어느 병원에 가면 될까요

여보세요 여보세요 나는 의사요
배 아프고 열이 나면 빨리 오세요
여기는 소아과 병원입니다

## 활동내용

### 1 도입

① 손인형을 소개하며 손인형으로 아프면 어디에 가야 하는지 유도한다.

- 친구들, 오늘 선생님이 친구 한 명을 소개시켜 줄거예요. 누군지 궁금하죠?
  –네!
- 자, 우리 친구의 이름은 영민이에요. 우리 함께 불러 볼까요? 하나 둘 셋!
  –영민아!
- (남자아이의 손인형을 꺼내며) 친구들 안녕? 히힛!
  –안녕.
- 어? 목소리가 잘 안 들리네요. 다시 한 번 크게 안녕?
  –안녕!
- 우와, 오늘 친구들 엄청 씩씩하네요. 친구들 나 오늘 너무너무 기분이 좋아요. 왜 그럴까요?
  –왜 그렇지요?
- 비밀인데 우리 친구들에게만 들려줄게요. 실은 나는 오늘 아이스크림을 세 개나 먹었어요! 히힛 그것도 초코맛, 딸기맛, 바닐라맛! 골고루 한 개씩 3개! 그래서 너무 좋아요!
  –아이스크림 많이 먹으면 배 아픈데….
- 아니에요! 저는 튼튼해서 괜찮아요! 히히.
  –그러면 안 된다고 우리 엄마가 그랬는데요.
- 아, 근데 왜 이렇게 어지럽지요? 너무 춥고 배도 부글부글…. 아이고! 아이고 배야! 너무 아프다! 친구들—.
  –응!
- 나, 배랑 머리가 너무 아픈데 어떻게 해야 해요? 도와줘요.
  –엄마한테 가봐요!

–선생님께 도와달라고 해요.
–할머니가 '쎄쎄' 해주면 돼요.

• 아흑, 나 너무 아파서 집에 계신 엄마께 가봐야겠어요. 친구들 다음에 만나요.
–안녕, 영민아! 꼭 나아야 해요.

## 2 전개

① 배가 아팠던 경험이나 아플 때 어디로 갔었는지 이야기해 본다.

• 사랑반 친구들, 영민이가 많이 아픈 것 같은데 어디가 아픈 거예요?
–배가 아프대요.
–어지럽대요.

• 왜 아픈 걸까?
–아이스크림 많이 먹어서 그래요.
–많이 뛰어 놀아서 그래요.
–엄마 말씀 안 들어서요.

• 그렇군요. 아이스크림을 한꺼번에 세 개씩이나 먹어서 배탈이 났군요. 우리 친구들은 배탈 나 본 적 있나요.
–네.

• 배탈 났을 때 어땠어요?
–너무너무 아프고 무서웠어요.

• 많이 아팠나봐요. 그럼 배탈이 났을 때 어디로 가는지 말해줄 수 있어요?
–엄마한테요.
–할머니한테요.
–선생님이요.
–병원에 갔어요.

• 그래, 엄마께도 가고 할머니께도 가고 선생님께로도 오고 병원에도 다녀왔군요. 그러면 병원에 갔을 때 누굴 만났나요?

–의사 선생님이요!

② 유아에게 병원 노래를 들려준다. (피아노 반주)

• 그렇군요. 의사 선생님을 만났군요. 자, 우리 친구들이 영민이 친구처럼 배탈이 났을 때 어떻게 해야 하는지 선생님이 노래를 준비했어요. 우리 한 번 들어볼까요?

–네! (다같이 노래를 감상한다.)

• (노래를 듣고 난 후) 우리 친구들 잘 들었나요? 노래는 어떤 노래예요?

–아프면 병원에 가는 노래예요!

• 병원에 대한 노래였구나. 이 노래의 제목은 무엇일까요? 한 번 생각해봐요.

–병원놀이요!

• 병원놀이라고 생각하는군요. 이 노래의 제목은 '병원놀이' 예요.

–우와, 맞았어요.

③ 유아들과 함께 허밍으로 불러본다.

• 그러면 우리 친구들 병원놀이를 '아' 로 불러 볼까요? (다같이 '아' 로 부른다.)

• 참 잘했어요. 자, 노랫말을 한 번 같이 볼까요?

–네!

• 자, 우리 가사를 넣어서 한 번 노래를 불러볼까요? (가사를 넣어서 불러본다.)

–네!

• 참 잘했어요.

④ 반복하여 불러본다.

### 3 마무리

① 배가 아파요', '소아과' 부분을 '눈' 과 '안과' 또는 '입' 과 '치과' 로 바꾸어 불러본다.

• 자, 우리 친구들, 배 아프고 열이 나고 우리 몸이 아파요. 그러면 어디에 가야 한다고 했죠?

–소아과에 가요!

–병원에 가요!

- 맞아요. 우리 친구들이 아프면 병원에 가서 의사 선생님을 만나서 진료도 받고 치료도 받아서 튼튼한 모습으로 다시 유치원에 와야 해요.

–네, 선생님.

- 하지만 우리 친구들이 병원에 가지 않고도 튼튼하려면 어떻게 해야 할까요?

–밥 먹기 전에 손 씻어요!

–놀이터 다녀오고 먼지를 털어요!

–아이스크림을 많이 먹지 않아요!

–잘 때 이불을 꼭꼭 덮어요!

- 그래요. 우리 친구들이 정말 잘 아는구나. 다음 시간은 무슨 시간이지요?

–제일 좋아하는 간식시간이에요!

- 그렇군요. 우리 친구들이 좋아하는 간식시간이에요. 친구들 음식 먹기 전에는 무엇을 하나요?

–손을 씻어요!

- 그렇지요. 손을 씻어야 하지요. 우리 한 줄로 서서 손을 씻고 간식 먹으러 가요.

–네.

## 3 나무

**활동주제** 동 · 식물과 자연

**활동목표**

- 자연의 소중함을 이해하고 노래를 즐겁게 부른다.
- 자연을 아끼고 사랑하는 마음을 갖는다.

**음악요소** 리듬, 멜로디

**활동자료** 노랫말 판, 융판 자료(나무, 유아, 꽃, 열매, 눈뭉치), '나무야' 음악 파일

**대상연령** 만 3세

**누리과정**

- 예술경험: 예술적 표현하기-음악으로 표현하기

**활동내용**

### 1 도입

① 융판 자료를 가지고 노랫말과 관련된 간단한 이야기를 들려준다.

- 우리 친구들! (융판에 나무를 붙인다.) 이것은 무엇일까요?

–나무요.

- 잘 알고 있네요. 이것은 나무예요. 우리 친구들은 나무를 어디에서 봤어요?

–밖에서요.

–우리 집 앞에도 있어요.

- 그렇군요. 밖에서도 보고 집 앞에서도 봤네요. 오늘은 선생님이 우리 친구들에게 들려줄 나무 이야기와 노래를 준비해 왔는데 한 번 같이 들어볼까요?

–빨리 듣고 싶어요. 선생님.

▪ Tip

옛날 어느 마을에 봄이면(꽃 그림을 융판에 붙인다.) 예쁜 꽃을 피우고(해 그림을 융판에 붙인다.)
여름에는 시원한 그늘을 만들어주고, 가을에는 맛있는 열매를 맺고(사과 그림을 융판에 붙인다.)
겨울에는(솜 뭉치를 융판에 붙인다.) 눈 쌓인 멋진 모습을 보여주는 나무가 한 그루 있었어요. 나무는 날마다 그 자리에 서 있었기 때문에 다리가 너무너무 아파서 눈물이 날 지경이었어요. 그 때 (아이 그림 융판에 붙인다.)
나무 밑을 지나던 아이가 나무의 우는 모습을 보았어요. 아이는 나무를 위로해 줄 방법을 찾다가 노래 한 곡을 불러주기로 했어요. ('나무야' 음악을 들려준다.)

## 2 전개

### ① 노래를 들려준다.

• (교사가 노래를 불러준다.)

• 우리 친구들, 친구가 나무에게 불러주는 노래 잘 들었나요?
－네.

• 노래를 들어보니 어떤 느낌이 들었어요?
－나무가 불쌍했어요.
－나무가 다리가 아플 것 같아요.
－이제 나무가 누워서 잘 것 같아요.

• 여러 가지 느낌이 들었네요. 나무는 우리 친구들에게 무엇을 해줬지요?
－사과를 줬어요.
－시원하게 해줬어요.

• 나무가 우리 친구들에게 사과도 주고 시원하게도 해줬네요. 우리 친구들도 매일 서있는 나무에게 노래를 불러줘 볼까요?
－네.

• (노랫말 판을 제시한다.) 먼저 선생님이 노랫말을 한 줄씩 읽으면 우리 친구들도 따라서 읽어보아요.
－네.

• (노랫말을 한 줄 씩 읽는다.)

–(한 줄 씩 따라 읽는다.)

• 잘했어요. 이번엔 노랫말을 보고 선생님과 같이 불러 봐요.

–네.

▪Tip

**나무야**

· 작사: 강소천

· 작곡: 김공선

나무야 나무야 서서 자는 나무야

나무야 나무야 다리 아프지

나무야 나무야 누워서 자거라

※ 부록 p. 293. 악보 참조하세요.

② 유아와 함께 노래를 불러본다.

• 우리 친구들 너무 잘 불렀어요. 노래를 불러보니까 느낌이 어때요?

–좋았어요.

–나무가 좋아할 것 같아요.

③ '누워서 자거라' 부분의 노랫말을 바꾸어 불러본다.

• 그렇죠. 선생님도 사랑반 친구들이 나무에게 노래를 불러줘서 나무가 아주 좋아할 것 같아요. 이번엔 나무에게 '누워서 자거라' 말고 ('누워서 자거라' 부분을 ?표로 제시) 다른 말로도 위로해주면 좋겠는데 뭐라고 해주면 좋을까요?

–음…, '앉아서 쉬어라' 라고 해주고 싶어요.

• 앉아서 쉬어라' 라고 하고 싶네요. 아주 멋진 생각인 것 같아요. 이번엔 '?(물음표)' 부분을 '누워서 자거라' 대신에 '앉아서 쉬어라' 라고 불러보도록 해요.

–네. (나무 MR을 틀어준 후 유아와 함께 노래를 부른다.)

- 우리 친구들 정말 잘했어요. 잘했다고 박수 한 번 쳐줄까요? (박수를 친다.) 짝짝짝!

–네. (박수를 친다.) 짝짝짝!

### 3 마무리

#### ① 활동에 대해 평가한다.

- 우리 친구들 항상 서 있는 나무에게 우리는 또 무슨 말로 힘을 내게 해줄 수 있을까요?

–나무야, 고마워.

–나무야, 힘내요!

- 그래요. 우리 친구들이 멋진 말을 해줘서 나무도 힘이 날 것 같아요. 오늘 나무 노래를 불러봤는데 어땠어요?

–좋았어요.

–이제 나무가 누워서 잤으면 좋겠어요.

–다른 노래도 부르고 싶었어요.

- 그렇군요. 우리 친구들이 노래를 잘 불러줘서 나무가 많이 기뻐했을 것 같아요. 선생님도 우리 친구들이 오늘 재밌게 노래를 따라 불러줘서 너무 기뻤어요. 다음 시간에도 재밌는 노래를 불러보기로 해요.

–네.

- 그럼, 우리 친구들 다음 시간에 만나요, 안녕!

–안녕!

# 3 악기 연주하기

## 1 동물 모양 악기로 연주하기

**활동주제** 동 · 식물과 자연

**활동목표**

- 악기를 이용한 음악적 표현을 즐긴다.
- 소리의 차이를 구별한다.

**음악요소** 장단, 리듬, 멜로디, 악센트

**활동자료**

- 폐품을 이용하여 만든 동물 모양 악기, '작은 동물원' 노랫말 판, 우쿨렐레

**대상연령** 만 3세

**누리과정**

- 예술경험: 예술적 표현하기–음악으로 표현하기
  아름다움 찾아보기–음악적 요소 탐색하기

**활동내용**

**1 도입**

① 악기를 설명하고 악기 소리를 들어본다.

• 친구들, 오늘은 선생님이 재밌는 악기들을 가져왔어요. 우리 한 번 같이 볼까요? (악기들을 올려놓는다.)

–네.

• 이것들은 동물 모양을 한 악기들이지만, 모두 우리의 주변에서 쉽게 볼 수 있는 물건들로 만들어졌어요.

–우와.

–귀여워요.

–개구리다.

• 이 오리는 무엇으로 만든 걸까요?

–블록이요.

–과자 통이요.

• 그래요. 이 오리는 우리가 좋아하는 과자의 통에 하얀색 종이를 붙여서 만들었어요. 이건 어떻게 연주하는 걸까요?

–막대로 쳐요.

–바닥에 굴려요.

• 그럼, 바닥에 한 번 굴려볼까요? (바닥에 굴린다.) 어떤 소리가 들려요?

–아무 소리도 안나요.

• 이건 바닥에 굴려서 연주하는 게 아닌가봐. 선생님이 이 막대를 이용해서 한 번 쳐볼게요. (친다.)

–와~.

• 어떤 소리가 들리나요?

–통통.

–둥둥.

• 그래요. 이 악기는 막대로 치면서 연주하는 건가봐요. 이 개구리는 무엇으로 만든 걸까요?

–음료수 병이요.

–블록이요.

- 맞아요. 이 개구리는 우리가 목마를 때 마시는 음료수 병에 초록색 시트지를 붙여서 만들었어요. 이건 어떻게 연주하는 걸까?

–쳐요.

–흔들어요.

- 선생님이 한 번 쳐볼게요. (손으로 친다.) 어떤 소리가 들리나요?

–착착.

–탁탁.

- 그래요. 그럼, 한 번 흔들어봐요. (흔든다.) 어떤 소리가 들리나요?

–착착착.

–파도 소리 같아요.

–시끄러워요.

- 그래요. 이 악기는 손으로 치는 것보다 위아래로 흔들면서 연주하는 건가봐요. 소리도 훨씬 좋죠?

–네.

–맞아요.

- 이 종달새는 무엇으로 만들었을까요?

–음료수 병이요.

–종이요.

- 맞아요. 이 종달새는 음료수 병의 윗부분을 자르고 안에 방울을 달아 만들었어요. 이건 어떻게 연주하는 걸까요?

–흔들어요.

–쳐요.

- 그럼, 선생님이 손가락으로 쭉 쳐볼게요. (쓸어내린다.) 어떤 소리가 들리나요?

–이뻐요.

–방울 소리가 들려요.

- 그렇군요. 이 악기는 손가락으로 쭉 치면서 연주하는 건가봐요.

–네.

• 마지막으로 이 병아리는 무엇으로 만들었을까요?

–요구르트 병이요.

• 맞아요. 이 병아리는 요구르트 병에 물감을 칠해서 만들었어요. 이건 어떻게 연주하는 걸까요?

–흔들어요.

–목에 걸어요.

• 그럼, 한 번 흔들어 볼게요. (흔든다.) 어떤 소리가 들리나요?

–통통.

–탁탁.

• 그래요. 이 악기는 이렇게 흔들면서 연주하는 건가봐요. 그럼, 우리 이제 노래를 부르면서 이 악기들을 연주해보기로 해요.

–네.

## 2 전개

### ① 노래를 부르며 악기를 마음대로 연주해 본다.

• 오늘 우리가 부를 노래는 '작은 동물원' 이라는 노래예요. (노랫말 판을 보여준다.) 자, 선생님이 연주하는 우쿨렐레 소리에 맞춰서 노래를 불러보기로 해요.

–네. (노래를 부른다.)

• 모두 잘 불렀어요. 박수.

–와. (박수를 친다.)

• 자, 이번에는 이 악기들을 연주하면서 불러볼까요?

–네.

• 이 악기들은 누가 연주해볼까요?

–저요!

• (악기를 나눠준다.) 아까 선생님이랑 어떻게 연주하는지 같이 알아봤죠?

–네.

• 그래요. 이번에는 노래를 부르면서 마음대로 악기를 연주해보기로 해요.

–네. (마음대로 연주한다.)

• 마음대로 연주해 보니까 어때요?

–시끄러워요.

–재밌어요.

② 노랫말 판에 있는 대로 연주해 본다.

• 그래요. 시끄러웠군요. 우리, 이번에는 여기 노랫말 판에 붙은 악기대로 연주해볼까요?

–네.

–좋아요.

• 자, 이 부분은 종달새가 연주하고, 이 부분은 개구리가 연주하고, 이 부분은 어떤 악기로 연주할까요?

–병아리요.

• 이 부분은 어떤 악기로 연주할까요?

–오리요.

• 잘했어요. 이제 한 번 노랫말 판에 있는 대로 맞춰서 악기를 연주해 보기로 해요.

–네. (노랫말 판에 있는 대로 연주한다.)

③ 연주 후 느낌을 이야기 나눈다.

• 우리 친구들 정말 잘했어요. 우리 모두 박수 쳐주죠.

–와. (박수를 친다.)

• 노랫말 판에 있는 대로 맞춰서 연주하니까 어땠어요?

–재미있었어요.

–듣기 좋았어요.

–시끄러웠어요.

Tip

**작은 동물원**

· 작사 · 작곡: 김성균

| | |
|---|---|
| 삐약삐약 병아리 | 음메 음메 송아지 |
| 따당 따당 사냥꾼 | 뒤뚱 뒤뚱 물오리 |
| 푸- 푸- 개구리 | 집게 집게 집게 가재 |
| 푸르르르 르르 물풀 | 빠방 빠방 소라! |

### 3 마무리

① 활동에 대해 평가한다.

- 오늘 폐품으로 만든 악기를 연주하면서 노래를 부르니까 어땠어요?
  - 재미있었어요.
  - 신났어요.
  - 저도 만들어 보고 싶어요.
- 그렇군요. 오늘 힘들었던 점도 있었어요?
  - 힘들었어요.
  - 노래가 빨랐어요.
  - 악기 소리가 잘 안 들렸어요.
- 그랬군요. 우리 다음 시간에는 간식 시간 때에 먹은 요구르트 병을 이용해서 오늘 연주한 병아리 악기를 만들어보기로 해요.
  - 와.
  - 재밌겠다.
- 이 악기는 선생님이 음률 영역에 둘 테니까 각자 연주해 보기로 해요.
  - 네.

## 2 마라카스 연주하기

**활동주제** 환경과 생활

**활동목표**

- 리듬악기를 탐색하며 즐긴다.
- 말 리듬과 리듬악기를 연주한다.

**음악요소** 리듬, 역동성

**활동자료**

- 씨앗 사진, 노랫말 판(씨앗), 씨앗이 들어있는 마라카스, '씨앗' 동요 음악 파일

**대상연령** 만 4세

**누리과정**

- 예술경험: 아름다움 찾아보기-음악적 요소 탐색하기
  예술적 표현하기-리듬악기로 연주하기

**활동내용**

### 1 도입

① 유아들과 함께 다양한 종류의 꽃씨를 탐색한다.

- 우리 친구들 저번에 배운 '씨앗' 노래 기억나나요?
  -네.
- 노래에서 꽃이 피기 위해서는 무엇을 가장 먼저 했지요?
  -물을 줘야 해요.
  -씨를 뿌려야 해요.

• 맞아요. 물도 줘야 해요. 하지만 제일 먼저 씨를 뿌려야 되요.

–아, 그렇군요.

• 오늘은 선생님이 우리 친구들에게 꽃씨를 소개 해주려고 해요. (사진을 제시하며) 무슨 꽃의 씨앗일까요?

–해바라기 씨예요.

• 해바라기 씨를 본 적이 있나요?

–네! 책에서 봤어요.

–저는 먹어 봤어요.

• 선생님도 해바라기 씨를 먹어본 적이 있어요. 해바라기 씨앗은 꽃을 피울 수도 있지만 먹을 수도 있어요. (다음 사진 제시) 두 번째 씨앗은 어떻게 생겼나요?

–동글동글 해요.

–우와. 콩같아요.

• 두 번째 꽃은 분꽃이라는 꽃의 씨앗이에요. 이 꽃의 씨앗은 검고 둥글둥글하게 생겼어요.

–아, 그렇네요.

• 이 씨앗은 어느 꽃의 씨앗일까요?

–튤립이요.

–잘 모르겠어요.

–코스모스 같아요.

• 이 씨앗은 사루비아라는 꽃의 씨앗이에요. 사루비아의 꽃씨는 어떻게 생겼나요?

–수박씨 같아요.

–깨 같아요.

• 맞아요. 사루비아 씨앗은 '수박씨' 같기도 하고 '깨' 같기도 해요. 이제 씨앗이 하나 남았는데, (사진 제시하며) 이 씨앗은 어떻게 생겼나요?

–개미 같아요.

–검은색이에요.

• 그럼, 어느 꽃의 씨앗일까요?

–잘 모르겠어요.

• 이 꽃은 맨드라미꽃의 씨앗이에요. 맨드라미꽃을 본 적 있어요?

–아니요.

–네.

• 맨드라미꽃은 빨강색이고 꼬불꼬불하게 생겼어요.

–우와, 신기하다.

• 오늘은 선생님이 지금 배운 꽃씨들로 악기를 만들어 왔어요.

–빨리 연주하고 싶어요.

## 2 전개

### ① 꽃씨 마라카스를 흔들면서 소리를 탐색하고 비교한다.

• 먼저 해바라기씨 악기를 흔들면 무슨 소리가 나는지 누가 한 번 연주해 볼까요?

–제가 해볼래요.

• ○○이가 나와서 연주해 볼까요? (연주한 친구에게) 어떤 소리가 났나요?

–'달그락' 소리가 났어요.

• 해바라기 씨앗을 연주해준 ○○이에게 박수쳐줘요. (앉아 있는 친구들을 보며) 그럼, 친구들은 무슨 소리가 난 것 같아요?

–딱딱한 소리가 났어요.

–'달그락' 소리도 들렸어요.

• 그렇군요. 이번엔 분꽃 씨앗을 연주해 볼 건데 누가 나와서 연주해 볼까요?

–저요!

• 이번엔 ○○이가 연주해 보아요. (연주한 친구에게) 분꽃 씨앗에서는 무슨 소리가 들렸나요?

–'탁탁' 소리가 났어요.

• 그렇군요. 멋지게 연주해준 ○○이에게 박수쳐줘요. '탁탁' 소리말고 또

무슨 소리가 들렸나요?

–'통통' 소리도 났어요.

- '통통' 소리도 들렸구나. 이번엔 사루비아를 연주해 볼 건데 바르게 앉은 △△이가 연주 해볼까요? △△아, 무슨 소리가 들렸나요?

–'찰찰찰' 하는 소리가 들렸어요.

- △△이는 '찰찰찰' 소리가 들렸군요. 악기를 연주해준 ○○이에게도 박수 쳐주죠.

–네.

- 이제 맨드라미 씨앗 악기가 남았는데 선생님이 연주해 볼 테니까 무슨 소리가 나는지 잘 들어 보세요.

–네.

- 맨드라미에서는 무슨 소리가 났나요?

–'사르륵' 소리가 나요.

–소리가 작아요.

② 꽃씨 마라카스를 연주하면서 알고 있는 노래를 부른다.

- 그렇군요. 이번엔 지난 시간에 배운 '씨앗' 노래에 맞춰서 연주해 볼거예요.

–우와, 빨리 해봐요.

- 이제 선생님이 악기를 나눠줄 건데 다른 친구들이 악기를 받는 동안 먼저 받은 친구들은 어떻게 해야 할까요?

–친구들이 받을 때까지 기다려줘요.

- 맞아요. 우리 친구들 기다려 줄 수 있죠?

–네.

- 해바라기 씨를 연주해보고 싶은 친구들 먼저 나와 볼까?

–저요.

–저도 할래요.

- 이번에는 분꽃 씨앗이랑 맨드라미 씨앗 연주 해보고 싶은 친구들 나오세요.

–네.

• 마지막 사루비아 씨앗을 연주해볼 친구 있나요?

–제가 할래요.

–저도요.

• 자, 이제 연주를 해볼건데 그림이 있는 데는 어떻게 연주해 볼까요?

–톡톡 쳐봐요.

• 톡톡 쳐서 연주해 볼까요? 여기 파란 글씨는 어떻게 연주해 볼까요?

–흔들어요.

–굴려봐요.

• 그럼, 첫 번째는 흔들어 보고 두 번째는 안 해본 친구들이 굴려 볼까요?

–네, 좋아요. (음악과 함께 연주 한다.)

• 우리 친구들 너무 잘했어요. 이번에는 안 해본 친구들이 굴려서 한 번 더 연주해 볼까요?

–네. (한 번 더 음악에 맞춰 연주해본다.)

### 3 마무리

① 활동에 대해 평가한다.

• 우리 친구들, 오늘 꽃씨 악기로 연주해 봤는데 어땠어요?

–신기했어요.

–재미있었어요.

–소리가 너무 작았어요.

• 신기하기도 하고 재밌었는데 소리가 작아서 잘 안 들렸네요.

–네.

• 오늘 우리 친구들이 아주 멋지게 연주를 해줘서 선생님이 기분이 너무 좋아요. 우리 다음 시간은 뭐죠?

–점심시간이요.

• 모두 손 깨끗이 씻고 밥 먹으러 가요.

–네!

Tip

## 씨앗

작사 · 작곡: 김성균

씨씨씨를 뿌리고 꼭꼭 물을 주었죠
하룻밤 이틀밤 쉿쉿쉿
뽀드득 뽀드득 뽀드득
싹이 났어요
싹싹싹이 났어요, 또또 물을 주었죠,
하룻밤 이틀밤 어어어
뾰로롱 뾰로롱 뾰로롱
꽃이 폈어요

## 3 어린 음악대

**활동주제** 생활도구

**활동목표**

- 리듬에 맞추어 악기를 연주할 수 있다.
- 악기를 올바르게 사용할 수 있다.

**음악요소** 리듬, 멜로디

**활동자료**

- 탬버린, 트라이앵글, 캐스터네츠, 마라카스, 악기 연주표, '어린 음악대' 음악 파일

**대상연령** 만 5세

**누리과정**

- 예술경험: 아름다움 찾아보기-음악적 요소 탐색하기
  예술적 표현하기-음악으로 표현하기

**활동내용**

### 1 도입

① 악기를 보고 이야기를 나눈다.

- 친구들, 우리가 어제 배운 노래가 뭐였지요?
  –어린 음악대요.
- 우리 '어린 음악대' 힘차게 불러볼까요?
  –('어린 음악대' 노래 부르기)

▪Tip

**어린 음악대**

작사 · 작곡: 김성도

따따따 따따따 주먹손으로
따따따 따따따 나팔붑니다
우리들은 어린 음악대
동네 안에 제일 가지요

② 연주하고 싶은 악기를 가지고 가도록 한다.

- 오늘은 우리가 직접 '어린 음악대'가 되어 볼 거예요. 그래서 선생님이 우리 음악대의 연주를 위해 악기를 준비했어요.
 –우와.
- (탬버린을 보여주면서) 이 악기의 이름은 무엇일까요?
 –탬버린이요.
- 맞아요. 이 악기는 탬버린이에요. 탬버린은 어떻게 연주하지요?
 –흔들어서 연주해요!
 –손바닥으로 쳐서 연주해요!
- 그래요. 탬버린은 흔들거나 치면서 연주를 하는 거예요. (캐스터네츠를 보여주면서) 그럼, 이 악기의 이름은 무엇일까요?
 –그건 캐스터네츠예요.
- 맞아요, 이 악기는 캐스터네츠예요. 캐스터네츠는 어떻게 연주하지?
 –손가락을 구부려서 쳐요!
 –잘 모르겠어요.
- 그래요. 캐스터네츠는 이렇게 손가락을 구부려서 쳐주는 거예요. (트라이앵글을 보여주면서) 그럼, 이 악기는 무엇일까요?
 –트라이앵글이요.
- 그래요, 이 악기는 트라이앵글이에요. 트라이앵글은 어떻게 연주하지요?
 –막대기로 쳐요.

• 맞아요. 트라이앵글은 막대기로 이렇게 쳐주는 거예요. 마지막으로(나팔을 보여주면서) 이 악기는 무엇일까요?

–나팔이요!

• 맞아요. 이건 나팔이에요. 나팔은 어떻게 연주하지요?

–입으로 불어서 연주해요!

• 그래요. 나팔은 입으로 불어서 연주를 해요. 그럼 '어린 음악대' 노래에 맞추어 이제 악기를 가지고 연주를 해볼 거예요.

–우와! 재미있겠다!

• 먼저, 탬버린을 연주할 친구 손들어 볼까요?

–저요!

• 자, 탬버린은 ○○이가 한 번 연주해 보도록 해요. 다음 캐스터네츠는 누가 연주해 볼까요?

–저요!

• 캐스터네츠는 △△이가 연주하도록 해요. 트라이앵글은 누가 연주해 볼까요?

• 트라이앵글은 ㅁㅁ이가 연주해 보도록 해요. 마지막으로 나팔은 누가 연주 해볼까요?

–저요!

• 우리 ○○이가 연주해보도록 해요.

–저요! 저요!

## 2 전개

### ① 노래를 들어보고 악기 연주표를 살펴본다.

• 자, 악기를 가지고 마음대로 연주해 볼까요? (노래를 들어준다.)

–네.

• 노래에 맞춰서 마음대로 악기를 연주해 보니까 어땠어요?

–어려웠어요.

–노래 소리가 잘 안 들렸어요.

• 그랬군요. 그래서 선생님이 악기 그림을 준비했어요. '따따따 따따따 주먹 손으로' 부분은 무슨 악기로 연주해 볼까요?

–트라이앵글이요!

• 그래요. 트라이앵글로 연주해 볼게요. 그럼, '따따따 따따따 나팔 붑니다' 부분은 무슨 악기로 연주해 볼까요?

–나팔이요!

• 그래요. 나팔로 연주해 보도록 해요. 그 다음 '쿵짝짝 쿵짝짝 둥근 차돌로' 부분은 무슨 악기로 연주해 볼까요?

–캐스터네츠요!

• 좋아요. 캐스터네츠로 연주해 보도록 해요. 그리고 마지막 '쿵짝짝 쿵짝짝 북을 칩니다' 부분은 탬버린으로 연주할게요. 노래를 같이 부르면서 다시 한 번 연주를 해볼까요?

–네! (노래를 들으며 같이 연주한다.)

② 악기를 바꿔서 연주해본다.

• 이번에는 악기를 옆 친구랑 바꿔서 연주를 해볼까요?

–네. (악기를 바꾸어 연주한다.)

• 잘했어요. 서로 잘했다고 박수를 쳐줄까요?

–네. (짝짝짝)

### 3 마무리

① 악기 연주가 끝난 후 악기를 제자리에 정리한다.

• 이제 연주를 다했으니까 악기를 정리해야겠지요? 어디에 정리할까요?

–음률 영역이요!

• 그래요. 음률 영역에 정리하도록 할게요.

–네.

• 오늘 우리 음악대가 되어서 연주를 해보았는데 어땠어요?

–재미있었어요.

–또 하고 싶어요!

• 그렇군요. 오늘 악기 연주를 하면서 '좋았어요' 하는 부분이 있었어요?

–악기 연주하는 게 좋았어요!

• 그래요. 그럼, '힘들었어요' 하는 부분도 있었나요?

–노래가 너무 빨라서 어려웠어요.

• 그래요. 그런 점들이 힘들었군요. 다음 시간 활동을 준비해요.

# 4 신체표현하기

## 1 겨울잠 자는 동물 되어보기

**활동주제** 봄, 여름, 가을, 겨울

**활동목표**

- 동물의 특징을 이해한다.
- 신체를 창의적으로 움직여서 동물의 모습을 표현한다.

**음악요소** 장단, 고저, 멜로디

**활동자료**

- 그림동화 『겨울잠 자고 만나자』(글 · 변혜원, 그림 · 김세진, 월드베스트, 2014), 슈베르트의 자장가, 겨울잠 자는 동물의 모습 그림 자료

**대상연령** 만 3세

**누리과정**

- 신체운동 · 건강 : 신체 조절과 기본 운동하기–신체조절하기
- 예술경험: 예술 감상하기–다양한 예술 감상하기

## 활동내용

### 1 도입

① 유아들과 겨울잠 자는 동물에 대해 이야기한다.

- 기린반 친구들 오늘 선생님이 재미있는 동화 하나를 가지고 왔어요. 우리 다 같이 한 번 들어 볼까요?

  –네.

- 동화를 들을 때는 어떻게 들어야 되죠?

  –조용히 다른 친구를 방해하지 않고 들어요.

- 맞아요. 우리 다른 친구 방해하지 않고 잘 들어봐요.

  –네, 빨리 들려주세요!

▪Tip

어느 늦은 가을날이었어요. 조그만 아기달팽이 한 마리가 흥겹게 노래를 부르며 풀밭을 거닐고 있었어요. 그런데 그때 다람쥐 한 마리가 빠르게 후다닥 지나가고 있었어요.

"어? 다람쥐야! 어디 가니? 나랑 놀자."

"안 돼. 겨울잠 자러 집에 가야돼. 곧 추운 겨울이 온다고 엄마가 빨리 오라고 했어." 아기달팽이는 고개를 갸우뚱거리며 말했어요. "너의 집이 어딘데? 집에 간다고?"

"응, 나는 나무 구멍 속이 나의 집이야. 나무 구멍 속에서 겨울잠을 잔단다."

말이 끝나자마자 다람쥐는 빠르게 '후다닥' 지나 갔어요.

이때 곰이 '쿵쿵' 하고 지나가며 말했어요.

"아기달팽이야, 곧 추운 겨울이 온단다. 어서 빨리 겨울잠을 자러 집에 가렴."

"곰 아저씨는 어디서 겨울잠을 주무시나요?"

"응, 나는 나무나 바위로 된 구덩이 속에서 겨울잠을 잔단다. 그곳이 나의 집이거든."

곰은 다시 쿵쿵거리며 지나갔어요. 아기달팽이는 또 생각했어요. "집? 나는 집이 없는데?"

이번에는 뱀들이 '스르륵스르륵' 떼를 지어 지나가며 말했어요.

"아기달팽이야, 곧 추운 겨울이 온단다. 빨리 집에 가렴."

"뱀 아줌마는 어디서 겨울잠을 주무시나요?"

"우리들은 땅 속 깊은 곳에 있는 집에서 겨울잠을 잔단다."

"더 추워지기 전에 너도 빨리 집으로 돌아가렴."
뱀들은 다시 스르륵스르륵 떼를 지어 달팽이 옆을 지나갔어요. 아기달팽이는 갑자기 슬퍼졌어요.
"나는 어디서 겨울잠을 자야 하지? 집이 없는데?"
그때 엄마달팽이가 나타났어요.
"아기달팽이야, 얼른 겨울잠을 자자." "엄마, 우리는 집이 없는데 어디서 잠을 자요?"
"너의 등껍질이 집이란다."
동물 친구들 모두모두 겨울잠을 자러 갔어요.

### 2 전개

① 동화책에 대해 이야기를 한다.

- 우리 친구들, 동화 잘 들었죠? 동화책에 어떤 동물들이 나왔나요?
  - 달팽이요.
  - 곰이요.
  - 다람쥐요.
  - 뱀이요.
- (동물들을 하나씩 붙여가며) 그래요. 달팽이도 나왔고 또 곰도 나왔고, 다람쥐도 나왔고, 뱀도 나왔죠? 그 동물들이 어디를 가고 있었어요? 누가 말해 볼까요?
  - 겨울잠 자러 집에 가고 있었어요.
- 그래요. 동화를 아주 잘 들었네요. 여러분, 다람쥐는 어디로 잠을 자러 가고 있었어요?
  - 나무 구멍 집으로 잠을 자러 갔어요.
- 그래요. 그럼, 다람쥐는 어떻게 잠을 잘까요?
  - 나무 구멍에서 둥글게 하고 자요!
  - 웅크려서요!
- 그래요. ○○○이 한 번 다람쥐가 자는 모습을 몸으로 표현해 볼까요?

-(표현한다.)

• 잘 표현해 주었어요. 다 같이 박수를 쳐줄까요? 그러면 곰은 어떻게 잠을 잘까요?

-곰은 바위로 된 구멍 속에서 누워서 자요.

-아빠가 자는 것처럼 자요.

• 그렇게 생각하는군요. 그럼, 곰이 자는 모습을 누가 한 번 표현해 볼까?

-(표현한다.)

• 잘 표현해 주었어요. 다 같이 박수를 쳐줄까요?

-(박수친다.)

• 이번에는 뱀은 어떻게 잠을 잘까요?

-눈 감고 자요.

-꼬물꼬물 누워서 자요.

• 네, 그래요. 뱀이 자는 모습을 누가 한 번 표현해 볼까?

-저요!

• 그래요. 그럼, ○○○이 한 번 뱀이 자는 모습을 몸으로 표현해 볼까요?

-(표현 중)

• 와, 우리 ○○○가 잘해줬어요. 우리 친구들 박수 쳐줄까요?

-잘했어요. (짝짝짝)

② 자장가 음악을 들려주고 맞추어 몸으로 표현해본다.

• 그럼, 이번에는 선생님이 자장가를 틀어줄게요. 자장가에 맞추어 동물들이 어떻게 자는지 표현해 보아요.

-네!

• 그래요. 그럼, 음악을 들려줄게요.

-(표현 중)

• 기린반 친구들 너무 잘했어요. 자신이 표현한 걸 친구들에게 설명해주고 싶은 친구 있나요?

-저는 ○○○을 표현하려고 해서 (　) 표현했어요.

- 잘했어요. 그럼, 선생님이 다시 한 번 더 음악을 들려줄게요. 다시 한 번 더 표현해 볼까요? 그런데 이번에 표현을 할 때는 선생님이 동물을 말하면 그 동물을 표현해 볼까요?

–네.

- (노래 틀고) 다람쥐가 자고 있어요.

–(다람쥐 자는 모습 표현)

- 곰이 쿨쿨 자고 있어요.

–(곰 자는 모습 표현)

- 뱀이 꼬물꼬물 자고 있어요.

–(뱀 자는 모습 표현)

- 기린반 친구들 모두 너무 잘했어요. 마지막으로 다 같이 자신이 표현하고 싶은 동물이 자는 모습을 음악에 맞추어 표현해 볼까요? 잘 할 수 있나요?

–네!

### 3 마무리

#### ① 오늘 활동에 대해 평가한다.

- 오늘 겨울잠 자는 동물이 자는 모습을 몸으로 표현했는데 어땠어요?

–재미있었어요.

–졸려요. 자고 싶어요.

- 그래요. 우리 기린반 친구들 오늘 잘해줘서 선생님도 기분이 좋아요. 다음 시간은 낮잠시간이에요. 화장실 갔다가 자러 갈까요?

–네, 자장가 또 틀어주세요.

- 그래요. 친구들 잘 때 선생님이 자장가를 틀어 줄게요.

## 2 코끼리 걸음

**활동주제** 동물과 자연

**활동목표**

- 코끼리의 걷는 모습을 창의적으로 표현한다.
- 코끼리의 생김새와 특징을 안다.
- 나의 몸을 이용하여 다양하게 움직인다.

**음악요소** 고저, 멜로디, 리듬, 강약, 변화

**활동자료**

- 코끼리에 관한 책이나 사진, '아기 코끼리 걸음마' 음악 파일, 코끼리 움직임에 대한 동영상 자료

**대상연령** 만 4세

**누리과정**

- 신체운동 · 건강: 신체 인식하기-신체를 인식하고 움직이기
- 예술경험: 예술적 표현하기-움직임과 춤으로 표현하기
- 자연탐구: 과학적 탐구하기-생명체와 자연 환경 알아보기

**활동내용**

### 1 도입

① 유아들과 사진 퍼즐을 맞추며 완성된 코끼리 사진에 대해서 이야기를 나눈다.

- (퍼즐을 사진이 안 보이도록 뒷면을 보이게 하고 하나씩 제시하며) 선생님이 퍼즐을 하나, 둘, 셋, 넷, 다섯, 여섯. 여섯 개의 사진 퍼즐을 가져 왔어요. 우리 한명씩 나와서 퍼즐을 맞춰볼까요?

–네.

- 어떤 친구가 먼저 해볼까?

–저요. (손을 든다.)

- 그래요. 우리 ○○친구가 나와서 퍼즐을 맞추어 보아요.

–(지목된 유아 나와서 번호에 맞춘다.)

- 너무 잘했어요. 우리 모두 ○○한테 잘했다고 박수 쳐주세요.

–(박수 쳐준다.)

- 이번에는 누가 나와서 해볼까?

–(손을 든다.)

- 이번에는 바르게 앉아있던 △△친구가 나와서 맞추어 보아요.

–(지목된 유아): (나와서 번호에 맞춘다.)

- 잘했어요. 우리 △△한테도 잘했다고 박수 쳐주죠.

–(박수 쳐준다.)

- 못해본 친구가 누가 있을까요?

–저요. 저요. (손을 든다.)

- 그래, ㅁㅁ이 나와서 해보아요.

–(지목된 유아, 나가서 맞춘다.)

- 우리 친구들, 너무 잘하네요. ㅁㅁ한테도 박수 쳐주죠.

–(박수쳐준다.)

- 또 누가 해볼까요?

–저요 저요!

- 좋아요. ☆☆이 해보아요.

–(지목된 유아가 나와서 맞춘다.)

- ☆☆이도 정말 잘했어요. 모두 박수 쳐주죠.

–(박수)

- 이제 선생님한테 한 장, 두 장이 남았네요. 나머지 두 장은 누가 붙여 볼

까요?

–저요.

–저도 시켜주세요.

• 마지막은 ◇◇이랑 ♧♧가 해볼게요.

–(지목된 유아): (차례대로 줄서서 퍼즐을 맞춘다.)

• 우와! 우리 친구들 너무너무 잘했어요. 우리 친구들한테도 박수 쳐주죠.

–우와. (박수 쳐준다.)

• (완성된 사진을 가리키며) 친구들, 그림을 맞추니 무엇이 보여요?

–코끼리요.

• 그래요. 코끼리죠! 친구들은 코끼리를 본 적 있나요?

–네. 동물원에서 봤어요.

• 그랬군요. 동물원에서 봤네요. 선생님도 동물원에서 코끼리를 보았던 기억이 나요. 그럼, 코끼리가 어떻게 생겼는지 한 번 말해 볼까요?

–뚱뚱해요.

–귀가 커요.

–코가 길어요.

• 그렇군요. 코끼리는 뚱뚱하기도 하고 귀도 커다랗고 코도 길~구나. 어? 그럼, 코끼리는 무엇을 먹고 살까요?

–풀이요.

–과일이요.

• 그래요. 코끼리는 풀도 과일도 먹어요. 그리고 코끼리는 나무껍질도 먹고 나뭇잎, 나뭇가지 등을 먹고 산대요.

–아, 그렇군요.

• 그렇다면 코끼리는 어떻게 먹이를 먹을까요?

–코로 먹어요.

## 2 전개

### ① 동영상을 감상한다.

- 코끼리는 긴 코로 열매를 따 먹기도 하고 풀과 나뭇잎을 뜯어 먹기도 해요. 선생님이 코끼리가 직접 움직이는 모습을 동영상으로 준비해 왔는데, 코끼리가 움직이는 모습을 다 같이 보도록 해요.

–네.

- 자, 우리 친구들 코끼리가 나오는 동영상을 같이 보았는데 코끼리가 어떻게 움직였어요?

–코로 먹이를 주워 먹었어요.

–귀가 펄럭거렸어요.

–코가 쭈욱 길어졌어요.

–느릿느릿 움직였어요.

### ② 몸으로 표현해 보기

- 코끼리가 코로 먹이도 주워 먹기도 하고 귀도 펄럭펄럭거리기도 했어요. 코도 쭈욱 길어지기도 했죠. 그런데 코끼리가 왜 느릿느릿하게 움직이는 걸까요?

–무거워서요.

–뚱뚱해서요.

- 그렇군요. 무겁고 뚱뚱해서 그런 거군요. 하지만 코끼리가 항상 느릿느릿 움직이는 건 아니예요. 호랑이가 쫓아오거나 사냥꾼들이 괴롭히면 밀림 속이 쿵쿵 울리도록 큰 소리를 내면서 뛰어가기도 한답니다.

–그렇군요.

- 그럼, 모두 일어나서 코끼리처럼 움직여 볼까요?

–(일어난다.) 네.

- 코끼리처럼 움직이려면 우리가 코끼리가 되어야 할 텐데 먼저 손을 어떻게 하면 좋을까요?

–이렇게 만들어요! (두 팔을 엇갈려서 한 손으로 코를 잡는다.)

• 그렇군요. 두 팔이 코끼리의 긴 코가 되었네요. 자, 우리 다 같이 움직여 볼까요?

–네. (다 같이 두 팔을 엇갈려서 한 손으로 코를 잡는다.)

• (두 팔을 엇갈려 한 손은 코를 잡고) 우와. 두 팔이 긴 코가 되었어요.

• 잘했어요. 다음에는 어떻게 하면 우리가 코끼리가 될 수 있을까요?

–이렇게도 만들 수 있어요. (한 손은 귀에 가져다 대고 펄럭거리는 시늉을 하고 다른 한 손은 코 앞쪽으로 쭉 편다.)

• 우와! 한 손은 코 한 손은 코끼리의 큰 귀도 만들 수 있네요. 정말 멋진 생각이에요. 우리도 한 번 해볼까요?

–(다 같이 한 손은 귀에 한 손은 코 앞에 가져다 댄다.)

• (귀에 댄 손을 펄럭이며) 코끼리의 큰 귀도 펄럭거리고 (코를 만든 손을 움직이며) 긴 코도 주욱주욱 움직여보아요.

• 잘했어요. 그런데 다리는 어떻게 움직이면 좋을까요?

–쿵쾅쿵쾅 움직여요.

–느릿느릿 움직여요.

• 좋아요. 우리 발은 쿵쾅쿵쾅거리기도 해보고 느릿느릿 걸어가기도 해봐요. 먼저 느릿느릿 움직여 볼까요?

–네.

• 느릿느릿. (느릿느릿 움직여본다.)

–느릿느릿. (같이 느릿느릿 움직여본다.)

• 이번엔 쿵쾅쿵쾅. (발을 굴려본다.)

–쿵쾅쿵쾅. (쿵쾅거린다.)

• 모두들 잘했어요. 자, 지금부터 음악에 맞춰 움직여 볼까요?

– 네.

### ③ 음악에 맞춰 움직이기

• (자연스럽게 음악을 튼다.) 자, 모두 나만의 멋진 코끼리로 변신!

–(각자 원하는 코끼리로 흉내 낸다.)

• 다 됐나요?

–네.

• 출발!

– (움직인다.)

• 느릿느릿 움직이다가 옆에 친구에게 코로 인사. 안녕, 다른 친구에게도 또 안녕.

–안녕.

• 이번엔 악수를 해봐요. "만나서 반가워, 난 ○○ 코끼리야!" 하고 인사해 볼까요?

–(옆 친구들과 악수를 한다.) 악수, 난 ○○코끼리야, 만나서 반가워요.

• 어! 저 뒤에 무서운 호랑이가 쫓아와요. 얼른 도망가야겠다. 쿵쾅쿵쾅.

–으악! (쿵쾅쿵쾅 소리를 내며)

• 호랑이가 저 멀리 사라졌어요. 다시 느릿느릿 걷다가, 우와! 내 앞에 맛있는 먹이가 있어요. 한 번 먹어 볼까요? 냠냠.

–냠냠.

• 나무 위에 열매도 따먹어 보아요. 냠냠.

–(나무에서 열매를 따먹는 시늉을 하며) 냠냠.

### 3 마무리

#### ① 모두 제자리에 앉는다.

• (음악을 끈다.) 자, 이제 마지막으로 코끼리처럼 느릿느릿 걸어서 자기 자리에 앉아 봅시다.

–(느릿느릿 코끼리 걸음으로 걸어서 제자리에 앉는다.)

• 친구들, 우리 오늘 코끼리처럼 움직여보는 활동을 해봤는데 어땠나요?

–재미있었어요.

• 어떤 점이 재미있었어요.

–손으로 코끼리 코 만든 게 재미있었어요.

–코끼리 귀가 펄럭거리는 것도 신기했어요.

- 그랬군요. 선생님도 우리의 두 팔과 손이 커다란 귀도 되고 긴 코도 된 것이 재미있었어요. 우리 친구들 어떤 점이 힘들었나요?

–친구가 코끼리 코로 괴롭혔어요.

- 많이 속상했겠구나. 그 친구도 다음에는 안 그럴 거라고 선생님은 생각해요. 오늘 다들 열심히 해줘서 선생님은 기분이 매우 좋아요. 다음에도 다 같이 재미있는 놀이해 봐요.

## 3 엄마 닭

**활동주제** 동물

**활동목표**

- 닭과 병아리의 생김새를 안다.
- 달걀이 닭이 되는 과정을 안다.
- 손, 팔, 머리, 상체의 근육을 유연하게 움직일 수 있다.

**음악요소** 강약, 장단

**활동자료** 달걀, 닭과 병아리 그림카드, '작은 동물들' 음악 파일

**대상연령** 만 5세

**누리과정**

- 신체운동 · 건강: 신체인식하기-신체를 인식하고 움직이기
- 예술경험: 예술적 표현하기-움직임과 춤으로 표현하기

**활동내용**

### 1 도입

① 유아들과 '작은 동물원' 노래를 불러 주의집중시킨다.

- 여러분, 예전에 배워본 '작은 동물원' 이라는 노래를 기억해요?
  -네. 기억나요.
- 다함께, 한 번 불러볼까요?
  -네.
- (율동과 함께) 하나 둘 셋 넷!
  -(따라 한다.)

- 누가누가 꼭꼭 숨었나요?

  –(열심히 숨는다.)

- (달걀을 중앙으로 굴리고) 어라, 저게 뭐지요? 여러분, 일어나봐요! 갑자기 이게 굴러 왔네요? 혹시, 저 알이 뭔지 아는 사람 있어요?

  –저 알아요! 달걀이에요.

- 아, 달걀이었네요! 그렇다면 이 달걀에서 무엇이 태어나는지 알고 있어요?

  –병아리요! 병아리가 태어나요.

## 2 전개

### ① 달걀과 병아리, 닭에 대해 말해본다.

- 우리 친구들! 병아리는 어떻게 생겼나요?

  –네! 알아요!

- (그림카드를 제시하며) 어느 게 병아리일까요?

  –(카드를 가리키며) 저거요!

- 그래요. 이렇게 노랗고 조그마하게 생긴 게 병아리예요. 병아리는 어떻게 우나요? 아까 노래에서도 나왔던 것 같은데요?

  –'삐약삐약' 하고 울어요!

- 아, 그랬었지요? 옆에 있는 이 친구는 무엇일까요?

  –닭이요.

- 맞아요. 그럼, 닭은 병아리와 어떻게 다를까요?

  –이렇게 뾰족뾰족 벼슬이라는 것이 있고 병아리보다 조금 큰 것 같아요.

- 그렇군요. 그럼, 사랑반 친구들은 닭이 이 달걀을 어떻게 낳는지 알아요?

  –아니요. 잘 모르겠어요.

### ② 손유희 활동을 한다.

- 오늘은 선생님이 이야기 하나 들려줄게요?

  –좋아요!

–네.

• (동화 구연하듯이)

▪ Tip

엄마 닭이 배가 몹시 아프더니 조그만 알을 하나 낳았어요.
눈도 없다 꼬꼬댁 코도 없다 꼬꼬댁
입도 없다 꼬꼬댁
옆에 있던 아빠 닭이 괜찮다
열 개만 낳아라.
한 밤 자고 한 알 낳고
또 한 밤 자고 한 알 낳고
열 개를 낳았습니다.
엄마 닭은 알을 품고 스무 밤을 자고 나니 조그마한 알 속에서 예쁜 병아리가 '삐약삐약' 하고 나왔어요.
아빠 닭은 쥐가 오나 고양이가 오나 지키고 있었어요. 엄마 닭은 병아리를 안아도 주고 업어도 주고 재미있게 살았대요.

③ 손유희에 맞춰 엄마 닭을 불러본다.

• 잘 들었어요?

–네.

• 어떤 이야기예요?

–병아리 얘기예요.

–엄마 닭이랑 아빠 닭의 이야기예요.

• 그래요. 이번에는 선생님이 들려준 이야기에 율동을 만들어 볼까요? 먼저 어미 닭은 어떻게 표현할까요?

–(율동을 하며) 엄마 닭을 할 때는 허리에 손을 얹고요.

• 그렇게 하면 되겠네요. 그럼, 아빠 닭은 어떻게 표현할까요?

–아빠 닭을 할 때는 힘차게 팔을 흔들어요.

- 꼬꼬댁은 어떻게 표현하지요?
- 병아리는 어떻게 표현하지요?
- '삐약삐약' 은 어떻게 표현하지요?

–(서로 토의하고 정한다.)

- 그럼, 다 같이 한 번 해볼까요?

### 3 마무리

① 닭이 달걀을 낳는 과정에 대해 이야기해 본다.

- 자, 오늘 선생님이랑 같이 닭이 달걀을 낳는 과정에 대해 알아보았어요. 우리 친구들은 오늘 활동을 하며 어떤 것을 알았어요?

–엄마 닭은 배가 너무 아파요.

–엄마 닭이 알을 품어줘야 해요!

–아빠 닭이 지켜줘야 해요!

- 그래요. 엄마 닭이 알을 품어주기도 했죠? 우리 친구들도 집에서 엄마가 밥도 주고 옷도 입혀주고 하듯이 병아리들도 아기라서 엄마 닭과 아빠 닭이 필요해요.

② 활동에 대해 평가한다.

- 우리 친구들, 오늘 엄마 닭이 달걀을 낳고 그 달걀이 병아리가 되는 과정을 배웠는데 어땠어요?

–신기했어요.

–재밌었어요.

- 그랬군요. 힘들거나 어려웠던 친구는 없어요?
- 오늘 활동은 여기서 마치도록 할게요.

–네.

# 참고문헌


강경희(2000). 유치원 교사의 전통음악 인식 및 활용에 대한 조사연구. 연세대학교 교육대학원 석사학위논문.

강문진(2009). 코다이 교수법이 유아의 음악성에 미치는 효과. 총신대학교 교육대학원 석사학위논문.

강숙희(1993). 유치원 음악교육에 대한 교사의 태도와 유아 음악 능력과의 관계. 계명대학교 교육대학원 석사학위논문.

강혜인(2006). 융교육, 우리음악으로 가르쳐요. 서울: 민속원.

강혜인(2006). 한국 전래동요의 음악문화 연구. 동아대학교 대학원 박사학위논문.

교육부(1998). 유치원 교육과정 해설. 교육부.

교육부(1998). 제6차 유치원교육과정(교육부 고시 제1998-10호).

교육과학기술부(2013). 3-5세 연령별 누리과정 해설서. 서울: 교육과학기술부, 보건복지부.

구희영 · 김남경 · 윤대근(2000). 유아 음악교육. 서울: 양서원.

권세미(2009). 유아의 자기 표현 능력 증진을 위한 오르프 음악 활동의 적용. 이화여자대학교 교육대학원 석사학위논문.

김광자(2004a). 포괄적 음악교육에 기초한 유아의 음악적 능력 증진 프로그램 개발 및 효과검증. 서울여자대학교 대학원 박사학위논문.

김규식(2002). 재미있는 오르프. 서울: 창지사.

김기원(2004). 숲이 들려준 이야기. 서울: 효형출판사.

김길숙(1999). 동작 요소 중심 동작교육 프로그램이 신체표현 능력 향상에 미치는 영향. 부산대학교 교육대학원 석사학위논문.

김명순 · 조경자(2001). 유아를 위한 음악교육의 이론과 실제. 서울: 다음세대.

김민아(2000). 신체 활동을 통한 유아 음악교육 Program에 관한 연구: 만 3 · 4세를 중심으로. 숙명여자대학교 교육대학원 석사학위논문.

김법순(2009). 유아의 음악 능력 증진을 위한 포괄적 음악교육 프로그램 개발. 조선대학교 대학원 박사학위논문.

김복영(1988). 에코페미니즘과 홀리스틱 교육. 홀리스틱교육실천연구, 2(2). 23-30.

김선아(2007). 요소 중심의 탐색적 음악 활동이 유아의 음악 능력과 언어 능력에 미치는 효과. 전남대학교 교육대학원 석사학위논문.

김선의(2009). 주제와 통합된 Dalcroze 유리드믹스 음악 활동이 유아의 음악 능력과 창의성에 미치는 효과. 강릉원주대학교 대학원 석사학위논문.

김성실(1999). 유아의 노래 부르기 지도에 관한 연구. 연세대학교 교육대학원 석사학위논문.
김영연(1995). 유아 음악교육의 이론과 실제: 유아의 음정 지도를 위한 효과적인 교수 전략. 음악교육연구, 14(1). 91-104.
김영연(2002). 유아 음악교육론. 서울: 학지사.
김은심(1995). 통합적 동작교수 방법이 유아의 기본 동작 능력과 창의적 사고 및 신체표현 능력에 미치는 효과. 중앙대학교 대학원 박사학위논문.
김은심(1995). 유아동작교육. 서울: 정민사.
김은심(2010). 유아를 위한 동작 · 음악교육. 서울: 정민사.
김은진(2010). 달크로즈 유리드믹스를 활용한 유아 리듬 지도 방법에 관한 연구. 목포대학교 교육대학원 석사학위논문.
김인실(1999). Gordon 유아 음악교육 방법의 적응효과성에 관한 연구. 단국대학교 대학원 석사학위논문.
김인실(2001). 통합적 유아음률 활동. 사회과학연구, 8. 251-268.
김재은(1980). 유아의 가능성과 교육. 서울: 유아개발사.
김정희 · 김연희(2004). 유아의 음악적 감각 신장을 위한 소리 탐색 활동에 대한 연구. 한국유아교육 · 보육행정연구, 8(2). 103-120.
김지영(2009). 어린이 합창단의 발성법과 기초훈련 및 레퍼토리분석. 대구카톨릭대학교 대학원 석사학위논문.
김춘희(1994). 포괄적인 음악교육 접근이 5세 유아의 음악 감상 능력에 미치는 영향. 중앙대학교 교육대학원 석사학위논문.
김현영(2001). Gordon의 음악 학습 이론에 근거한 음악 감상 활동이 유아의 음감과 리듬감에 미치는 영향. 중앙대학교 대학원 석사학위논문.
김현재(1997). 열린교육의 현대화를 위한 홀리스틱 교육의 탐색. 한국홀리스틱교육실천연구, 창간호. 3-21.
김혜경(2001). 유치원 음악교육의 이론과 실제. 서울: 창지사.
김혜숙(1997). 새의 소리 유형과 음성. 숲과 문화 총서, 5. 230-243.
김혜영(2008). 오르프 음악교수법을 통한 전래 동요 지도 방안 연구. 중앙대학교 국악교육대학원 석사학위논문.
노주희(1995). 듣기를 통한 음악교육의 세계(1). 낭만음악, 28. 177-186
단은미(2009). 동화를 활용한 통합적 음악 감상 활동이 유아의 음악 능력 발달에 미치는 영향. 한양대학교 교육대학원 석사학위논문.
명지원(2000). 홀리스틱 교육에 의한 통합교육과정 구성. 동국대학교 대학원. 박사학위논문.
문연경(2006). 음악두뇌. 서울: 눈과 마음.
문연경 · 왕미정 · 정현희 (2007). 삶과 리듬 상, 하. 서울: 리더스하이.

민경훈(2003). 기초 음악교육의 학습 환경 구성에 관한 논의. 음악교육, 3. 318-346.
박명숙(1984). 유아의 음색 · 음 개념 발달에 관한 실험 연구. 이화여자대학교 대학원 석사학위논문.
박순옥(2002). 음악 활동을 통한 효율적인 유아교육 사례 연구. 인제대학교 교육대학원 석사학위논문.
박승경(2008). 피아노 교육에서 달크로즈 교수법 적용-유아기를 중심으로. 종합예술과 음악학회지, 2(2). 143-163.
박찬옥 · 정미라 · 김영옥(1997). 제5차 유치원 교육과정 평가 연구. 유아교육연구, 17(2). 27-53.
방효숙(2004). 동화를 통한 신체표현과 교사 주도 신체 활동이 유아의 언어 능력 및 운동능력에 미치는 효과 비교. 유아교육연구. 제8권 제2호. 183-203.
박찬옥 · 정미라 · 김영옥(1997). 제5차 유치원 교육과정 평가 연구. 유아교육연구, 17(2). 27-53.
배미영(2007). 유아 전통음악교육에 대한 유치원교사의 인식 및 실태연구. 한국교원대학교 석사학위논문.
배현숙(2003). 음률 활동이 신체표현 능력에 미치는 효과. 전북대학교 교육대학원 석사학위논문.
배희진(2008). 음악적 요소 중심의 감상 활동이 유아의 음악 능력 및 신체표현 능력에 미치는 효과. 계명대학교 교육대학원 석사학위논문.
백지혜(2002). Gordon의 학습 이론에 근거한 오디에이션 활동이 유아의 음악 소질에 미치는 영향. 중앙대학교 대학원 석사학위논문.
변미혜(1989). 한국 음악의 이해. 청람문화, 3. 176-183.
변혜원(2014). 겨울잠 자고 만나자. 서울: 월드베스트.
서정록(2007). 잃어버린 지혜-듣기. 서울: 샘터사.
성경희(1986). 음악과 교육과정의 기본방향. 교육개발, 42, 52.
성경희(1995). 유아들의 음악세계. 서울: 세광음악출판사.
성경희(1998). 음악과 교육론. 서울: 갑을출판사.
송수현(2004). 통합적 접근을 통한 음악 활동이 유아의 음악 능력과 정서지능 발달에 미치는 영향. 중앙대학교 교육대학원 석사학위논문.
송여진(2009). 오르프 교수법에 의한 음악교육 활동이 유아의 음악적 창의성과 신체표현 능력에 미치는 영향. 성신여자대학교 교육대학원 석사학위논문.
송연아(2002). 리듬악기를 이용한 음악 활동이 유아의 음악 능력 발달에 미치는 영향. 원광대학교 대학원 석사학위논문.
신대철(1993). 우리음악, 그 맛과 소리깔. 서울: 교보문고.
신인숙(1987). 유아의 음악 능력 발달 프로그램의 효과(Orff, Kodály 및 Dalcoroze의 통합적 방법을 중심으로). 효성여자대학교 대학원 석사학위논문.

신인숙(2000). 아동의 음악 이해에 관한 연구. 열린유아교육연구, 5(2). 23-44.

심성경 · 이희자 · 이선경 · 김경의 · 이효숙 · 박주희(2003). 유아음아교육. 서울: 양서원.

심성경(2008). 아동음악과 동작교육. 서울: 양서원.

심인자(2000). 아동기 기초 음악교육을 위한 방안 연구. 중앙대학교 교육대학원 석사학위논문.

안재신(1996). 유아 음악교육. 서울: 교육과학사.

안재신(2003). 다중지능 이론에 기초한 유아 음악교육 프로그램 모형 개발연구. 음악교육연구, 제24집. 67-81.

안재신 · 김혜숙 · 안경숙 · 김소향 · 이옥주 · 정수진(2002). 구성주의 이론에 기초한 유아 음악교육. 서울: 교육과학사.

양은정(1997). 유아 국악 교육에 대한 교사의 인식 및 현황. 이화여자대학교 교육대학원 석사학위논문.

양종모(2000). 졸탄 코다이(**Zoltán Kodály**) 연습곡의 원천. 음악학. 273-300.

에모토 마사루(江本勝, 2003). 水は答えを知っている. 2: 結晶が奏でる癒しと祈りのメロディ. 日本: サンマ-ク. 홍성민 역(2008). 물은 답을 알고 있다: 물이 연주하는 치유와 기도의 멜로디. 서울: 더난.

와고 하루히사(和合治久, 2002). モ-ツァルトを聽けば病氣にならない! 日本: ベストセラ-ズ. 송수영 역(2005). 모차르트 테라피. 서울: 넥서스 Books.

윤영일(1997). 음악 감상과 숲의 음악, 자연의 소리와의 관계. 숲과 문화 총서, 5. 62-72.

윤은미(2007). Gordon의 음악 학습 이론에 기초한 유아 음악과 동작의 통합 활동 프로그램 구성 및 적용 효과 탐색. 중앙대학교 대학원 박사학위논문.

윤지영(2009). 오르프 교수법을 적용한 감상 수업 지도 방안 연구: 초등학교 3, 4학년을 중심으로. 서울교육대학교 교육대학원 석사학위논문.

윤현진(2002). 대학의 유아 음악교육과정과 유아교육기관에서의 음악교육 실태. 연세대학교 교육대학원 석사학위논문.

이강숙(1993). 열린 음악의 세계. 서울: 현음사.

이경희(2009). 통합적 접근 방법을 통한 유아 리듬 지도 연구: 만 5~6세 유아를 중심으로. 동아대학교 예술대학원 석사학위논문.

이기숙 · 김영주(1992). 유아 음악교육. 서울: 교문사.

이기애(1999). 식물과 자연음악. 숲과 문화 총서, 17. 205-209.

이숙희(1993). 5세 유아의 음악청취력 향상 프로그램 개발과 그 효과에 관한 연구. 서울여자대학교 대학원 박사학위논문.

이숙희(1998). 유아 음악-교수 학습 방법의 효과적 방향 모색. 유아교육학논집, 2(2). 27-46.

이순례(1998). 유아 국악음률 교육을 위한 기초연구: 유치원 교육 활동 지도자료집을 중심으로. 인문과학논집, 6. 113-132.

이순례(2003). 통합적 유아 국악음률 활동의 효과에 관한 연구. 성신여자대학교 대학원 석사학위논문.

이에스더(2003). 음악적 창의성 신장을 위한 달크로즈의 교육방법에 관한 고찰. 유아교육, 제12집. 237-249.

이연경(1990). 피아노 지도의 즉흥 연주 교수 방안에 관한 연구. 여수산업대학교 논문집, 4. 177-202.

이영(1982). 유아를 위한 창의적 동작교육. 서울: 교문사.

이영 · 유애열(1985). 유아를 위한 음악 활동의 이론과 실제. 서울: 융성출판사.

이영 · 전인옥(2003). 유아동작교육. 서울: 방송통신대학출판부.

이영옥(1999). 유아 음악교육 활동의 현장 실태 연구. 한양대학교 교육대학원 석사학위논문.

이영자 · 이기숙 · 이정욱(1999). 유아 교수-학습 · 방법. 서울: 창지사.

이은화 · 김영희(1997). 유아를 위한 음악교육. 서울: 교문사.

이윤기(2000). 그리스 로마 신화. 서울: 웅진지식하우스.

이장직(1997). 환경음악과 숲. 숲과 문화 총서, 5, 43-48.

이천용(1997). 동요에 나타난 숲과 나무의 세계. 숲과 문화 총서, 5, 156-178.

이홍수(1990a). Zoltán Kodály의 교육이념과 한국 음악교육계의 과제. 음악교육연구, 9. 41-55.

이홍수(1990b). 음악교육의 현대적 접근. 서울: 세광음악출판사.

이홍수(1992). 느낌과 통찰의 음악교육. 서울: 세광음악출판사.

이홍수(1993). 음악교육의 현대적 접근. 서울: 세광음악출판사.

임수정(2004). 한국의 검무(劍舞)음악 연구. 음악과 민족, 28. 144-173.

임은애 (2001). 유아의 음악적 이해형성을 돕기 위한 통합 프로그램 개발. 유아교육연구, 21(1). 51-70.

장정애(2004). 음악 감상에 기초한 다중 표상 활동이 유아의 음악 지능에 미치는 영향. 한국교원대학교 대학원 석사학위논문.

장정애(2008). 자연의 소리를 활용한 음악 활동이 유아의 음악 능력 및 환경친화적 태도 형성에 미치는 효과. 유아교육학논집, 12(4). 69-88.

장정애(2011). 자연의 소리를 활용한 통합적 유아 음악교육 프로그램 구성 및 효과. 중앙대학교 대학원 박사학위논문.

전인옥 · 이숙희(2005). 유아 음악교육. 서울: 한국방송통신대학교 출판부.

전인옥(2005). 음악 · 동작 통합교수법을 활용한 유아국악장단 교육 활동의 개발 및 교육적 효과. 한국방송통신대학교 논문집, 39. 653-677.

전영우(1999). 숲이 있는 학교. 서울: 이채.

정성자(1994). 어린이 국악교육. 서울: 창지사.

정세호(2002). 통합적 동작 활동이 종일제 유아의 기본운동 능력 및 신체표현 능력에 미치는 영향. 배재대학교 대학원 석사학위논문.

정소영(2009). 만 4세 무지개반 음악 활동에 대한 문화기술적 연구. 성신여자대학교 대학원 석사학위논문.

정진원(1992). 선율인지과정과 그의 발달에 관한 고찰. 음악교육연구, 11(1). 107-122.

정현주(2006). 유아 음악교육의 현장실태 연구. 전주대학교 교육대학원 석사학위논문.

조규혁(2004). 숲과 함께 하는 음악교육. 한국홀리스틱교육학회 2004년도 제21차 학술발표대회 논문집, 12. 296-304.

조순이 · 박상하(2002). 오르프 음악교육이 초등학생의 창의성 계발에 미치는 영향. 초등교육연구, 17(1). 109-134.

조윤미(2004). (함께 즐기는) 유아국악교육. 서울: 창지사.

조홍기(1994). 코다이 음악교수법. 서울: 다라.

조효임 · 최은식 · 정진원(1997). 한국초등학생의 음악 적성과 음악 환경에 대한 비교연구 1. 음악교육연구, 제 16집. 147-171.

주대창(2000). 음악성의 교육적 의미. 음악과 민족, 19호. 216-243.

주영은 · 송주승(1998). 음악 감상 수업이 음악적 개념향상에 미치는 영향. 미래유아교육학회지, 5(2). 221-247.

천신현(1998). 오르프의 음악 활동이 유아의 창의성에 미치는 효과. 계명대학교 교육대학원 석사학위논문.

최은식 · 권덕원 · 석문주 · 정재은(2008). 한국 초등학교 3-4학년 학생을 위한 연주 능력검사 및 전국규준 개발 연구. 음악교육연구, 34. 171-196.

최재희(2000). 동작을 통한 음악 활동이 유아의 음악청취력에 미치는 영향. 성신여자대학교 대학원 석사학위논문.

최진욱(2005). 오르프 '기초음악'의 개념과 활동방식을 이용한 창작 학습 지도 방안. 한국교원대학교 교육대학원 석사학위논문.

한국음악용어연구소(1992). 음악적 재능과 음악성. 음악과민족, 4. 315-319.

허정현(2002). 신체 활동을 통한 유아 리듬 지도에 관한 연구. 중앙대학교 교육대학원 석사학위논문.

현경실(1994). 고든 학습 이론과 실제 수업에의 적용 방안. 음악교육연구, 13. 175-196.

현경실 · 석문주(1995). 교육대학 음악과 심화과정 학생들을 위한 음악적성 검사 적용가능성. 국악과 교육, 13. 181-202.

현경실 · 석문주(1996). 음악적성검사 개발을 위한 Intermediate Measures of Music Audiation과 Musical Aptitude Profile의 타당도 연구. 연세음악연구, 4. 149-173.

홍명옥(2007). 탐색 · 표현 · 감상을 통한 음악 활동이 유아의 음악적 능력과 그림 표상능력 및 정서 능력에 미치는 효과. 전남대학교 교육대학원 석사학위논문.

홍용희 · 이한영 · 최혜로 · 원영신(2000). 유아를 위한 동작 교육의 이론과 실제. 서울: 다음세대.

황경미(2009). 오르프 음악 교수법을 통한 음악 활동이 유아의 정서 지능에 미치는 효과. 백석대학교 음악대학원 석사학위논문.

황선향(2005). 제6차 교육 과정에 의한 국악 유아교육 교수-학습 지도안 개발. 중앙대학교 국악교육대학원 석사학위논문.

황순각(2001). 유아 신체 활동 프로그램의 구성 및 효과: 유아의 지각운동 능력과 신체적 자아 개념을 중심으로. 중앙대학교 대학원 석사학위논문.

황옥희(2003). 창의적 표현 능력 신장을 위한 즉흥 연주 지도 방법 연구. 춘천교육대학교 교육대학원 석사학위논문.

Alper, C. D. (1985). Instinct & Imagination: Froebel' s Principal of Self-Activity in Turn-of-the-Century Song Books. *Music Educators Journal, 72(2)*. 53-56.

Anderson, L. (2002). *Kindergarten teacher' s perspectives on the role of music in early childhood education*. Australia: Unpublished Masters thesis, University of South Australia.

Anderson, W. M., & Lawrence, J. E. (1985). *Integrating music into the Classroom*. Belmont, CA: Wadsworth Publishing.

Andrea, E. (2004). *Kinder entdecken die Natur: Erlebnisspiele mit kleinen Kindern*. München: Küsel. 이태영 역(2004). 아이들의 상상력과 창의력을 높여주는 자연체험 놀이. 서울: 가야넷.

Andress, B. (1991). From research to practice: Preschool children and their movement responses to music. *Young children, 47(1)*. 22-27.

Andress, B. (1995). Transforming curriculum in Music. S. Bredkamp & T. Rosegrant(Eds.). *Reaching Potentials: Transforming Early Childhood Curriculum and Assessment*, Vol 2. Washington D.C: National Association for the Education of Young Children. 99-108.

Apel, W., & Daniel. R. (1960). *The harvard brief dictionary of music*. NY: Washington Square Press.

Bailie, P. E. (2010). From the One-Hour Field Trip to a Nature Preschool: Partnering with Environmental Organizations. *Young Children, 65(4)*. 76-82.

Bainger, L. (2010). A music collaboration with early childhood teachers. *Australian Journal of Music Education, No 2*. 17-27.

Balkin, A. (1985). The creative music classroom laboratory for creativity in life. *Music*

*Educators Journal*.

Bamberger, J. (2002). Music, Math and Science. *Journal for learning through Music, Summer 2000*. 32-35.

Barlow, T. A. (1977). *Pestalozzi and education*. Bouler: Este Es Press.

Barrett, J. R. (2001). *Interdisciplinary work and musical integrity*. MEJ.

Baumann, P. J. (2010). *In Search of Signature Pedagogies for Teacher Education: The Critical Case of **Kodály**-Inspired Music Teacher Education*. University of Maryland, College Park.

Bayless, K. M., & Ramsey, M. E. (1978). *Music: a way of life for the young child*. Saint Louis, CV: Mosby.

Berger, A. A., & Cooper, S. (2003). Musical play: A case study of preschool children and parents. *Journal of Research in Music Education, 5(2)*. 151-165.

Berke, M. K. (2000). *Curriculum integration: A two-way street*. GMT.

Boyden, D. E. (1965). *An introduction to music*. NY: Alfred A. Knopf.

Boyle, J. D. (1982). *College students, verbal descriptions of stimulative and sedative music*. In P. E. Sink(Ed.). Preceedings of the Research Symposum on the Psychology and Acoustics of Music 1982. Lawrence: The University of Kansas. 105-117.

Boyle, J. D. (1992). *Evaluation of music ability*. In R. Colwel(Ed.). The handbook of research in music teaching and learning. NY: Schirmer Books. 247-265.

Bresler, L. (1995). The subservient, co-equal, affective and social integration styles and their implementations for the arts. *Arts Education Policy Review. 96(3)*. 123-145.

Campbell, P., & Scott-Kassner, C. (1995). *Music in childhood*. NY: Schirmer Books.

Campbell, P. (2010). *Songs in their heads: music and its meaning in children's lives*. NY: Oxford University Press.

Cane, S. (2009). Collaboration with Music. *Music Educators Journal, 96(1)*. 33-39.

Chawla, L. (1998). Significant Life Experiences Revisited: A Review of Research on Sources of Environmental Sensitivity. *The Journal of Environmental Education, 29(3)*. 11-21.

Chawla, L., & Hart, R. A. (1998). The roots of environmental concern. *The NAMTA Journal, 20(1)*. 148-157.

Chen, J. Q., & Chang, A. (2006). Testing the whole teacher approach to professional development: A study of enhancing early childhood teachers' technology proficiency. *Early Childhood Research & Practice, 8(1).* 1-18.

Chosky, L., Abramson, R. M., Avon, E. G., & Woods, D. (1986). *Gillespie and David Woods, Teaching Music in the Twentieth Century.* Englewood Cliffs, NJ: Prentice Hall Inc.

Colwell, R. (1992). *Handbook of Research in Music Teaching and Learning.* NY: Schirmer Books.

Comenius, J. A. (1932). *(The) Great didactic of John Amos Comenius.* 정확실 역(1995). 대교수학. 서울: 교육과학사.

Cornell, J. S. (1989). *Sharing the joy of nature.* CA: Dawn Publications. 양선하 역(1996). 자연놀이. 서울: 현암사.

Costanza, P., & Russell, T. (1992). *Methodologies in music education, In Handbook of Research on Music Teaching and Learning* (R. Colwell Ed.) NY: Schirmer Books, 502-523.

Creston, P. (1964). *Principles of rhythm.* NY: Franco Columbo. 최동선 역(1991). 리듬원리. 서울: 세광음악출판사.

Darrow, A. A. (2011). Early Childhood Special Music Education. *General Music Today, 24(2).* 28-30.

Davis, J. (1998). Young children, environmental education and future. *Early Childhood Education Journal, 26(2).* 117-123.

De Vries, P. (2006). Being there: Creatin music-making opportunities in a childcare centre. *International Journal of Music Education, 24(3).* 255-270.

Deyarman, E. (1975). An investigation of the stability of musical aptitude among primary-age children. *Experimental Research in the Psychology of Music: Studies in the Psychology of Music, 10.* 1-23.

Dolber, C. C. (1978). *The effect of a training program on five-year-old' s conservation of musical concepts.* Unpublished doctoral dissertation, Pennsylvania State University.

Dalcroze, E. J. (1921). *Rhythm, Music and Education.* NY: G. P. Putnam' s Sons.

Doxey, C., & Wright, C. (1990). An exploratory study of children' s music ability. *Early Childhood Research Quarterly, 5.* 425-440.

Duke, R. A. (1994). When tempo changes rhythm: The effect of tempo ton nonmusicians' perception of rhythm. *Journal of Research in Music Education, 42.* 27-35.

Eisner, E. (2004). What can education learn from the arts about the practice of education? *International Journal of Education & the Arts, 5(4)*. 12.

Elaiason, C. & Jenkins, L. (2003). *A practical guide to early childhood curriculum*(7th ed.) Upper Saddle River, NJ: Prentice Hall.

Elliot, D. J. (1995). *Music matters: A new philosophy of music education*. Oxford: Oxford University Press.

Fröbel, F. (1982). *(Die) menschenerziehung. Stuttgart: Klett-Cotta*. 서석남 역(1995). 인간교육. 서울: 이서원.

Gardner, H. (1983). *Creating minds*. NY: Basic Books.

Garner, A. M. (2009). Singing and Moving: Teaching Strategies for Audiation in Children. *Music Educators Journal, 95(4)*. 46-50.

Garreston, R. (1976). *Music in childhood education*. Englewood Cliffs: Prentice Hall.

Gembris, H. (2002). *The development of musical abillities*. In R. Colwell, & C. Richardson(Eds.) The new handbook of research on music teaching and learning (pp 487-508). NY: Oxford University Press.

Gordon, E. E. (1968). A study of efficiency of general intelligence and musical aptitude test battery. *Council for Research in music Education, 13*. 40-45.

Gordon, E. E. (1986). *Manual for the primary measures of music Audiation and the intermediate measures of music audiation*. Chicago: GIA Publication.

Gordon, E. E. (1987). *The nature, description, measurement and evaluation of music aptitudes*. Chicago: GIA Publication.

Gordon, E. E. (1990). *A music learning theory for newborn and Child*. Chicago: GIA Publication.

Gordon, E. E. (1993). *The Early Childhood Music Curriculum*. Chicago, IL: GIA. Pub. Inc.

Gordon, E. E. (1997). *A music learning theory for newborn and young children*. Chicago, IL: GIA. Pub. Inc.

Green, J. A. (1913). *Life and work as Pestalozzi*. London: University of Tutorial Press.

Greenberg, M. (1979). *Your children need music*. Englewood Cliffs, NJ: Prentice-Hall.

Guilmarton, K. K., & Levinowitz, L. M. (2003). *Teaching Music Together* (Pilot Version Rev. 4). Princeton, NJ: Music Together LLC.

Haines, B., & Gerber, L. (1996). *Leading young children to music* (5th ed). Englewood Cliffs, NJ: Prentice-Hall.

Hargreaves, D. J., & Zimmerman, M. P. (1992). *Developmental theories of music learning*. In R. Colwell (Ed.), Handbook of research in music teaching and learning (pp. 377-391). NY: Schirmer Books.

Hart, R. (1999). *Children's participation: The theory and practice of involving young citizens in community development and environmental care*. London: Earthscan.

Hendrick, J. (1992). Where does it all begin? Teaching the principles of democracy in the early years. *Young Children, 7(2)*. 35-37.

Hibrats, C. (1998). Creative in music and early childhood. *Young Children, 53*. 68-74.

Holliger, Y. M. (1978). An investigative study on developing divergent thinking responses in children using a cognitive approach in music education. Unpublished doctoral dissertation, Columbia University.

Hungerford, H. R. (1975). The Myths of Environmental Education. *The Journal of Environmental Education, 7(2)*. 21-26.

Hungerford, H. R., & Volk, T. L. (1993). Changing Learner Behavior Through Environmental Education. *The Journal of Environmental Education, 21(3)*. 8-21.

Issacs, A. F. (1979). Creativity in musical composition: How does the composer work? *The Creative Child and Adult Quarterly, 3(3)*. 152-170.

Jackman, H. L. (2001). Early education curriculum: A child's connection to the world(2nd ed.). Albany, NY: Delmar.

Joanne, G. (2006). *An introduction to music in early childhood education*. New York: Thomson Delmar Learning.

Laban, R. (1948). President's adress at the annual general meeting of the Laban art of movement guild. *Laban Art of movement Guild News Sheet 1, April*. 5-8.

Laban, R. (1963). *Modern educational dance*. Lodon: MacDonald & Evans.

MaDonald, D. T. (1983). Montessori's music for young children. *Young Children 39(1)*. 58-63.

Manins, S. (1990). *Start music young*. In Preceeding of the International Society for Music Education, Helsinki, Finland: ISME, 116-119.

Meiners, J. (2005). In the beginning: young children and arts education. *International Journal of Early Childhood, 37(2)*. 37-45.

MENC (1992). MENC position statement on early childhood education. *MENC soundpost, 8(2)*. 21-22.

Metzger, T., & McEwen, D. (1999). Measurement of Environmental Sensitivity. *The Journal of Environmental Education, 30(4)*. 38-40.

Monroe, W. S. (1900). *Comenius and the beginnings of educational reform*. New York: Scribner's.

Montessori, M. (1967). *The Montessori method* (A. E. George, Trans.). Cambridge, MA: Robert Bently, Inc. (Original work published 1912).

Mursell, J. L. (1937). *The psychology of music*. New York: Norton.

Mursell, J. L. (1948). *Education for musical growth*. Boston: Ginn; 한국음악교재연구회 역(1992). 음악적 성장을 위한 교육. 서울: 세광출판사.

Musser, L. M., & Diamond, K. E. (1999). The children's attitudes toward the environment scale for preschool children. *The Journal of Environmental Education, 30(2)*. 23-30.

NCC (1990). *Curriculum guidance 7: Environmental education*. NY: NCC.

Neelly, L. P. (2001). Developmentally Appropriate Music Practice. *Young Children, 56(3)*. 32-36.

NGC (2010). *My Music Brain. National Geographic Channel*. Dacumentary.

Niland, A. (2007). Musical Stories: Strategies for integration Literature and Music for Young Children. *Australian Journal of Music Education, 32(4)*. 7-11.

Nyland, B., & Ferris, J. (2007). *Early childhood music: an Australian experience*. Smithrim, K., & Uptitis, R. (Eds.) Listen to their voices: Research and practice in early childhood music education. Vol. 3 Canadian Music Educator's Association Biennial series "Research to practice". 182-195.

Nyland, B., & Ferris, J., & Deans, J. (2010). Young ching and music: Adults constructing meaning through a performance for children. *Australian Journal of Music Education, No 2*. 5-16.

Orff, C. (1963). The schulwerk: It's origins and aims trance by arnold Walter. *Music Education Journal, 49(5)*. 69-74.

Paananen, P. (2006). The development of rhythm at the age of 6-11 years: Non-pitch rhythmic improvisation. *Music education research, 8(3)*. 45-54.

Paquette, K. R., & Rieg, S. A. (2008). Using Music to Support the Literacy Development of Young English Language Learners. *Early Childhood Education Journal, 36(3)*. 227-232.

Parlkaian, R. (2010). Beyond Twinkle, Twinkle: Using Music with Infants and Toddlers. *Young Children, 65(2)*. 14-19.

Peterson, N. (1982). Developmental variables effecting Environmental Sensitivity in professional Environmental Educator. Unpublished Master's thesis,

Southern Illinois University at Carbondale.

Pica, R. (1995). *Experience in movement with music, activities, and theory*. New York: Delmar Publishers Inc.

Pica, R. (1997). *Beyond physical development: Why young chilren need to Young Children*. September 4-11.

Pica, R. (2003). *Experiences in movement: birth to age 8*. Belmont, CA: Wadsworth Publishing. 김은심 역(2004). (출생부터 8세까지) 유아를 위한 동작교육. 서울: 정민사.

Pratt, R. R. (1989). Music Therapy and Special Music Education: Interdisciplinary Research and Clinical Practice with the Fields of Medicine and Psychotherapy. *Music therapy and music education for the handicapped, 5(1)*. 52-63.

Prendergast, M. (2008). Teacher as Performer: Unpacking a Metaphor in Performance Theory and Critical Performative Pedagogy. *International Journal of Education & the Arts, 9(2)*. 1-20.

Radocy, R. E. (1994). Musical ability. In V. S. Ramachandran (Ed.). *Encyclopedia of human bahavior, Vol 3*. 257-263. San Diego, CA: Academic Press.

Radocy, R. E., & Boyle, J. D. (1997). *Psychological Foundations of Musical Behavior*. IL: Charles C Thomas Pub Ltd. 최병철 · 방금주 역(2001). 음악심리학. 서울: 학지사.

Reimer, B. (1989). *A philosophy of music education: Advancing the vision* (2nd ed.). Englewood Cliffs, NJ: Prentice Hall.

Rivkin, M. (1992). Science is a way of life. *Young Children, 47(4)*. 4-8.

Robinson, J. (1994). The Expression and Arousal of Emotion in Music. *The Journal of Aesthetics and Art Criticism, 52(1)*. 326-334.

Rogers, G. L. (2004). *Interdisciplinary lesson in musical acoustic: The science-math-music connection*. MEJ.

Rousseau, J. J. (1928). *Rousseau on education* (R. L. Archer, Ed.). London: Edward Arnold (Original work published 1762).

Sahakian, M. L., & Sahakian, W. (1974). *Rousseau as educator*. NY: Trwaye Publisher, Inc.

Satterlee, D. J. (2010). *Exploring Changes and Perceptions in Environmental Attitudes as a Result of Early Learning Experiences in the Outdoor World Utilizing Spark, an Innovative Family Learning Program*. ProQuest LLC, Ed. D. Dissertation, Fielding Graduate University.

Savva, A., & Trimis, E. (2005). Responses of young children to contemporary art exhibits: the role of artistic experiences. *International Journal of Education & the Arts, 6(13)*. 22.

Schoen, M. (1940). *The Psychology of music*. NY: Ronald Press.

Scott-Kassner, C. (1992). *Research on music in early childhood*. In R. Colwell (Ed.), In Handbook of Research in Music Teaching and Learning. (R. Colwell Ed.,). NY: Schirmer Books.

Seashore, C. E. (1938). *Seashore measures of musical talents*. NY: Columbia Phonograph Company.

Serafine, M. (1998). *Music as cognition: The development of thought in sound*. NY: Columbia Press.

Shilling, W. A. (2002). Mathematics, Music, and Movement: Exploring Concepts and Connections. *Early Childhood Education Journal, 29(3)*. 179-184.

Sims, W. L. (1995). Children' s ability to demonstrate music concept discriminations in listening and singing. *Journal of Research in Music Education, 43(3)*. 204-221.

Sims, W. L.(1985). "Young children' s creative movement to music: Categories of movement, rhythmic characteristics, and reactions to changes." *Contributions to Music Education, 12*. 42-50.

Sivek, D. J. (1988). An Analysis of Selected Predictors of Environmental Behavior of Three Conservation Organization, Unpublished Ph. D. Dissertation, Southern University at Carbondale.

Sivek, D. J. (2002). Environmental Sensitivity among Wisconsin High School Students. *Environmental Education Research, 8(2)*. 155-170.

Sloboda, J. A. (1985). *(The) Musical Mind*. NY: Clarendon Press. 서우석 역(1993). 음악의 심리. 서울: 심설당.

Small, C. (1999). Musicking-the meanings of performing and listening. A lecture. *Music Education Research, 1(1)*. 9~22.

Stabley, N. C. (2001). Creative activities for string students. *Music Educators Journal, 88(2)*. 29-33.

Susan, H., & Jackie, S. (2002). Constructions of Musical Ability. *Bulletin of the Council for Research in Music Education, 153-154(Summer-Fall)*. 102-108.

Suthers, L. (2008). Concerts for young children. *Australian Journal of Early Childhood, 33(1)*. 50-54.

Telesco, P. J. (2010). Music and Early Literacy. *Journal of the Oxford round table, Forum on Public Policy Online, 2010(5)*. 1-18.

Thomas, R. B. (1970). *MMCP: Final report*. Washing, DC: U.S. Office of Education, Bureau of Research, August.

Valorie, N. S., Mitchel, B., Kevin, L., Alain, D., & Robert, J. Z. (2011). Anatomically distinct dopamine release during anticipation and experience of peak emotion to music. *Nature Neuroscience, 14*. 257-262.

Walch, M. R. (1952). *Pestalozzi and the Pestalozzian theory of education*. (Doctoral dissertation, The Catholic University of America, 1952). Washington, DC: Catholic University of America Press.

Wiebé, E. (1923). Golden Jubilee edition of the paradise of childhood: A practical guide to kindergarteners (M. Bradley, Ed., including a "Life of Friedrich Froebel" by H. W. Blake). Springfield, MA: M. Bradley Co.

Wiersma, W., & Jurs, S. G. (2009). *Research methods in education: An introduction* (9th Ed.). Boston: Pearson/Allyn and Bacon.

Wiggins, R., & Wiggins, J. (2008). Primary music education in the absence of specialists. *International Journal of Education & the Arts, 12(9)*. 27.

Wiggins, R. (2001). *Interdisciplinary curriculum: Music educator concerns*. MEJ.

Wilson, C. (Ed.) (1996). *The kingfisher young people's book of music*. NY: Kingfisher.

Young, S. (1992). Physical Movement: Its place in Music Education. *British Journal of Music Education, 9*. 187-194.

Young, S. (2006). Seen but not heard: Young children, improvised singing and educational practice. *Contemporary Issues in Early Childhood, 7(3)*. 270-280.

Zimmerman, M. P. (1971). *Musical Characteristics of Children*. Washington, D. C.: MENC.

Zimmerman, M. P., & Sechrest, L. (1968). *How children conceptually organize musical sounds*. (cooperative research project No. 50256). Evanson: Northwestern University.

Zuckerkandl, V. (1967). *The Sense of Music*. Princeton University Press.

한국오르프음악교육연구소(http://www.orff.org/)

# 부 록

1 유치원과 친구

2 나와 가족

3 우리 동네

4 건강과 안전

5 동식물과 자연

6 교통기관

7 환경과 생활

8 생활도구

9 우리나라

10 세계 여러 나라

11 봄 여름 가을 겨울

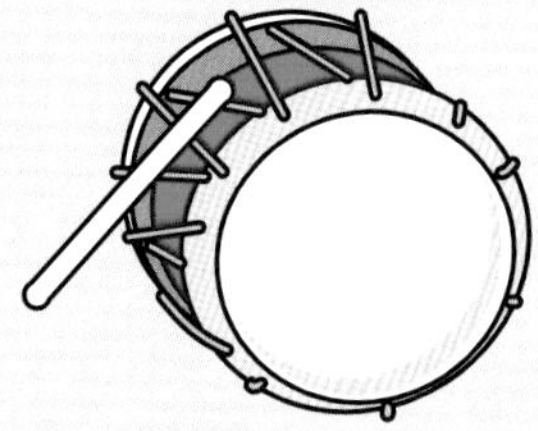

# 1. 유치원과 친구

- 그냥 두고 나갔더니
- 꾹 참았네
- 내 짝
- 냠 냠
- 둘이 살짝
- 미소
- 숲 속 친구들
- 예쁜 손
- 조금 더 다가가서
- 집에 갈 시간
- 친구야 사랑해

# 그냥 두고 나갔더니

김성균 작사
김성균 작곡

# 꾹 참았네

김진영 작사
김진영 작곡

# 내짝

유경손 작사
나운영 작곡

# 냠냠

김성균 작사
김성균 작곡

# 둘이 살짝

박경문 작사
김방옥 작곡

# 미소

강신욱 작사
이수인 작곡

## 숲 속 친구들

김진영 작사
김진영 작곡

# 예쁜 손

김숙경 작사
김숙경 작곡

# 조금 더 다가가서

김성균 작사
김성균 작곡

# 집에 갈 시간

김진영 작사
김진영 작곡

## 친구야 사랑해

박상문 작사
박상문 작곡

# 2. 나와 가족

- 나는나는 자라서
- 나처럼 해봐라
- 내 동생
- 닮은 곳이 있대요
- 사랑
- 엄마 아빠
- 옛날 이야기
- 우리 아빠
- 흔들흔들 짝짝

## 나는나는 자라서

황병훈 작사
최종진 작곡

## 나처럼 해봐라

외국 곡

# 내 동생

조운파 작사
최종혁 작곡

# 닮은 곳이 있대요

김성균 작사
김성균 작곡

# 사랑

김성균 작사
김성균 작곡

# 엄마 아빠

박경종 작사
김성태 작곡

# 옛날 이야기

김진영 작사
김진영 작곡

## 우리 아빠

박상문 작사
박상문 작곡

## 흔들흔들 짝짝

미상

# 3. 우리 동네

- 가게놀이
- 그런 집 보았니
- 꽃동네 새동네
- 동네 견학
- 서로서로 도와가며
- 시장 잔치
- 여기는 방송국
- 우리 동네

# 가게놀이

박경종 작사
정혜옥 작곡

# 그런 집 보았니

김성균 작사
김성균 작곡

## 꽃동네 새동네

윤형민 작사
최창권 작곡

# 동네 견학

김진영 작사
김진영 작곡

# 서로서로 도와가며

어효선 작사
정세문 작곡

# 시장 잔치

김성균 작사
김성균 작곡

## 여기는 방송국

김성균 작사
김성균 작곡

# 우리 동네

김성균 작사
김성균 작곡

# 4. 건강과 안전

- 그러면 안 돼
- 길조심 차조심
- 줄을 섭시다
- 사랑해요
- 싹싹 닦아라
- 손을 씻어요
- 안마를 합시다

# 그러면 안 돼

김성균 작사
김성균 작곡

# 길조심 차조심

박상문 작사
박상문 작곡

# 줄을 섭시다

정혜옥 작사
박경종 작곡

# 사랑해요

김성균 작사
김성균 작곡

# 싹싹 닦아라

정근 작사
정근 작곡

# 손을 씻어요

박경종 작사
정혜옥 작곡

## 안마를 합시다

정근 작사
정근 작곡

# 5. 동식물과 자연

- 강아지
- 고양이
- 기린이랑 사슴이랑
- 잠자리 꽁꽁
- 나는 숲 속의 음악가
- 나무야
- 나무타령
- 다람쥐 운동회
- 동물들의 악기 연주
- 동산 가는 길
- 바람개비
- 숲 속을 걸어요
- 조용히 조용히

## 강아지

안병원 작사
안병원 작곡

## 고양이

안병원 작사
안병원 작곡

## 기린이랑 사슴이랑

김영자 작사
이은렬 작곡

## 잠자리 꽁꽁

전래 동요

# 나는 숲 속의 음악가

독일 곡

# 나무야

강소천 작사
김공선 작곡

# 나무타령

전래 동요

12/8
나 무 나 무 무 슨 나 무 가 자 가 자 감 – 나 무
아 흔 아 홉 백 양 나 무 방 귀 뀌 는 뽕 – 나 무
오 자 오 자 옻 – 나 무 십 리 절 반 오 리 나 무
바 람 솔 솔 소 – 나 무 늙 었 구 나 느 릅 나 무
시 름 시 름 시 무 나 무 귀 신 쫓 는 복 숭 나 무
깔 고 앉 자 구기자 나 무 마 당 쓸 어 싸 리 나 무
마 주 섰 다 전 – 나 무 낮 에 봐 도 밤 – 나 무

# 다람쥐 운동회

박경종 작사
정혜옥 작곡

# 동물들의 악기 연주

김진영 작사
김진영 작곡

# 동산 가는 길

김진영 작사
김진영 작곡

# 바람개비

윤석중 작사
손대업 작곡

# 숲 속을 걸어요

유종슬 작사
정연택 작곡

# 조용히 조용히

독일 민요

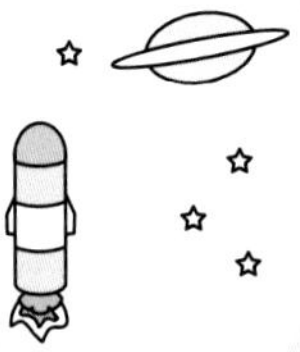

# 6. 교통기관

- 건너가는 길
- 교통신호등
- 더 빠른 것 더 느린 것
- 로케트
- 병원차와 소방차
- 세발자전거
- 자전거

# 건너가는 길

김성균 작사
김성균 작곡

# 교통신호등

박상문 작사
박상문 작곡

# 더 빠른 것 더 느린 것

김옥련 작사
김숙경 작곡

## 로케트

유경손 작사
유경손 작곡

## 병원차와 소방차

유경손 작사
유경손 작곡

# 세발자전거

윤석중 작사
윤용하 작곡

# 자전거

목일신 작사
김대현 작곡

# 7. 환경과 생활

- 꺼요 꺼요 전등을 꺼요
- 똑똑똑
- 몰래 들어와서는
- 바깥놀이 끝나면 꼭
- 반달
- 별 보며 달 보며
- 보물창고 갯벌
- 쓰레기 분리하세요
- 예쁜 종소리
- 오늘은 새종이 안 쓰는 날
- 우리들의 마음속엔
- 저금
- 저금통
- 졸업 노래
- 지구를 살려 주세요
- 흙이 아파요

## 꺼요 꺼요 전등을 꺼요

장정애 작사
장정애 작곡

## 똑똑똑

임혜정 작사
임혜정 작곡

# 몰래 들어와서는

김성균 작사
김성균 작곡

# 바깥놀이 끝나면 꼭

박상문 작사
박상문 작곡

# 반달

윤극영 작사
윤극영 작곡

# 별 보며 달 보며

유성윤 작사
유병무 작곡

# 보물창고 갯벌

장정애 작사
장정애 작곡

# 쓰레기 분리하세요

박상문 작사
박상문 작곡

## 예쁜 종소리

김성균 작사
김성균 작곡

# 오늘은 새종이 안 쓰는 날

장정애 작사
장정애 작곡

# 우리들의 마음속엔

김진영 작사
김진영 작곡

# 저금

정혜옥 작사
정혜옥 작곡

# 저금통

작사 미상
손대업 작곡

# 졸업 노래

나운영 작사
유경손 작곡

# 지구를 살려 주세요

박상문 작사
박상문 작곡

# 흙이 아파요

장정애 작사
장정애 작곡

# 8. 생활도구

- 가위 노래
- 기계와 전기
- 내 이름은 망치
- 무슨 소리일까
- 시계
- 싸리비
- 할아버지 시계

# 가위 노래

강신욱 작사
이수인 작곡

# 기계와 전기

박상문 작사
박상문 작곡

# 내 이름은 망치

박상문 작사
박상문 작곡

# 무슨 소리일까

미상

# 시계

홍은순 작사
권길상 작곡

# 싸리비

윤석중 작사
금수현 작곡

# 할아버지 시계

김홍철 작사
로저 와그너 작곡

# 9. 우리나라

- 가마솥에 누룽지
- 꼬방꼬방
- 두껍아 두껍아
- 동대문놀이
- 산도깨비
- 설
- 아리랑
- 우리나라

# 가마솥에 누룽지

박상문 작사
박상문 작곡

## 꼬방꼬방

전래동요

## 두껍아 두껍아

전래동요

# 동대문놀이

윤석중 작사
윤극영 작곡

# 산도깨비

조광재 작사
조광재 작곡

# 설

윤극영 작사
윤극영 작곡

# 아리랑

우리나라 민요

# 우리나라

김성균 작사
김성균 작곡

# 10. 세계 여러 나라

- 세계의 아침인사
- 세계의 여러 가지 집
- 아름다운 세상
- 아쟈빠쟈노쟈
- 예뽀이 따이따이
- 지구마을 친구들
- 훌랄라 폴카

# 세계의 아침인사

윤현진 작사
윤현진 작곡

# 세계의 여러 가지 집

박상문 작사
박상문 작곡

# 아름다운 세상

박학기 작사
박학기 작곡

# 아쟈빠쟈노쟈

노르웨이 민요

# 예뻐이 따이따이

필리핀 곡

# 지구마을 친구들

박상문 작사
박상문 작곡

# 훌랄라 폴카

스페인 곡

모 두 모 여 라 손 목 을 잡 고
동 산 에 해 님 솟 아 오 르 면
잠 자 던 양 떼 단 잠 을 깨 고
홍 겹 게 모 두 춤 을 추 자
숲 속 의 새 가 노 래 하 네
벌 나 비 모 두 손 짓 하 네
훌 랄 라 랄 라 훌 랄 라 랄 라
훌 랄 라 랄 라 랄 랄 라

# 11. 봄 여름 가을 겨울

## 가을길

김규환 작사
김규환 작곡

# 고기잡이

윤극영 작사
윤극영 작곡

## 꼬마 눈사람

강소천 작사
한용희 작곡

# 나비의 꿈

박상문 작사
박상문 작곡

## 봄비

김성균 작사
김성균 작곡

## 밀과 보리가 자라네

외국 곡

# 솜사탕

정근 작사
이수인 작곡

# 얼음과자

박경종 작사
정혜옥 작곡

# 여름방학

김소천 작사
박흥수 작곡